困学集

王廷元史学论文选

KUNXUEJI WANGTINGYUAN SHIXUE LUNWENXUAN

王廷元 著

安徽师范大学出版社
·芜湖·

图书在版编目(CIP)数据

困学集:王廷元史学论文选 / 王廷元著. —芜湖:安徽师范大学出版社, 2019.9
ISBN 978-7-5676-3931-7

Ⅰ.①困… Ⅱ.①王… Ⅲ.①史学-中国-文集Ⅳ.①K207-53

中国版本图书馆CIP数据核字(2019)第020066号

困学集——王廷元史学论文选

王廷元◎著

责任编辑:孙新文　李慧芳
装帧设计:张　玲
出版发行:安徽师范大学出版社
　　　　芜湖市九华南路189号安徽师范大学花津校区
网　　址:http://www.ahnupress.com/
发 行 部:0553-3883578　5910327　5910310(传真)
印　　刷:安徽芜湖新华印务有限责任公司
版　　次:2019年9月第1版
印　　次:2019年9月第1次印刷
规　　格:700 mm × 1000 mm　1/16
印　　张:15
字　　数:218千字
书　　号:ISBN 978-7-5676-3931-7
定　　价:49.90元

目　录

论明清时期的徽商与芜湖

一

芜湖地当大江长河汇流之处①，交通便利，商业素称发达。明清时期，随着商品经济的发展，芜湖进一步繁荣，成为全国著名的商业都会。据县志记载，元朝末年，芜湖曾遭到严重的破坏，这里的居民仅剩八十三家，全县岁纳税粮只有十七石②。但经过短期的休养生息，很快就出现了繁荣景象。明初人黄礼说："芜湖附河距麓，舟车之多，货殖之富，衣冠文物之盛，殆与州郡埒。今城中外，市廛鳞次，百物翔集，文彩布帛鱼盐襁至而辐辏，市声若潮，至夕不得休。"③万历初，已成为"辏五方而府万货"④的都会。逮至乾嘉之际，繁荣更甚往昔。"四方水陆商贾日经其地，阛阓之内百货杂陈，繁华满目，市声若潮。""阛阓之盛甲于江左"。每逢端午节，这里的商民龙舟竞渡，热闹的场面吸引着南京游客。时人有诗称其盛况云"华灯照水笙歌沸，不枉人呼小建康。"⑤

芜湖在商业上的重要地位还可以从明清两朝在这里设关征税的情况中得到说明。明成化七年（1471），朝廷始在芜湖设置"工关"。万历时，又在"工关"之外另置"户关"，征收过往商船的船税与货税。泰昌、天启间，芜湖"户关"虽一度被罢停，但到崇祯初年又重新建立，从此遂

① 青弋江古称长河。
② 嘉庆《芜湖县志》卷一九。
③ 嘉庆《芜湖县志》卷一。
④ 民国《芜湖县志》卷一〇。
⑤ 民国《芜湖县志》卷五九。

为定制[①]。康熙年间，芜湖关已成为全国“税额俱多”的常关之一[②]。乾隆时，芜湖户关每岁征银三十一万余两，工关征银七万余两。其税额在全国常关中名列前茅[③]。关税之多固然表明封建统治阶级的贪婪，但也反映出当时的芜湖确已成为全国重要的商业枢纽。

值得注意的是，芜湖商业的发展并不是当地人从事商业活动的结果，而是借助于客籍商人的力量。明初人黄礼说在芜湖“居厚实，操缓急，以权利成富者，多旁郡县人。土著者仅小小兴贩，无西贾秦翟、北贾燕代之俗”[④]。对于这种情形《芜湖县志》也有明确记载：“同光以来，邑人以商业致富者颇不乏人，较之旧俗，大有进步。然城镇乡各处，大率业砻坊者居多，此外各业，仍不若客籍之占优胜”[⑤]。那么这种客籍商人究竟来自何处呢？据县志所载，清末各地商民在芜湖所建的会馆已有十八处之多。这表明，芜湖确是一个“五方杂处”的都会，客籍商人来自四面八方。然而这些商人中，人数最多，资本最雄厚，对芜湖商业发展起着重要作用的则是徽州商人。明末人汪道昆说：“吾乡（指徽州）去芜阴四百里，而近乡人贾者，往往居芜阴。”[⑥]清初人赵吉士也说：“徽之富民，尽家于仪、扬、苏、松、淮安、芜湖诸郡以及江西之南昌、湖广之汉口，远如北京亦复挈其家属而去。”[⑦]可见徽商虽然“足迹几半宇内”，但芜湖却是他们主要的活动场所之一。

兹据有关资料列表于后，以证徽商在芜湖之活跃：

	籍贯	时间	主要事迹	资料来源
郑时贞	歙县	明成化弘治	与其弟“移商湖阴，资积累千”	《郑氏总谱》
郑朝霁	歙县	明正德	商于淮泗郢鄢，“客于芜湖”	《郑氏总谱》
许海	歙县	明嘉靖	商于吴越燕赵间，其后“定业湖阴”	《许氏世谱》第五册

①《明史》卷二五四。
②《清朝文献通考》卷二六。
③《清朝通典》卷八。
④民国《芜湖县志》卷八。
⑤民国《芜湖县志》卷八。
⑥《太函集》卷一〇。
⑦康熙《徽州府志》卷二。

续 表

	籍贯	时间	主要事迹	资料来源
许尚质	歙县	明嘉靖	商于吴越及西南各省,曾贩运沙板至芜湖	《许氏世谱》第五册
阮弼	歙县	明嘉靖万历	在芜湖开设染局	《太函集》卷三五
江叔先	歙县	明嘉靖万历	赴芜湖经营粮食贸易	《太函集》卷五〇
程某	歙县	明嘉靖万历	在芜经商,被其乡人推为"贾人祭酒"	《太函集》卷一〇
赵正	歙县	明嘉靖万历	"商居湖阴"。捐资筑城	《岩镇志草·义行传》
徐行路	歙县	明嘉靖万历	"贾芜湖",捐资筑城	民国《歙县志》卷九
方如琪	歙县	明嘉靖万历	修治由金陵至芜湖的道路	《寄园寄所寄》卷一二
金某	徽州	明嘉靖万历	"定居鸠兹,转徙荆襄吴越而北输于燕"	《瞻园文集》卷二八(转引自《明清时代商人及商业资本》第七二页)
汪尚权	休宁	明嘉靖万历	"商于湖阴",募工冶铁	《汪氏统宗谱》卷一一六
汪一龙	休宁	明万历	在芜湖开设"永春"药店	民国《芜湖县志》卷八五
查杰	休宁	明万历	"客芜湖,往来吴越扬楚间"	《休宁西门查氏祠记》
程致和	休宁	明万历	商于芜湖"大规利便,凡十年而素封"	《褒嘉里程氏世谱》
吴文彦	歙县	明万历	"尝分筑湖阴城"	民国《歙县志》卷九
朱道圣	休宁	清顺治	"客芜阴,时族人以巨资相托"	嘉庆《休宁县志》卷一四
吴宗圣	徽州	清康熙?	客芜湖,赴京控告芜湖榷关主事刻剥商民之罪	道光《徽州府志》卷一二之五
吴昂	休宁	清雍正	造台于芜湖弋矶,以利商船行驶	嘉庆《休宁县志》卷一五
鲍叶氏	歙县	清雍正	自愿捐银二万两,用以生息,抵办芜湖商民所担负的"江夫河蓬银"	嘉庆《芜湖县志》卷二一
李士葆	婺源	清乾隆嘉庆	初则"佣工芜湖",继则"贷本经商"	光绪《婺源县志》卷二一
俞焕	婺源	清乾隆嘉庆	"以资雄吴楚间"。在芜湖建螃矶庙	光绪《婺源县志》卷三二
王立本	黟县	清嘉庆	"贸易湘潭芜湖两地"	嘉庆《黟县志》卷七
程立达	歙县	清嘉庆	客芜湖"倡复徽国文公祠"	民国《歙县志》卷九
许仁	歙县	清嘉庆道光	贾于芜湖,修圩赈灾	《歙事闲谭》第4册
程待诏	婺源	清	商于吴楚,在芜湖造义渡	光绪《婺源县志》卷三二
胡酮奎	绩溪	清	客芜湖,为负债卖女者代偿其债	光绪《重修安徽通志》卷二五一
汪应鹤	歙县	清	服贾芜湖	民国《歙县志》卷九

续 表

	籍贯	时间	主要事迹	资料来源
汪立枢	休宁	清	兄弟二人客居芜湖，贩于楚	嘉庆《芜湖县志》卷一七
江羲龄	歙县	清	贸易于芜湖，博微利以养父	《橙阳散志》卷三
黄九叙	歙县	清	外出经商，客死芜湖	《潭渡黄氏族谱》卷九
余士恩	黟县	清咸丰同治	贾于芜湖获利数万	《环山余氏宗谱》卷二一
李天本	婺源	清咸丰同治	在芜湖捐资赈灾	光绪《婺源县志》卷三五
余朝旺	黟县	清末	“习贾于荻港”，其后建议肆主人迁往芜湖营业	《环山余氏宗谱》卷二一
余士英	黟县	清末	在芜湖从事金融事业	《环山余氏宗谱》卷二一
单芳宗	婺源	清末	在芜湖设义渡	光绪《婺源县志》卷三五
余钖荣	黟县	清末	在芜湖经商数年，颇有声誉	《环山余氏宗谱》卷二一
汪守藩	歙县	清末	在芜湖倡捐创建乐善堂	民国《芜湖县志》卷一二

表中所引宗谱、族谱皆为安徽省博物馆藏本

笔者掌握的资料有限，上面所列举的事例自不免挂一漏万。但就此可看出：明清时期徽人贾于芜湖者为数甚多。他们或为行商，或为坐贾，或列肆于通衢，或营运于作坊。还有许多小贩，逐利于市井，叫卖于街巷，尽管他们资本无多，获利甚微，但却给芜湖增添了热闹的气氛。总之，芜湖的各种商业活动几乎都有徽人参与其事。

寄居芜湖的徽籍商人之多，在该地的赋役制度中也有所反映。据《太平府志》载：嘉靖六年（1527），芜湖县知县王德溢议：“将地方居民与徽贾盐商土著者，派夫三千三百五十六名，在官轮差答应，又以商之浮居僦屋，或往或来者，令其出银协济各差之不足。……行之已久，民皆称便。”①按明制，各州县的差役一般都是派自土著居民的，芜湖县却将一部分差役负担摊在客籍商人身上，而且特别指明要“徽贾盐商”分担这项差役。这表明在芜湖的客籍商人人数众多，而他们的主力和中坚则是“徽贾盐商”。正因为如此，所以当这项制度发生弊病时，官府便不得不靠徽商首领的协助去加以整顿了，《太函集》称：“芜阴当舟车辐辏

① 光绪《太平府志》卷一二。

之冲，其地多羁旅，少土著，县长吏籍羁旅者起丁夫。久之，践更者皆不平，（程）处士诣县长吏，请以身平之，其籍遂定。”这位程处士就是寄居芜湖的徽商，并被其乡人推为“贾人祭酒”[①]。这个事实进一步证实了徽商确是这项差役的主要承担者。

二

徽人在芜经商为何如此众多？究其原因大概有两个方面：

首先，芜湖是距徽州较近的一个最宜于发展商业的地方。徽州府城与芜湖相距不足四百里，其间虽有崇山峻岭之隔，但自古就有大道可通，交通并不十分困难。民国八年，歙人吴日法在其《徽商便览》中介绍了自芜湖至徽州的两条道路。一条是，自芜湖乘小轮船至宣城，然后登岸南行，越崇山关，入绩溪以达歙县。另一条是，自芜湖乘小轮船至南陵，然后登岸南行，经旌德，越新岭关，入绩溪以达歙县。考之史籍不难发现，上述两条道路古已有之。淳熙《新安志》载，自歙县至汴京的道路是：“出东门，指绩溪，由宁国县入其府（即今宣城），济黄池，入太平州，渡采石江”，然后北上。可知早在唐宋时期，由徽州经宁国至芜湖的道路就已畅通无阻了。这条路上还有舟楫之便，足以代徒步之劳。旧时所使用的木船、竹筏可以沿水阳江溯流而上，经宣城、宁国，直达西溪上游的胡乐镇[②]。该镇距绩溪县城仅六十里，距歙县也不过一百二十里左右。对惯于远游的徽州商人来说，走这么一段旱路，简直是“胜似闲庭信步”了。嘉庆《休宁县志》载，自休宁至江宁的道路是：“由郡城即（歙县）逾绩之新岭、宁国之旌德，经南陵、太平之繁昌、芜湖及其府，以达于省”[③]。则自徽州经南陵而达芜湖的道路在清代也是畅通无阻的。又按《太函集》载：明嘉靖、万历间，歙人阮弼赴芜湖经商，“芜湖道出南陵，险而淖，病行者。长公（阮弼）捐金以倡诸贾，甃而夷”[④]。可知

---

①《太函集》卷一〇。
② 民国《宁国县志》卷一。
③ 嘉庆《休宁县志》卷一。
④《太函集》卷三五。

这条道路并非始自清代，至少在明代已有许多徽州商人奔走往来于其间。该路经阮弼等人修治之后，行旅比较方便，所以到清代，它就成为徽州与芜湖之间的一条交通干线了。同时，与这条道路相平行的青弋江也可行驶船舶，为商旅提供方便。因此在这条交通线上所必须步行的旱路实际上也只有一百余里。《橙阳散志》载，歙县诸生江有容，随父客芜湖，父有疾，奉之归，“贫无舟车费，背负以行，迍邅万状，旬余抵里”[①]。一个文弱书生，背负其父，十余日即可由芜湖回到徽州。足见在当时条件下，徽州与芜湖之间的交通的确不算困难。

人们也许要问：徽人出外经商，除了北走芜湖之外，还可以东走杭州，西走饶州，且北路有崇山关、新岭关之险，而东西两路却有新安江、昌江、婺江可供舟楫之便，然徽人赴芜经商的兴趣并不因此而稍减，这究竟是什么原因呢？我想这是因为，处在万山丛中的徽州，北上固不免于翻山越岭，但东西两路的交通实际上也不算方便。徽州的地势颇高，向东向西的河道，水量甚小，水流甚急，都不大便于行船。据志书所载，徽州“山峭厉而水清激，州在万山中，东涉浙江，其滩之险有三百六十，西通彭蠡，其滩之险有八十四，其岭之危有五”[②]。《祁门县志》中有一段记载，描写祁门、饶州之间水运困难的情形：“溪流无常，三日雨则溢，五日不雨则涸、盈则由天而下，飞鸿怒马，一日千里。竭则日行不能六七滩。虽日舟行，艰同负贩”[③]。所以单就旅途难易而论，东西两路实在并不比北路优越。何况两淮的盐利，长江的水运，北方各省发展商业的广阔天地，都在吸引着徽州商人，他们要想利用这些条件为其商业活动服务，就非北走芜湖不可了。

其次，芜湖是活跃于大江上下的徽州商人的理想基地，这是造成芜湖徽商众多的另一个原因。万里长江是明清时期的国内交通动脉，也是当时的一条主要商业运输路线。清人李嘉端说：“芜湖关税课，全赖川、楚、江西货物前赴浙江、江苏仪征、扬州、清江浦等处，转行北五省销

---

①《橙阳散志》卷三。

② 弘治《徽州府志》卷一。

③ 同治《祁门县志》卷一二。

售”[①]。明清时期芜湖关税的不断增加，表明了大江之上的商业运输在不断发展。而芜湖的繁荣，是与这种商业运输的发展分不开的。所以清人梁启让说安徽沿江南岸六县皆舟停泊之所，而芜湖尤当其冲。盖以朝廷设关在此，故四方商民上下往来之舟舰，皆屯泊于江口，以待稽查而后放行者，较他县停舟之所尤多。芜湖就是在这种情况下发展成为“客商辐辏，百货丛聚”的都会的。必须指出明清时期的长江流域是徽州商人在商业上称雄的地区。在当时，往来于大江之上，转贾于吴楚之间的富商大贾主要就是徽商。芜湖既是他们的商船必须靠岸的纳税的港口，又是远处经商的跳板，既便于奔赴扬州贾盐，又可贩运于大江上下，得志可远游万里，赶利四方，失利也便于返回家园，不致坐困他乡，于是，这里成为他们活动的基地也就很自然的了。明末休宁人查杰说：“鸠兹为四通五达之涂，此天所授转输地也”，又说：“湖阴善邸也，去吾郡五百里而近，信使日夕相通。”因此，他把家属安置于芜湖，令其弟、侄料理家务，并在当地经营商业。而他自己则“往来吴越扬楚间。三十余年，业果骎骎起”[②]。这个事例表明，徽商之所以看中芜湖不是没有道理的。

史称：“芜湖关工税，向以木排为大宗。”[③]就是说木材是通过长江转运的重要商品之一。而在沿江运木的商人中，恰恰就是以徽商最为活跃。在《婺源县志》中，关于商人“业木维扬”“业木姑苏”“掌木业于金陵”“贩木豫章”“贩木湖南”“往楚贩木”之类的记载俯拾皆是。这些都足以表明，当时从湖南、江西购买木材运往长江下游销售的徽州商人是很多的。而这些徽州木商中，有许多人就是以芜湖作为活动基地。嘉庆《芜湖县志》载：“炮台在县西滨江……今其下滩地为徽临两郡木商堆贩木箱之所。”[④]民国《芜湖县志》又载：“潇江会馆，原名临清会馆，在徽临滩。……又以在芜业木者临郡他县人无与焉，恐滋混淆，因改称今名。”[⑤]从上述两段记载中可以看出：在芜业木者以徽临两帮商人居多，

① 彭泽益:《中国近代手工业史资料》第一卷，第594页。

②《休宁西门查氏祠记》。

③ 彭泽益:《中国近代手工业史资料》第一卷，第594页。

④ 嘉庆《芜湖县志》卷六。

⑤ 民国《芜湖县志》卷一三。

其中尤以徽帮更占优势，故堆放木材之所称为“徽临滩”。

粮食也是当时通过长江转运的一种重要商品。不但江西、湖广每年都有大批粮食远销苏、浙以及北方各省，而且安徽沿江两岸的圩田也盛产稻米，可供外销。而在这种粮食贸易中恰恰又是以徽商最为活跃。明万历时，“南畿”一带发生灾荒，贩运粮食的“商舟皆集于江西，徽人尤众”[①]。可见，明清时期的芜湖，已经成为长江沿线重要的商品粮集散地。晏斯盛说：“枞阳、芜湖、运漕为江广米船聚集之区。”又说：“江广米船开江东下，其口岸有三，枞阳、芜湖、苏州是也。”[②]在这种形势下，徽州粮商以芜湖作为他们的活动基地就是很自然的了。

此外，徽州的盐商、茶商、布商、绸缎商、陶瓷商等等也都频繁往来于江上。其中自然也有许多人把芜湖作为活动基地。许多徽商正是为了便于在江上从事贸易，才在芜湖寄籍的。前表所列举的歙人郑朝霁、许海、徽人金某、休宁人查杰、黟县人王立本、休宁人汪立枢、婺源人程待诏等都属于这种情形。

由此可见，明清时期芜湖徽商之多不是偶然的，它不但与芜湖、徽州两地特殊的地理条件有关，而且也同他们经营的商业范围分不开。

三

明清时期，由于徽籍客商在芜湖较为活跃，因之，他们对芜湖经济文化的发展起着十分重要的作用。

首先，人数众多，资本雄厚的徽州商人长期在芜湖从事商业活动，这本身促进了芜湖工商业的发展。例如休宁人汪一龙，于万历时迁居芜湖，在“西门外大街创正田药店，字号‘永春’，垂二百余年，凡九世皆同居。慎选药材，虔制丸散，四方争购之，对症取服，应效神速”。他的药材不但驰名全国，而且远销海外。“每外藩入贡者，多取道于芜，市药

①《明史》卷二二四。

②《清经世文编》卷四七。

而归。”[①]明嘉靖时，休宁人江尚权“商于湖阴数年。复大募工，冶铁冶。挥指百人，斩斩有序，工罔费效。……资日丰于旧”[②]。这是一个商人投资生产的典型事例。尽管上述记载十分简略，亦可看出其经营的大概情形。江尚权的冶铁作坊拥有工匠百人，规模已颇可观。工匠是由招募而来，其身分已是雇佣劳动者。由于作坊内实行分工，而且“斩斩有序”，劳动效率和产品质量当然有所提高，这种作坊，很可能已是属于资本主义性质的了。先进的经营方式，势必促进芜湖的冶铁业。谚云：“铁到芜湖自成钢”。芜湖冶铁业之所以享有盛誉，徽商有一分功劳。嘉靖万历间，歙人阮弼在芜湖经营浆染业。“乃自芜湖立局，召染人曹治之，无庸灌输，费省而利滋倍，五方购者益集，其所转毂，遍于吴越荆梁燕豫齐鲁之间，则又分局而贾要津。”[③]阮弼的染局，规模既大，分局又多，生产技术也有所改进，故产品精美，畅销各地。宋应星指出“浆染尚芜湖”[④]。芜湖浆染业之所以能够誉满全国，与徽商的经营也是分不开的。

其次，徽商为了便于在芜湖做生意，往往带头抵制官府的横征暴敛，在一定程度上保护了芜湖商民的利益。如徽商吴宗圣，“以义侠著声。客芜湖。榷关邓主事苛责诸商，多额外征，莫可谁何。宗圣毅然入控登闻”[⑤]。结果，差官按实拿问，而宗圣因劳瘁殁于京师。雍正时又有歙人鲍人龙、鲍献父子与士民呈请于官，要求废除向芜湖商民征收的“江夫河蓬银”。他们的要求未能获准，于是人龙母叶氏毅然呈请官府，“愿捐银二万两，生息抵办”。[⑥]雍正帝迫于舆论，不得不下令废除这项苛派。徽商的这些活动为芜湖商民解除了一些不合理的负担，对工商业的发展显然起着积极作用。

再次，徽州商人为了自己的利益十分关心芜湖与外地的交通，尤其芜湖与徽州间的交通。除前已述及的阮弼等修治南陵道以外，还有许多

① 民国《芜湖县志》卷五八。
②《汪氏统宗谱》卷一一六。
③《太函集》卷三五。
④《天工开物》卷上。
⑤ 道光《徽州府志》卷一二之五。
⑥ 嘉庆《芜湖县志》卷二一。

徽商也加意修治这条道路。如万历时查杰“广石道于南陵”，使之“水无病涉，陆无病滓”[①]。清朝的江演，以“郡（徽州）北新岭峻险，行者艰阻，公（江演）呈请制抚，捐金数万，辟新路四十里，以便行旅”[②]。南京是徽商自芜湖赴江苏、两淮以及北方各省的必经之地，歙人方如骐就曾“与郑滂石甃金陵孔道，以达芜湖”[③]。为了便于在江上往来经商，并注意到芜湖附近的江上航路安全。雍正时，休宁商人吴昂侨居芜湖，“大江西有弋矶。石骨嶙峋，水涨落不时，行楫误触，其害不测。邑人议造台矶上，用为标识，以费重迄无成议。昂……乃白县官，独力建造。垒石为台，台上立庙建旗。……名其矶曰‘永宁’，商舶利赖，尸祝不绝”[④]。徽商对沟通芜湖市区青弋江两岸的交通也作出过贡献。万历时，县城南门外的浮桥被木排撞毁。天启元年，歙县富商汪伯爵倡捐重建。他“新造方舟二十艘，垫以平板，匝以巨槛”，便于行走，因而被人们称为“便民桥”。此后又有婺源商人程待诏、单芳宗等分别在该桥以西直至江口的青弋江上设置义渡，便利两岸商民的往来。

第四，徽商为了保障他们在芜湖的经济利益，对社会秩序的稳定十分关心。嘉靖三十四年，倭寇自杭州入徽州，寇南陵，窜犯芜湖，在芜湖的青弋江南岸大肆焚掠。那时芜湖尚无城墙可资捍御，官吏束手无策。在这紧急关头，歙商阮弼挺身而出，组织商民数千人为义勇。杀牲誓众，协力守御，斩获倭寇一人，迫其溃退，使青弋江北岸的商业繁盛区免遭浩劫[⑤]。明代的芜湖，原无城墙保障治安，官库两次被盗。万历三年始议筑城。歙商徐行路就是这一工程的主持人之一。官府“委任其事，迄底于成”。他还“捐千金独造南城井干之楼”[⑥]。歙商阮弼也是这项工程的积极参加者，他“扶议倡众”，“以身为版筑先”，结果“城完而坚，如期而告成事”[⑦]。芜湖西门名为“弼赋门”，大概就是为纪念他而命名的。

①《休宁西门查氏祠记》。

②《橙阳散志》卷三。

③《寄园寄所寄》卷一二。

④ 嘉庆《休宁县志》卷一五。

⑤《太函集》卷三五;《岩镇志草》,“义行传”。

⑥ 民国《歙县志》卷九。

⑦《太函集》卷三五。

此外，徽商赵正、吴文彦等也都捐资助役，为芜湖城的建造作出了贡献。当芜湖发生自然灾害时，徽商也往往协助官府赈灾、抗灾，以维持社会秩序的稳定。如万历时，芜湖大饥，“芜邑下令募粟赈饥”。休宁商人查杰“即日输三百石以倡之。邑高其谊，闻于当道，而赐之爵”[①]。清嘉道时期歙商许仁在这方面的事绩更为突出。嘉庆时“安徽旱，饥民就芜湖索食，且酿乱。大吏廉居士（许仁）才访之。居士曰：‘非先资流民出境，乱不解。议章程十条，大府善之，下他县仿行，乱乃已。’”道光十年，芜湖发生水灾，破凤林、麻浦二圩。许仁又主持赈灾，并采取以工代赈的办法组织灾民修复二圩。次年二圩复溃，他又“倡捐巨金”赈济灾民，“又议二圩通力合作章程十六条，令农民奉行”。“芜湖人感其德，请于官，立祠于凤林圩之殷家山，祀焉。”[②]

最后，徽商对芜湖文化的发展也有一定贡献。明清时期，徽州的文人学士侨居芜湖者为数颇多，如胡邦旦、方兆曾、释渐江、韩铸、朱卉、谢崧、孙逸、谢橙隽、黄兰谷等。这些人或为名医，或为宏儒，或精于赋诗，或工于作画，对芜湖文化的发展都在不同程度上作出了贡献，这些徽州文士为什么要侨居芜湖呢？因为有的本身即为徽商子弟，有的则因是徽商的同乡同族受到资助而来芜湖的。明末徽商阮弼在芜湖时，“诸宗族亲戚闾右交游至者，辄推赤心而纳之交。业儒则佐之儒，材可贾则导之贾”[③]。清末“以贾起家”的徽人李爰得在芜湖时，“士林寒峻多赖公举火，邑人士之得科第者，费用大半取给于公”[④]。可见，徽州文士多侨寓芜湖的现象，是与徽商在财力上的支持分不开的。

徽商对芜湖经济文化的发展虽然有所贡献，甚至他们中的个别人很可能早在明朝嘉靖年间已在这个古老的江城采用过新兴的资本主义经营方式，然而直到鸦片战争前夕，他们中的绝大多数人还是封建商人，他们的所作所为在许多方面都起到了维护封建统治的作用。官府对他们的“义举”也备加奖励，或旌其门户，或授予官爵，甚至为之立祠祭祀。他

①《休宁西门查氏祠记》。

② 许承尧:《歙事闲谭》第4册。

③《太函集》卷三五。

④ 郑恭:《日记》第3册。

们的子弟以及在其资助下的徽州士子，通过科举而跻身于官僚士大夫之列者也不乏其人。尽管他们不满官府的横征暴敛，却从未采取过公开对抗手段，只是乞求皇帝“开恩”，藉以达到目的。这表明，当时的徽商实际上不过是封建统治阶级的附庸；徽商十分活跃的芜湖只能是封建官府牢牢控制下的一个商业城市，而不可能像欧洲中世纪后期的自由城市那样，发展成为瓦解封建制度的策源地。

（原文载《安徽史学》1984年第4期）

徽州典商述论

经商和放债是徽商赖以谋利生财的两个主要手段。而他们放债的主要方式则是经营典当业。明清时期徽人开设的典肆遍布全国，其数量之多，规模之大，资本之巨都是其他商帮所难于比拟的。他们的这种高利贷活动与其商业活动的关系甚为密切，徽商中有许多人因家境贫寒而贷资经商，也有许多人经商致富后改治典业，或在经商的同时兼营典业，这就使他们的商业资本与高利贷资本之间结成不解之缘。因此，为了弄清徽州商业资本的运动规律，就不能不注意徽州典商的活动。

一

明清时期，徽商经营典当业是不遗余力的，尤其是休宁人，几乎把典业视为他们专门的职业，许承尧称："典商大多休宁人……治典者亦惟休称能。凡典肆无不有休人者，以专业易精也。"[①]休宁的商山吴氏，自明中叶以来"皆以典质权子母"，以故"家多素封"，声势煊赫，是休宁著名的望族[②]。《初刻拍案惊奇》中描写商山吴氏有个大财主，拥有家私百万，号称"吴百万"。这个财主就是经营典当业的"大朝奉"[③]。歙商也多热衷于经营典业，《歙县志》载："邑中商业以盐典茶木为最"[④]。就是说典当业是他们所经营的四大主要行业之一。歙县的岩镇，在明末就

①《歙事闲谭》第18册,《歙风俗礼教考》。
②《金太史集》卷七,《寿吴亲母金孺人序》。
③《初刻拍案惊奇》卷二。
④ 民国《歙县志》卷一。

号称子钱家之薮，致使该镇成为富甲一方的都会[①]。徽州其他各县以典为业者也不乏其人。如清初婺源人汪拱乾，一面经商，一面放债，致富不赀。子孙继其业，“家家丰裕”。到乾嘉时，“大江南北开质库或木商、布商，汪姓最多，大半皆其后人。”时人誉之为“本朝货殖之冠”[②]。

当时徽人开设的典铺为数甚多，分布极广，全国各地几无不有。尤其是在苏浙一带财富之区，典当业几为徽人所垄断。江苏的扬州，典当业全由“新安诸贾擅其利”[③]，而当地人竟无从插手。扬州府属各县及乡村市镇的典业亦多为徽人所把持。如泰兴县“质库多新安贾人为之，邑内五城门及各镇皆有。”[④]扬州附近的村镇中，还有许多“代步当”（或称“接当”），这种典铺规模不大，当本无多，收当衣物后，即转当于城中大典，以便周转[⑤]。徽州典商通过这种方式把广大乡民变成自己的盘剥对象。徽州典商在南京也甚为得势。周晖说，明后期南京的当铺共约五百家。多为徽州人、福建人所营，徽人铺本大，利息轻，福建铺本小，利息重。[⑥]《常熟县永禁止扰累典铺碑》载：康熙二十年，该县共有典户三十七家，其中毕义和等十户，连名呈词。请求官府禁止胥吏敲诈勒索。碑文载明，毕义和等十户都是“附居徽籍商民”。更值得注意的是，该县典户中充任典头的吴奇、汪彦、程隆三人全是徽商，这表明徽人在该县典当业中占有极重要的地位[⑦]。在苏浙其他城镇中，徽州典商的势力也很大。如镇洋县则“行盐质库皆徽人”[⑧]。嘉兴县则“新安大贾与有力之家……每以质库居积自润”[⑨]。平湖县则“新安人挟资权子母盘踞其中”者竟达数十家[⑩]。徽州典商在北方各地也极为活跃。明末“徽商开当遍于

①《太函集》卷五九，《明故处士郑次公墓志铭》。
② 钱泳：《登楼杂记》，转引自《明代社会经济史料选编》中册，第100页。
③ 万历《扬州府志》卷二〇。
④ 康熙《泰兴县志》卷一。
⑤《中国近代农业经济史资料》第一辑，第570页。
⑥《金陵琐事剩录》卷三，转引自《明代社会经济史料选编》中册，第200页。
⑦《明清苏州工商业碑刻集》第186、187页。
⑧ 乾隆《镇洋县志》卷一。
⑨ 康熙《嘉兴县志》卷九。
⑩ 康熙《平湖县志》卷四。

江北”，河南一省就有徽典二百一十三家[①]。明末徽人汪箕在北京经营典业，有“家资数百万，典铺数十处”[②]。至于山东、湖广、江西、闽、粤各省也不乏徽州典商活动的事例。如明末休宁人汪海治典于山东[③]。婺源人洪仁辅“居息八闽”[④]。徽人汪朝奉开当于襄阳[⑤]。休宁人程周治典于建昌（今江西省南城县）[⑥]。清休宁人汪可钦“伯兄以高资行质于粤”[⑦]。如此等等，不胜枚举。

明清时期徽州典当业之兴盛还表现为徽州典铺资本雄厚，规模庞大。除前述吴大朝奉、汪箕等拥资百万以至数百万外，其他富有的徽州典商见于记载者也很多。如明末徽人汪通保，在上海经营典业，其当铺规模极大，四面开户接待顾客，又在其他州县开设分店。“里中富人无出处士右者”[⑧]。徽商程璧治典于江阴，清兵南下时，为支援军民守城，先后捐银竟达十七万五千两之多[⑨]。清代侨寓扬州的徽商吴某，“家有十典，江北之富未有出其右者”，号称“吴老典”[⑩]。清代徽人汪已山，其家侨寓清江浦二百余年，“家富百万，列典肆。俗称为江家大门”[⑪]。许多徽商往往因其雄厚之财力，一家开设典铺多至数十百处，役使大批雇员、奴仆为其经营管理。如明末休宁人孙从理，在今浙江吴兴一带经营典业，“慎择掌计若干曹，分部而治”。前后增置典铺上百所[⑫]。清代歙商许某，累世经营典业。资本多达数百万，家有“质物之肆四十余所”，布列于江浙各地，各典肆的“管事”以及“斯役扈养”共计不下二千人[⑬]。有些徽商在不同地区同时经营典业，两地之间竟有相距数千里之遥者。如明末

①《明神宗实录》卷四三四。
②《明季北略》卷二三。
③《太函集》卷五五，《明处士兖山汪长公配孙孺人合葬墓志铭》。
④《江村洪氏家谱》卷九，《明敕赠修职郎提举松山公墓志铭》。
⑤《古今小说》卷一。
⑥《新安休宁名族志》卷一。
⑦康熙《休宁县志》卷六。
⑧《太函集》卷二八，《汪处士传》。
⑨《江阴城守记》卷一三。
⑩《扬州画舫录》卷一三。
⑪《清稗类钞》第二四册，豪侈类。
⑫《太函集》卷五二，《南石孙处士墓志铭》。
⑬《歙事闲谭》第17册。

歙人洪仁辅，其父为典商，“两都八闽奔走无宁日”。仁辅兄弟二人继业后，兄则“居息八闽”，弟则“居息南都”[①]。歙人黄钟以“竖子严资主质剂据东瓯”，其另一竖子“鲍秋亦主质剂据金陵”[②]。在交通不甚发达的时代，如果没有雄厚的财力，要在相距遥远的不同地区同时经营典业是难以想象的。

二

明清时期徽州典商的发展不是偶然的，而是当时社会条件造成的。明清时期，随着商品经济的发展，贵金属白银已成为社会上通用的货币。它不但发挥了“权轻重”“通有无”的作用，而且作为支付手段的功能也在不断扩大。这首先表现在赋税的折银上。明英宗正统元年开始在江南各省税粮中折征白银一百万两，谓之“金花银”。自此以后，赋税中折银的部分不断增加。张居正行一条鞭法，规定除漕、白二粮以及一部分上贡物料继续征收实物外，其他一切赋税皆“计亩征银”输纳于官。清承明制，地丁钱粮一概征银。同时又陆续把一部分漕粮、白粮和上贡物料折银征收。进一步缩小了赋税中的实物部分。在赋税货币化的过程中，封建国家还不断通过加派田赋、加征火耗以及变换银粮比价等手段，迫使人民负担越来越多的货币赋税。自一条鞭法推行以后，封建国家岁收银两的数额一直在不断增加，其速度之快是惊人的。万历四十七年，户部侍郎李长庚言：“臣考会计录，每岁本色折色通计千四百六十一万有奇”[③]。崇祯十六年，户部尚书倪元潞奏称。该年实征正赋以外的兵饷银竟达一千五百八十四万余两[④]。清朝建立后，岁收银额仍在继续增加，乾隆三十一年已达四千八百余万两[⑤]。从万历末年到乾隆中叶，不过一百五十余年，封建国家每年向民间搜刮的银两竟增加了八九倍，这自然大大

①《江村洪氏家谱》卷九，《明敕赠修职郎提举松山公墓志铭》。
②《太函集》卷五六，《明故新安卫镇抚黄季公配孺人汪氏合葬墓志铭》。
③《明史》卷二百五十六列传第一百四十四，《李长庚》。
④《倪文贞公奏疏》卷八，《覆奏并饷疏》。
⑤《清史稿》卷一二五，《食货》六。

超过了民间支付能力增长的速度。在这种形势下，高利贷的盛行自然是不可避免的了。明清两代“小民称贷纳官”之苦是史不绝书的。如乾隆时方苞说：“正当青黄不接之时，而开征比较，典当无物，借贷无门，富豪扼之。指苗为质，履亩计租，数月之间，利与本齐。是以虽遇丰年，场功甫毕而家无儋石，不厌糟糠者，十室而七也。”[①]

明清时期南方各省盛行的押租制也扩大了白银的支付手段功能。在当时，地租虽仍以交纳实物为主，但押租在绝大多数场合下都是以银钱支付的。而且这笔现金为数甚多，有时竟相当于地租额的数倍以至数十倍。从《乾隆朝刑科题本》中可以看到，有所佃之田额租三石三斗，而押租银多达十二两者；有所佃之田额租九斗九升，而押租银多达二十四两者[②]。贫苦的农民为了支付巨额押租，往往不得不陷入高利贷者的罗网。如湖南的佃农“所出进庄写田之银（即押租银），多属借贷”[③]。江西的农民在承租土地时如果无力交纳押租，则地主便将这笔应付的押租银充作佃户的欠款，“计银若干，岁入息分三，统俟冬收交纳”[④]。至于佃户在交纳押租之后，囊空如洗，为维持生活和支付生产费用而被迫借债的则更是屡见不鲜的了。

明清时期不但有为数众多的农民佃户需要借债，而且也存在着许多拥有货币财富，需要放债牟利的商人。其中尤以徽州商人最称富有。明谢肇淛称：“富室之称雄者，江南则推新安。江北则推山右。新安大贾，鱼盐为业，藏镪有至百万者，其它二三十万则中贾耳。”[⑤]到清代乾嘉之际，他们的资本更有进一步的增长。《淮鹾备要》载：“淮商资本之充实者，以千万计，其次亦以数百万计。”[⑥]这里所说的淮商主要是指徽商。徽商既然拥有如此巨量的货币财富，那么他们在高利贷活动中扮演主要角色也就是不足奇怪的了。从有关资料中可以看出，许多徽商都是在商

①《望溪先生集外文》卷一，《奏劄》。
②《清代地租剥削形态》第370、382页。
③《清史论丛》第一辑，第五一页。
④《魏季子文集》卷八，《与李邑侯书》。
⑤《五杂俎》卷之四。
⑥《淮鹾备要》卷七。

业活动中积累起巨量的货币财富之后，才改治典业从事高利贷活动的。如明末歙人汪镓初“贾海阳，骤致千金者三，称良贾矣。既复以质剂出入徙宛陵，居数载，一再倍之”[①]。歙人江世俊“一意服贾……初于北关溪上列廛，旋治典于家”[②]。清初小说《豆棚闲话》中有一段故事，描写绩溪人汪彦经商起家，积资至二十余万。后令儿子兴哥携万金到平江路（即苏州）去开典铺[③]。这个故事表明徽商的商业资本转化为高利贷资本在当时已是司空见惯的现象。还有许多徽商一手经商，一手放债，把商业资本和高利贷资本紧紧结合在一起。如明末休宁人程周贾于江西，“为建昌当，为南昌盐”[④]。歙人黄谊为贾于杭州、扬州、开封等地，“盐与子钱并举……厚积而速成。同侪莫之或及。”[⑤]休宁人程惟清，“以盐策贾荆扬，以居息贾京邑（南京）。”[⑥]歙人潘汀州，“或用盐盬，或用橦布，或用剂质，周游江淮吴越，务协地宜”[⑦]。潘仕“以盐策贾江淮，以质剂贾建业。粟贾越，布贾吴。”[⑧]程季公“东吴饶木棉则用布，维扬在天下之中则用盐策，吾郡瘠薄则用子钱。”[⑨]婺源人李大鸿贾南京，“以资事盐策”，“又出母钱为质于姑孰者二”[⑩]。在徽商的心目中，并没有商业与高利贷业的界线，只要有利可图，便可放手经营。

典当业是最适合商人放债的一种经营方式，因为它是以收取债务人的质押物作为保障债权的手段的。商人放债与地主不同，他们大多是远离故土，客居异乡从事高利贷活动的。他们与债务人之间萍水相逢，素昧平生，除了利用商品和货币之外，再没有其他可供建立信用关系的凭籍。尤其在五方杂处、人口流动的城市中，情况更是如此。因此收取债务人的质押物就成为保障债权的必要手段了。徽商之所以把典当业做为

---

①《太函集》卷四〇，《共程传》。
② 歙县《济阳江氏族谱》卷九，《明处士世俊公传》。
③《豆棚闲话》第三则。
④《新安休宁名族志》卷一。
⑤《潭渡黄氏族谱》卷九，《黄东泉处士行状》。
⑥《太函集》卷三七，《海阳长公程惟清传》。
⑦《太函集》卷三四，《潘汀州传》。
⑧《太函集》卷五一，《明故太学生潘次君暨配王氏合葬墓志铭》。
⑨《太函集》卷五二，《明故明威将军新安卫指挥佥事衡山程季公墓志铭》。
⑩《三田李氏统宗谱·恩授王府审理正碧泉李公行状》。

他们放债的主要方式，其原因就在这里。

典当业的发展，还需要一个重要条件，即当铺的信用求得官府的保证。当铺为了有效地保障债权，就必须使质押物的价值大于贷出的金额。所以明清时期的当铺一般都是按“值十当五”的定例办事的。在这种情况下，当债务人提供质押物时，就必然要考虑当铺的信用是否可靠。因此当铺的信用求得官府的保证就是十分必要的了。然而这种保证的求得并不是一蹴而就的，它经历了一个相当长的历史过程。《此木轩杂著》载：“弘治间，江阴汤沐知石门时，徽人至邑货殖，倍取民息，捕之皆散去，阖境称快。……徽人所为殖货者，典铺也。”[①]据此则弘治时典铺尚未取得巩固的合法地位，故地方官得以随意逮捕之或驱逐之。万历三十五年，河南巡抚沈季文奏称：“今徽商开当，遍于江北。资数千金，课无十两，见在河南者，计汪充等二百十三家。”[②]据此则万历时典铺已须报官纳税。所以封疆大吏可以精确掌握当地当铺的数字及其纳税的情况。报官纳税制度的形成，表明当铺已取得官府的认可了。《清朝通典》载：“雍正六年，设典当行帖。”[③]其具体办法是：“各省民间开设典当，呈明地方官，转详布政使请帖，按年纳税，于奏销时汇奏报部（户部）。其有无力停止者，缴帖免税。”[④]到此终于确立了当铺报官纳税请帖的一整套制度。所谓典当行帖，就是由布政司衙门发给当铺的营业执照。当铺持有这种执照便称“公典”，其信用大为提高，远非未经请帖的私典可比。可见当铺报官纳税请帖制度是典当业发展的产物，又是推进典当业进一步发展的杠杆。徽州典商就是在这一制度形成的过程中发展起来的。

三

徽州典商到处活动，剥削人民，使广大农民和其他小生产者日趋贫困，对社会经济的发展危害极大。清初江苏吴江县的典铺以质物价值规

①《此木轩杂著》卷八。
②《明神宗实录》卷四三四。
③《清朝通典》卷八。
④《清朝续文献通考》卷四七。

定利息“十两以上者，每月一分五起息；一两以上者，每月二分起息；一两以下，每月三分起息。贫民衣饰有限，每票不及一两者多，隔一二年，本利科算不能取赎，每多没入。”[①]贫苦的农民在官税私租交迫之下，往往举债应急，但借债之后，他们就在租税之外又添加了一重债息的负担，这就使他们更深地陷入贫困状态之中而“永远不得翻身”。无锡县农民“食于田者，惟冬三月，及还租已毕，则以所余米舂白而置于囷，归典库以易质衣。春日则阖户纺织，以布易米而食，家无余粒也。及五月田事迫，则又取冬衣易所质米归，俗谓‘种田饭米’”[②]。耕男织妇们无论怎样挣扎，却始终逃不出高利贷者的魔掌，只能使社会再生产在极其艰难的条件下进行。这种现象在明清时期是相当普遍的。清人焦袁熹说：“徽人挟丹圭之术，析秋毫之利。使人甘其饵而不知，日以朘，月以削。客日益富，土著者日益贫。岂惟石门一邑而已，盖所至皆然也。”[③]活跃在全国各地的徽州典商，就是靠吸吮劳动人民的膏血养肥自己的。更值得注意的是，许多当铺往往和囤积商人串通一气从事“囤当”活动，使贫苦的人民受害更深。乾隆九年，安徽巡抚范璨奏称：“遂有一种射利之徒，避囤户之名，为典质之举，先于富户、当户讲定微息，当出之银，复行买当，资本无多，营运甚巨，坐视市米缺乏，价值大长，始行赎出取利，不顾民食艰难。视囤户尤酷。”[④]明末人胡元敬说：浙江塘栖镇“财货聚集，徽杭大贾，视为利薮，发典顿米，贸丝发车者，骈臻辐辏。”[⑤]可见早在明后期徽杭大贾们就已经大搞其囤当米谷的活动了。在这种囤当活动中，商人得到典铺在财力上的支持，可以扩大囤积规模，更有效地操纵市场价格，因而牟得暴利往往大于当铺的典息与一般商业利润的总和。广大农民和其他小生产者，无论是否借债，只要同市场发生联系，就无法逃脱典商囤户共同布下的罗网，结果他们只能呻吟在贫困的深渊中而不可能有效地改进生产。这种状况，对社会经济发展所造

①《吴兴旧闻》卷二。
②《锡金识小录》卷一。
③《此木轩杂著》卷八。
④《清高宗实录》卷二一五。
⑤ 光绪《塘栖志》卷一八。

成的危害是不可估量的。马克思说：高利贷资本“不改变生产方式，而是紧紧地寄生在它上面，使它穷乏。它吸吮着它的膏血，破坏着它的神经，强使再生产在日益悲惨的条件下进行。”[①]徽州典商的历史作用就是如此。

经营典当业既可以不劳而获坐享厚利，又恃有官府保护而无风险可虞，这自然是徽商最为理想的行当。所以他们积累起巨量的货币财富之后，总是热衷于广开典铺，牟取厚利。这样就使他们的商业资本长期被禁锢在流通领域之内，而不向产业资本转化。这种状况对于资本主义萌芽的发展是极为不利的。

明清时期，不仅商人、官僚、地主竞相投资典当业，而且封建官府也不断把大批公款发典生息，谓之“生息银两”。甚至民间修桥补路等公益活动、恤贫抚孤等慈善事业也往往把筹集的资金存入典铺，提取利息以供经常性的开支。这就使当铺越来越多，当本越积越大。明后期南京就有当铺五百家，清乾隆时北京也有六七百家当铺。其他城市的当铺以数十百计者比比皆是。在这种形势下典商之间的互相竞争就成为不可避免的了。如明末休宁人程锁“中年客溧水，其俗春出母钱货下户，秋倍收子钱，长公（程锁）居息市中，终岁不过什一，细民称便，争赴长公。”[②]程锁取息“终岁不过什一”固属夸张，但他取息较少则是可以肯定的。他的这种做法当然不是出自什么善良的动机，而是竞争的形势造成的。因为不如此，就不能收到“细民称便，争赴长公”的效果。明末又一位休人孙从理在今浙江吴兴一带经营典业，“什一取赢，矜取予必以道。以质及门者，踵相及，趋之也如从流。慎择掌计若干曹，分部而治。……迭更数岁又复迭增凡百。以质剂起家，宜莫如处士。”[③]明人周晖在《金陵琐事剩录》中载：南京的“当铺总有五百家，福建铺本少，取利三分四分，徽州铺本大，取利一分二分三分，均之有益于贫民。人情最不喜福建，亦无可奈何也。”[④]这里徽商取利较低旨在同福建典商竞

①《资本论》第三卷，人民出版社1966年版，第699页。

②《太函集》卷六一，《明处士休宁程长公墓表》。

③《太函集》卷五二，《南石孙处士墓志铭》。

④《金陵琐事剩录》卷三，转引自《明代社会经济史料选编》中册，第200页。

争是不言而喻的。这样剧烈的竞争，势必造成利息率下降的趋势。明朝规定："凡私放钱债及典当财物，每月取利并不得过三分。年月虽多，不过一本一利。"违者治罪①。这表明当时典息超过三分是比较普遍的现象，故立法加以限制。清承明制，重申月利不得超过三分之禁。然而实际上却有许多地方的典息低于这个规定。《平湖县志》载：康熙时"吾邑……典利三分，视京师及其他郡邑为独重。……今抚院金，严禁重息，贫民永赖。"②据此，则当时"京师及其他郡邑"的典息都是低于三分的。同治时，江苏巡抚丁日昌奏称："苏省典铺，从前取利以二分为率，当期三年为满"。③据此，则鸦片战争以前，典铺以二分取息已是江苏省的普遍情形了。固然明清时期的债息往往因时因地而定，情况十分复杂，特别是私人借贷，其利息有高有低，很难一概而论，但作为正式营业的典铺，其利息率已有逐渐下降的趋势则是可以肯定的。

利息率的降低，可以稍稍减轻徽商高利贷资本对生产的破坏作用，有利于扭转徽商商业资本独立发展的倾向。这是明清时期社会经济发展取得的可喜成果之一。但不幸的是，鸦片战争以后，由于白银大量外流，民间对白银的需求转趋迫切，遂使当铺的利息率普遍回升④。于是这点可喜成果竟化为泡影。这正是西方列强破坏中国社会正常发展的一个佐证。

（原文载《安徽史学》1986年第1期）

①《明会典》卷一六四。
② 康熙《平湖县志》卷四。
③ 丁日昌：《抚吴公牍》卷四七，《饬司核减苏省各典当利息议复》。
④《中国近代农业史资料》第一辑，第571—573页。

略论徽州商人与吴楚贸易

明末徽人就曾自称："吾徽之人不讳贾，以故豪长者多游于吴越荆襄间。"[①]可见徽商虽然"足迹常遍天下"，但其主要活动场所则不外苏浙与湖广两个地区。值得注意的是，明清时期由于商品流通范围的扩大，活跃在苏浙湖广的徽州商人往往并不固定在一处经商，而是往来于大江之上，奔走于吴楚之间，从事长途商品贩运活动。他们的这种商业活动，不仅使自己积累起雄厚的商业资本，而且也对长江中下游的经济发展带来了深远的影响。因此，具体考察徽州商人在吴楚之间的商业活动，应该是徽商研究中的一个重要课题。

一

明清时期，吴楚贸易得到了显著的发展。这首先表现在粮食贸易的发展上。明中叶以来，大批劳动人口流入湖广地区，改变了这里地广人稀的局面。他们在两湖平原上筑堤防水，围湖造田，使稻米产量迅速增加，每年都有大批余粮运销外地。万历时，湖广已经"鱼粟之利遍于天下"[②]了，而恰恰在这个时候，向以鱼米著称于世的苏浙地区则由于人口的猛增，城市的发展，经济作物种植面积的扩大，粮食反而不足自给。在这种形势下，吴楚之间的粮食贸易便迅速发展起来。明末的苏浙已经"半仰食于江楚庐安之粟"[③]，每逢"吴中不熟"则更"全恃湖广江

① 婺源《三田李氏统宗谱》。
② 张瀚:《松窗梦语》卷四。
③ 吴应箕:《楼山堂集》卷一〇。

西”[①]。清朝前期，这种粮食贸易更有所扩大。康熙时，“江浙百姓全赖湖广米粟”[②]。雍正时，蔡世远说：“福建之米原不足以供福建之食，虽丰年多取资于江浙，亦犹江浙之米原不足以供江浙之食，虽丰年必仰给于湖广，数十年来，大都湖广之米辏集于苏郡之枫桥，而枫桥之米间由上海、乍浦以往福建。”[③]则是湖广之米不但供给苏浙，而且还要通过苏浙转销福建了。正因为如此，当时才有“湖广熟天下足”的谚语。

吴楚贸易的发展还表现在木材贸易的发展上。湖广西部和南部山区是我国著名的木材产区，以材质优良而驰誉全国的楠木和杉木多产于此。成化时，明政府在荆州设置工关，专门征收竹木税，这表明当时鄂西山区的木材沿江而下者已经为数颇多了。湘西的永顺、沅州等府，伐木业也很发达。万历时，人们甚至溯沅江而上，深入到湘贵边区的深山老林之中，采伐楠木，“开板造船，载负至吴中，则拆船板。吴中拆取以为他物料，力坚理腻，质轻性爽，不涩斧斤，最宜磨琢，故近日吴中器具皆用之”[④]。地处北河与沅江汇合处的辰州，是湘西木材的集散地，封建国家在这里也设有工关，专征竹木税。明清时期南岭山区的木材也被大批运销到长江下游。据记载，临清木商在芜湖所建的会馆，竟被命名为“潇湘会馆”[⑤]，这表明他们的木材大多是产自南岭，经由潇水、湘江而辗转运来的。咸丰二年，安徽巡抚李嘉端奏称：“芜湖工关税，向以木簰为大宗，只缘楚南产木之区，与粤西壤地相接，逆氛窜扰（指太平天国起义），处处戒严……以致簰把未能旺运。”[⑥]税收因而大减。足见运往长江下游的木材，有很大一部分出自“楚南”。

在湖广的粮食、木材大批运销苏浙的同时，两淮的食盐也源源不断地溯江而上运销湖广。明清时期，两淮盐场是产盐最多的地方，而淮盐的主要行销地区则是湖广。明万历时，白公祖说：“夫两淮之盐虽行于各

---

① 陈继儒：《晚香堂小品》卷二三。
② 《清圣祖实录》卷一九三。
③ 《清经世文编》卷四四。
④ 王士性：《广志绎》卷四。
⑤ 民国《芜湖县志》卷一三。
⑥ 彭泽益：《中国近代手工业史资料》第一卷，第594页。

省直……惟敝省（指湖广）地最广，每岁解太仓者七十万，售边钞者四十万，楚居六七矣”[1]。《两淮盐法志》载：清代两淮岁行额盐一百四十一万三百六十引[2]。乾隆时舒常奏称，湖广岁销淮盐七十八万余引[3]。道光十六年，陶澍也说湖广岁销淮盐七十七万九千九百余引[4]，据此则湖广岁销盐额约占淮盐总额百分之五十五点三。另外湖广几乎每年都要“融销”一大批其他口岸“滞销”的额盐。乾隆时又因湖广引盐畅销，往往“提后引以益现引”谓之“提引”，每年提引之数多达二三十万。如果把这些计算在内，则湖广岁销盐额几占淮盐总额百分之六十以上。值得指出的是，上述比数在明清两朝虽然没有变化，但湖广行销淮盐的绝对量却大有增加。明制，两淮岁行额盐七十万五千八十引，明初每引为盐二百斤，此后盐引逐渐增大，到明末每引已增至四百余斤。清初复以二百斤为引，规定两淮岁行额盐一百四十一万余引，到道光时每引又渐增至四百斤。据此则明清五百年间两淮行盐数额增加了三倍，湖广销盐数也相应地翻了两番。

棉布也是吴楚贸易中的重要商品之一。明清时期，长江三角洲一带盛产棉花，棉织业也很发达。当时“松江府、太仓州、海门厅、通州并所属之各县……种花者多而种稻者少，每年口食全赖客商贩运”[5]。而向这里提供商品粮最多的湖广地区，在乾隆以前还是一个棉织业不甚发达的地方，人们甚至不惜以高价购买江南的棉布。如明后期湖南常德府所产“棉布极粗，价十铢，不及江南梭布之一”[6]。当时上海所产之布则有标布和中机两个主要品种，前者运销秦晋京边诸路，后者则专走江西湖广和两广。清朝初年，北方销路不畅，“中机之行转盛，而昔日之作标客者，今俱改为中机”[7]。可见湖广一向就是江南棉布的一个销售市场，清初这一市场更有所扩大。更足以说明问题的是，在当时的吴楚贸易中往

①《明经世文编》卷四七七。
② 光绪《两淮盐法志》卷四〇。
③《清高宗实录》卷一三〇五。
④ 陶澍:《陶文毅公全集》卷一八。
⑤《清经世文编》卷三七。
⑥ 嘉靖《常德府志》卷八。
⑦ 叶梦珠:《阅世编》卷七。

往直接采取以布易米的形式。乾隆初年，江苏布政司就曾议准：令崇明县商人运布至江宁易米三万石。该司认为："江广米商稔知江宁有布可易，故岁岁载米，依期而来。今若闻崇商载布他往，恐楚商亦因之而别赴"[①]。可见"楚商"运米而来贸布而归乃是一种经常性的现象。当时这种米布贸易的规模很大，上述三万石不过是其中极小的一部分。《崇明县志》载：康熙五十三年，该县外购粮食二十二万石。此后粮食外购量不断增加，至乾隆五十四年，竟增至四十七万石[②]。其中绝大部分必定都是用棉花或棉布换来的。因为该县主要的出产就是棉花，"唯藉此产通商利用"。当地农民收获棉花之后，"输租之外，易米糊口"[③]。崇明一县如此，他县可知。为适应米布贸易的需要，当时的枞阳、芜湖、运漕、苏州等处已经成为这种贸易的主要市场。乾隆初年，安徽布政使晏斯盛就曾指出："江广米船开江东下，其口岸有三，枞阳、芜湖、苏州是也"[④]。而运漕也是"江广米船聚集之区"[⑤]。故"崇商如欲以布易米，远则原派买之枞阳，近则芜湖、运漕俱可易换……江广米客如欲易布，亦可在于枞阳、运漕二处"[⑥]。至于苏州，则不但是米的集散地，而且"各省青蓝布匹俱于此地兑买"[⑦]，在这里进行米布贸易当然也是十分方便的。

上述几项商品之外，湖广的煤、铁、生漆、桐油，苏浙的丝绸海味、日用杂货也都是当时吴楚贸易中的重要商品，但其贸易额比较小，这里姑不一一赘述。

总之，明清时期吴楚之间商品流通的规模日益扩大，越来越多的人民生活必需品被投入市场，卷进流通领域之中，使相距数千里之遥的两地人民之间在经济上形成了相互依赖关系。

---

①《清经世文编》卷四七。
② 民国《崇明县志》卷七。
③ 雍正《崇明县志》卷九。
④《清经世文编》卷四七。
⑤《清经世文编》卷四七。
⑥《清经世文编》卷四七。
⑦《雍正朱批谕旨》第42册。

二

明清时期，徽州商人在吴楚贸易中最为活跃。而其中又以盐商的实力最为雄厚。明清时期的湖广既是“淮盐畅销地面”，因而也就成为两淮盐商争相逐利的场所。乾隆时，两淮盐政高恒奏称：“口岸有疲畅之分……无如商人一目之为疲岸，即安心弃置，而惟趋畅岸，以图易销。如安徽之安、池、太三府，江西之南昌等八府，人皆百计图避，群趋湖广”[①]，在两淮盐商中徽人的势力最强，这是人所共知的事实。所以在这场竞争中，他们当然会凭藉其优势的财力稳操胜算，把在湖广行盐的专利权控制在自己手里。此外，关于徽人“举盐策入荆楚”“业鹾汉皋”“以盐策游荆襄”之类的记载更是屡见不鲜。其中大多也是指的这种商人。在湖广行盐的徽州商人不但人数众多，而且财力雄厚，往往充当同业商人的首领，有的甚至成为在当地颇有影响的头面人物。如明末休宁人程惟清“以盐策贾荆扬……诸贾东向事之”[②]。婺源人李世贤“治盐策货荆楚，数为上官陈便宜，上官善之，使领袖其曹偶”[③]。当明清改朝换代之际，徽州盐商竟以湖广商民总代表的姿态，同清军统帅进行洽商，设法稳定地方秩序，保护商民利益。婺源人戴公选“运盐湘汉间，值鼎革初，三王督师驻楚，人心危疑。选挺身谒军门，陈悉详实，三王纳其言，抚谕立下，商民以安”[④]。顺治四年，湖广受灾，他又“输资运米以赈，楚民赖以存活者甚众。逋券盈匭，贫不能偿者，悉焚之”。他的义举备受人们称颂，竟至“义声满三楚”[⑤]。在清代，“淮盐向止运至汉口镇，听水贩分运两湖销售”[⑥]。而这里盐商的首领也往往是由徽人充任的。仅乾隆一朝，徽人之为汉口盐商首领而见于记载者就有四人。如歙商江承

①《清高宗实录》卷七三九。
② 汪道昆：《太函集》卷三七。
③ 李维桢：《大泌山房集》卷七三。
④ 光绪《婺源县志》卷三五。
⑤ 光绪《婺源县志》卷三五。
⑥ 光绪《两淮盐法志》卷四三。

东“总汉皋匣务”[①]。歙商吴钟“业鹾汉阳（时汉口镇隶于汉阳县）理繁治剧，众多赖之”[②]。歙商江昉“尝综理汉皋盐策”[③]。歙商江禹治“总司汉鹾，调剂得当”[④]。据记载：乾隆时两淮盐商在汉口设立公所，并“公举一二人专司交解各官养廉及各项生息，并应酬抽丰游客等事，名为匣商”[⑤]。上述江承东等就是这种人物。他们实际上就是两淮盐商派驻湖广的总代表。为了应酬当地文武官吏和社会上各色人物，每年由他们经手开支的匣费，往往多达数十万两以至百万两。而当他们充当这种角色之后，又无不利用其手中权力，扶持他们本族、本乡的人在楚经商。如江承东为匣商时，“凡徽人之游汉上者，多得资助，周贫济困，不惜多金。间有殁于客邸，丧不能归，必解囊赠恤，以返其榇”[⑥]。江治禹在“总司汉鹾”期间，曾大力支持汉口新安会馆的扩建与新安码头出路的开拓，以利徽人经商[⑦]。

吴楚之间的粮食贸易也大部分操在徽州商人之手。兼营盐米二业的商人，在这种粮食贸易中扮演了重要的角色。当时的汉口不但是“淮引总岸”，而且也是粮食的集散地，湖广四川的米大多汇集于此，然后转销苏浙，致使该镇“粮食之行不舍昼夜”[⑧]。所以两淮的盐船抵达汉口之后，正好可以把粮食作为回头货，满载而归。盐商的资本既多，货船又大，故其贩运的粮食也为数极多。雍正八年，盐商黄光德等曾请求领运湖南常平仓积谷“随地随时售卖”。其数量竟达三十万石之多[⑨]。雍正九年十一月至次年二月初，汉口的“外贩米船已有四百余号，而盐商巨艘装运者尤不可以数计”[⑩]。在当时，盐商贩粮的多寡，直接影响着湖广粮价的涨落。康熙四十七年，盐商江楚吉、秦晋兴等为“报答天恩”，情愿

---

① 歙县《济阳江氏族谱》卷九。
② 《丰南志》第3册。
③ 许承尧:《歙事闲谭》第18册。
④ 《橙阳散志》卷三。
⑤ 民国《湖北通志》卷五一。
⑥ 歙县《济阳江氏族谱》卷九。
⑦ 《橙阳散志》卷三。
⑧ 《清经世文编》卷四〇。
⑨ 《清朝文献通考》卷三五。
⑩ 《雍正朱批谕旨》第54册。

在江西、湖广卖盐买米，载回江苏平粜。两淮巡盐御史李煦等认为“多买则江西、湖广之米必贵，彼此必生事端”，于是决定：“许其卖盐银内，每十两用银一两，买米载归”[①]。乾隆十四年，湖广总督新柱奏：湖广“米粮腾贵，其原不一，屯户厚资广贮，汉口盐船满载，借商贩之名居奇”[②]。这种盐商绝大多数就是徽州商人。更值得一提的是，有些徽州盐商还插手于吴楚之间的米布贸易。如明末清初的徽人吴逸公“席先业，鹾于广陵，典于金陵，米布于运漕，致富百万”[③]。运漕是吴楚间米布贸易的一个重要市场，吴逸公的活动当然是与这种贸易有关。在吴楚贸易中，像吴逸公这样身兼盐典米布数业的徽州大贾正不知凡几。

徽州木商在吴楚贸易中也占有重要地位。当时的江宁是重要的木材集散地。湖广四川出产的木材，多由长江水运至此，或被就地发卖，或被转销苏州、扬州以及北方各地。而在这里拥巨资，操利权者则是徽州商人。许承尧说：“徽多木商，贩自川广，集于江宁之上河，资本非巨万不可，因有移家上河者，服食华侈，仿佛淮阳，居然巨室”[④]。湘西沅江上游所产的辰杉，材质优良，销路极广，是他们致力搜求的对象。《明季实录》载：明末农民军一度占领常德，许多“徽苏大贾”被阻于沅江上游，不得东归。农民军撤离后，他们“纷纷重载而下”。其中与徽商吴某结伴同行的一伙就有五百人之多。行至常德战事又起，除吴某外，四百九十九人皆遇难[⑤]。在那战火纷飞的时刻，他们偏要不顾风险，“重载而下”，正表明他们所贩运的商品主要就是笨重的木材。入清以后，徽州木商在湘西一带更为活跃。常德附近的德山，地处沅江河口，“婺邑木商往来必经其地，簰夫不下数千人”，由于经常有大批徽人在此逗留，这里竟出现了专为安葬徽人的义塚[⑥]。咸丰时湖南巡抚路秉章在议及辰州木关税收情形时说：“历来木商唯徽客资本最厚，江西次之，本省又次之”[⑦]。

①《李煦奏折》。
②《清高宗实录》卷三三六。
③《丰南志》第9册。
④ 许承尧:《歙事闲谭》第18册。
⑤《明季实录》附录《苍梧兄酉阳杂笔》。
⑥ 光绪《婺源县志》卷三五。
⑦ 骆秉章:《骆文忠公奏议》卷一四。

可见徽州木商称雄于湘西的局面是由来已久的了。

徽州商人之所以热衷于吴楚贸易不是偶然的，因为这种贸易在当时是一种获利最多的行当。在吴楚贸易中，主要的商品都是人民生活必需品，它关系着千家万户的生产与生活。而吴楚两地又相距甚远，不但生产者与消费者之间不能直接进行交换，就连小商小贩也难营运于其间，这就为富商大贾们买贱卖贵盘剥两地人民提供了有利条件。至于盐商，则可以凭恃封建特权，攫取厚利，而吴楚之间又有长江水运之便，当时的盐船载重量“大者三千引，小者千余引”[①]，自仪征溯江西上，一般不过四十日即可抵达汉口[②]。这一便利条件，大大地节省了商品运输费用，缩短了资本周转的周期，从而提高了商业利润率。善于逐时趋利的徽州商人，对于这种行情是了如指掌的。明末歙人潘侃少时从诸父贾于四川。他对诸父的经营方式不以为然。“辄解父橐中装，以其间私请曰：‘良贾急趋利而善逐时，非转毂四方不可。乃今走蜀道数千里，胡为坐困一隅？儿直赍此行，可以得意。’出而贾荆扬吴楚，遂致不赀。……及二子修其业而息之，业滋大”[③]。潘侃的事迹向我们透露了一个奥密：驱使着徽州商人，犯风涛冒寒暑，纷纷然致力于吴楚贸易的魔力不是别的，正是那迷人的厚利。

三

徽州商人在吴楚之间的商业活动，对社会经济的发展带来了深远的影响。这种影响既有其积极方面，也有其消极方面，必须给予全面的估价。

首先，徽商在吴楚间的商业活动有利于长江中下游商品流通的扩大和商品经济的发展。在吴楚贸易中，徽商所贩运的主要商品不是珍奇宝货之类的奢侈品，而是人民生活所必需的工农业产品。这种商业的发展

---

① 包世臣：《安吴四种》卷三。
② 《清朝文献通考》卷二九。
③ 汪道昆：《太函集》卷一四。

势必促进工农业产品的商品化。尤其值得注意的是，徽商为了扩大货源，开拓销路，几乎深入到苏浙湖广的每一个角落，就连边远小县，偏僻的乡村和闭塞的山区也都不乏徽商的足迹。如湖北的京山县，“日用所需惟徽商操其缓急，而收厚利焉”①。黄梅县则“开张百货，通盐利，又皆三吴徽楚歙之人”②。明代徽人王正广曾与其弟“商居湖广沔阳州景陵县官城村”③。清代徽人江溶“佣于木商，跋涉江湖，远及苗洞”④。如此等等不胜枚举。正如《歙志》所云：“山陬海堧，孤村僻壤，亦不无吾（徽）邑之人。”⑤徽商的商业资本既广泛渗入农村和山区，就必然改变着那些地方的闭塞状态，使越来越多的产品由于有了销路而被投入交换，引导着人们为遥远的市场而生产。向称“呰窳偷生而无积聚”的湖广人民在明清时期竟一跃而为全国注目的商品粮供给者，这一巨大变化显然是与徽商的活动和吴楚贸易的扩大分不开的。湖广粮食的供应及其对于工业品的需求又为苏浙城市的繁荣和手工业的发展提供了有利条件，而徽商的活动恰恰助长了这种互相促进的作用。马克思说：“商人资本的任何一种发展也一定会发生作用，使生产取得日益面向交换价值的性质，使产品日益转化为商品”⑥。徽商活动的意义正是如此。

徽州商人为了便于他们的商业活动，还在沿江一带疏浚航道，设置航标，改善商业运输条件，为吴楚间商品流通的扩大做出了贡献。明正德间徽人郑璬商于瓜渚，“见官运河为官民要道，遇粮运辄阻商行。璬捐金别浚一河，使官运无碍，商不留难，至今赖之”⑦。明祁门人汪琼贾于苏州，“阊门流激善覆舟……（琼）前后捐金四千，伐石为梁，别凿道由丁家湾而西再拆南，迤逦五六里至路公遥，与故水道会，舟安行，民利之”⑧。清雍正时，休宁人吴昂商于芜湖，“大江西有弋矶，石骨嶙峋，

①《古今图书集成·职方典》卷一一四二。
②《古今图书集成·职方典》卷一一七八。
③ 歙县《泽富王氏宗谱》卷四。
④《婺源县采辑·义行》。
⑤ 万历《歙志·货殖》。
⑥《资本论》第三卷，第366页。
⑦ 同治《祁门县志》卷三〇。
⑧ 万历《祁门县志》卷三。

水涨落不时，行楫误触，其害不测。邑人议造台矶上，用为标识，以费重迄无成议。昂……乃白县官，独力建造。垒石为台，台上立庙建旗……名其矶曰‘永宁’，商舶利赖，尸祝不绝”[①]。婺源人戴振伸业木于苏州，他“洞悉江河水势原委。丹徒江口向有横越二闸倾坏，后水势横流，船簰往来，迭遭险阨。道光年间，大兴会馆，董事请伸筹画筑二闸，并挑唐孟二河。比工告竣，水波不兴，如涉平地”[②]。更值一提的是徽州木商还在长期贩运活动中积累了经验，改进了木簰的制作：婺源人程文昂“业木造簰，以竹制缆，创自巧思，牢固异常”[③]。由于他的创造能够在浪大流激的条件下保证木材运输的安全，所以很快得到推广，“人咸赖之，至今犹尸祝焉”[④]。

明清时期，沿江一带榷关林立，贪官污吏敲诈勒索，留难商旅，严重地阻碍着吴楚贸易的发展。徽州商人对这种现象不断进行抵制和斗争，明末“九江关蠹李光宇等把持关务，盐舟纳料，多方勒索，停泊羁留，屡遭覆溺，莫敢谁何。”徽商江南能“毅然叩关，陈其积弊。奸蠹伏诛，而舟行者始无淹滞之患”[⑤]。明末徽商陈大道“见湖口税珰为商贾害，力陈其弊于上，遂撤之”[⑥]。明末龙江关使“往来商旅之应榷者恒苦滞泊”，徽商凌仲礼为“为之条上便宜于直指，得嘉纳行之。以故商与官两益，而国课用饶”[⑦]。清康熙间，芜湖“榷关邓主事苛责诸商，多额外征，莫敢谁何”。徽商吴宗圣“毅然入控登闻。得旨：差官按实拿问”[⑧]。他们的斗争尽管带有极大的局限性，但毕竟取得了一定的效果，有利于吴楚之间商品流通的扩大。

其次，徽商在吴楚间的商业活动促进了城市经济的发展。清初人赵吉士说：“徽之富民尽家于仪扬、苏松、淮安、芜湖、杭湖诸郡以及江西

① 嘉庆《休宁县志》卷一五。
② 光绪《婺源县志》卷三四。
③ 光绪《婺源县志》卷三四。
④《婺源县采辑·义行》。
⑤ 歙县《济阳江氏族谱》卷九。
⑥ 同治《祁门县志》卷三〇。
⑦《沙溪集略》卷四。
⑧ 道光《徽州府志》卷一二。

之南昌、湖广之汉口。远如北京，亦复挈其家属而去。甚且舆其祖父骸骨葬于他乡，不稍顾惜”[①]。上述诸城市大多数都分布在长江中下游的沿江一线，这显然是与他们经营吴楚贸易有关。徽商的活动使这些城市作为各种商品的集散、转运、销售乃至加工制作的场所而日趋繁荣。例如扬州就是作为两淮盐业的经营中心发展起来的，而在扬州业盐者则以徽人占绝对优势。明后期扬州所聚“四方之民就以新都（徽州）最，关以西（陕西）、山右（山西）次之”[②]。清代扬州八总商“邑人恒占其四”[③]。扬州居民中“土著较游寓二十之一”，而占人口二十分之十九的“游寓”中则以徽商为最多。所以陈去病说：“扬之盛实徽人开之”[④]。苏州是米、布的集散地，而苏州米、布二业则主要是由徽商经营的。万历十七年“新安商人自楚贩米至吴、值岁大旱，斗米百五十钱，计利四倍而意犹未惬”[⑤]万历四十八年，苏州米贵，“一二饥民强借徽商之米，有司稍绳以法，而遂有万人屯聚府门，毁牌毁役，几致大变”[⑥]。苏州人民往往因粮价昂贵而迁怒于徽商，这表明苏州的米商多是徽人，米价的涨落操纵在他们的手里。苏州的布商字号甚多。他们收购大批棉布，经染踹加工之后转销各地。雍正时，该地踹匠已多达二万余人。为禁止踹匠叫歇，康熙九年苏州府特勒石立碑“饬谕徽商布店、踹布工匠人等知悉：嗣后一切踹工人等，应听作头稽查，作头应听商家约束……”[⑦]。道光十二年吴县永禁踹坊垄断把持碑以及道光十四年苏州府为照章听布号择坊发踹给示遵守碑都特别镌刻着“新安会馆竖立”字样[⑧]。这表明苏州的布商字号大多是徽人开设的。汉口是湖广地区的商业枢纽，在吴楚贸易中占有极重要的地位。而该镇的各行商业几无不由徽人执其牛耳。乾隆初汉口镇以“盐当米木花布药材六行最大”[⑨]。其中盐米二业主要操在徽人

① 康熙《徽州府志》卷二。
② 万历《扬州府志》序。
③ 民国《歙县志》卷一。
④ 陈去病：《五石脂》。
⑤ 褚稼轩：《坚瓠五集》卷一。
⑥《明熹宗实录》卷四六。
⑦《明清苏州工商业碑刻集》第53—54页。
⑧《明清苏州工商业碑刻集》第80—82页。
⑨《清经世文编》卷四〇。

手中已如前述。汉口又是徽州木商往来必经之地，他们在这里当然也很得势。而药材、典当、花布三行中徽商的势力也很大。明末徽商叶文机在汉口开创叶开泰药店，经数世之经营，终于发展成全国“四大药店”之一[①]。清朝末年，徽商在汉口虽渐失势，然而他们犹“以典商及棉纱商为最盛”[②]。休宁人朱保三还是“汉口典当帮首士”[③]。徽商人多势大，财力雄厚，在该镇的建筑中也得到反映。康熙时他们就修建了规模宏大的会馆，名曰“新安书院”，此后历经扩建，更为壮观[④]。雍正时又修建“新安码头”，专供徽商停泊船只[⑤]。为勉励徽商子弟读书向学，还在码头附近修建“奎星楼”一座，蔚为“汉镇巨观”[⑥]。许多徽州商人也在汉口买地建房，比屋而居，渐成街巷。该镇所谓“新安街”“新安巷”“徽州街”等名称，都是这一历史陈迹的反映。在徽商购置的地皮上发展起来的“新安市场”更是该镇最繁华的闹市。汉口在明初还是一片荒无人烟的芦洲，到清代康熙时竟发展成为“天下四聚”之一，其原因固然很多，但其中确有徽商的一分功劳。此外如南京是徽商经营木材业的中心，芜湖因其地近徽州而被徽商视为经营吴楚贸易的一个理想基地。徽商对这些都市的繁荣都有不同程度的贡献。

徽商对沿江一带市镇的兴起与繁荣更起着重要作用。广济县的武穴镇是商船入楚停泊的第一个码头。歙人何永昌贾于该镇。“尝伐石甃江西彭泽县之梧桐岭，建太平庵于其上，构茶亭以荫谒者，施田亩以资僧廪。修黄州之牛关矶庙，设救生船。……在武穴镇数十年，施粟设浆，有‘何善人’之目”[⑦]。歙人鲍廷屿亦贾于该镇，“为人排难解纷，人多敬服”。他倡建“归榇局”，专以葬资路费济助客死该地的徽人[⑧]。仅就何、鲍二人的事迹，已可窥见徽商在该镇影响之大了。明末嘉定县的南翔镇

①《武汉文史资料》第一辑。
②《夏口县志》卷一二。
③《夏口县志》卷一二。
④ 徐焕斗:《汉口小志·艺文上》。
⑤《重修古歙东门许氏宗谱》。
⑥《重修古歙东门许氏宗谱》。
⑦ 民国《歙县志》卷五。
⑧ 民国《歙县志》卷九。

“往多徽商侨寓，百货填集，甲于诸镇。比为无赖蚕食，稍稍徙避，而镇遂衰落”[①]。罗店镇“徽商凑集，贸易之盛，几埒南翔矣”[②]。这些市镇之兴衰竟以徽商的聚散为转移，足见沿江区域流行的“无徽不成镇”之谚确非虚语。

然而，在吴楚贸易中，徽州盐商勾结官府盘剥人民，却对社会经济的发展造成了极大的危害。明清时期，两淮盐课甲于天下。每行一纲之盐，正杂盐课多至数百万两，而官吏需索之规费，盐商赚取之暴利又数倍于此。凡此一切耗费都被摊入盐价之中，强加在消费者身上。道光时，淮盐场价每斤为钱不过一二文至三四文，而汉口盐价竟高达四五十文，自汉口分销湖广各地的淮盐更有每斤八九十文者[③]。湖广地区销盐既多，盐价又最贵，因而负担也就最重。正如林则徐所说：“运盐纳课虽在两淮，而输纳营运之资大都出诸两楚”[④]。湖广人民这项负担之重，只要把当时吴楚贸易中盐米两项商品的贸易额加以对比就更清楚了。乾隆五十三年，官府规定湖广盐价每包（八斤四两）为银二钱八分九厘，“不得私增逾限”[⑤]。姑按这一价格计算，当时每引为盐三百六十四斤，价银当为十二两七钱。湖广岁销淮盐七十八万引，价银当为一千零六万两。乾隆三十五年，湖北常平仓于秋成时买米入仓，每石价银六七钱[⑥]。姑以每石七钱计之，则一千零六万两之盐价银，相当于一千四百五十余万石之粮价，据冯桂芬说，“楚米”运销苏浙者，每年大约三四千万石[⑦]。这指的是太平天国革命前夕的情况，乾隆时未必能有此数，而且他所说的“楚米”是泛指来自长江中上游的米，其中包括四川米和江西米。由此推测，乾隆时湖广粮食每年运销苏浙者，充其量也不会超过二千五百万石之数。如果这一估计无误，那么湖广人民终岁勤劳增产粮食，而卖粮所得之银竟被大部分消耗于高价买盐。所以道光时两江总督陶澍说：“江广之民，

① 万历《嘉定县志》卷一。
② 万历《嘉定县志》卷一。
③ 陶澍：《陶文毅公全集》卷一二。
④《新增经世文续编》卷四二。
⑤ 光绪《两淮盐法志》卷九六。
⑥《清高宗实录》卷八六五。
⑦ 冯桂芬：《显志堂集》卷一〇。

膏血尽耗于盐”[①]。乾隆三十一年，湖北、湖南二省共征地丁银二百二十九万余两[②]。而湖广人民财力之耗于盐者竟相当于上述数字四倍有余。湖广人民的这一沉重负担，对社会经济发展所带来的不利影响是不容低估的。

湖广人民尽管每年都有大批商品粮食外销，但却不能免于贫困，这就使他们不但无力继续发展农业，并使之向商业性农业过渡，而且不得不致力于经营家庭手工业，以补助农耕之不足。如孝感县“数年谷贱伤农，又值凶旱，民皆恃此（棉织业）为生”[③]。汉阳县则“南乡家家春作外，以此（棉织业）资生”[④]。攸县则“秋收甫竣，即比户从事（纺织）……贫者耕不足恃，恒赖此支半载食用”[⑤]。巴陵则“归女工织纴”，“乡间”处处可闻“机杼声络纬声”[⑥]。可知巴陵“都布”也多是出自农家妇女之手。

湖广经济的这种状态，不能不给苏浙手工业的发展带来不利影响。特别是湖广棉织业的兴起，不但使江南棉布在湖广难于行销，而且在许多地区都出现了湖广布同江南布争夺市场的现象。道光前后，巴陵所产“山花”不足供当地纺织之用，人们竟从太仓州采购“苏花”作为纺织原料[⑦]。这种形势就给苏浙棉织业的发展造成新的困难。苏浙的手工业既得不到顺利发展的条件，于是官僚、豪商们在淮盐的垄断贸易中捞到大批钱财之后，主要不是用于投资产业，而是用于奢侈性消费，致使城市中为奢侈性消费服务的行业日益增多，而真正的手工业者反倒为数甚少。如果说促使东南城市畸形发展的原因非止一端，那么徽州盐商的活动也应该是其中一个重要因素。

明清时期的吴楚贸易本来应该比当时我国南北之间的贸易发挥更大的积极作用。因为当时我国的经济重心在南方，政治重心在北方，南货

① 陶澍：《陶文毅公全集》卷一一。
②《清朝文献通考》卷四。
③ 光绪《孝感县志》卷五。
④ 乾隆《汉阳县志》卷一〇。
⑤ 光绪《攸县志》卷一八。
⑥ 光绪《巴陵县志》卷五二。
⑦ 吴敏树：《柈湖文集》卷二〇。

北运的规模虽然很大，但其中很大一部分并不是严格意义上的商品，而是赋税的担当物。吴楚贸易则不同。贸易双方都以商品相交换。这种互为市场的关系必然刺激着两地人民各自发挥其生产上的优势，促进区域分工的发展。可是淮盐的垄断贸易却在这条正常发展的道路上设置了难以逾越的障碍。这正是徽商商业资本与封建政治势力相结合所造成的一个恶果。

（原文载《中国社会经济史研究》1987年第4期）

明清徽商与江南棉织业

一

明清时期徽州商人对经营江南棉布贸易是十分重视的。嘉靖时歙人程澧多年闯荡江湖，对全国各地市场形势有比较深刻的认识，摸索出一条经商的经验："东吴饶木棉，则用布；维扬在天下之中，则用盐策；吾郡瘠薄，则用子钱"。事实证明，他这种因地制宜的经商方式，确是一种行之有效的生财之道。"诸程聚族而从公，惟公所决策。……行之四十年，诸程并以不赀起，而公加故业数倍，甲长原"[①]。在明代徽商中采取程澧这种经商方式的人并非罕见。歙人潘次君也同样"以盐策贾江淮，以质剂贾建业，粟贾越，布贾吴……卒赢得过当"[②]。歙人潘汀州则"或用盐盬，或用橦布，或用质剂，周游江淮吴越，务协地宜，邑中宿贾，若诸汪、诸吴悉从公决策受成，皆累巨万"[③]。这些徽商发财致富的经验有一个共同的特点，就是他们都把经营江南棉布贸易作为自己商业活动的一项重要内容。这种贸易对徽商资本的积累起着重要的作用。歙人吴良儒说："吾乡贾者，首鱼盐，次布帛"[④]。可见在徽商心目中，行盐之外，贾布就是他们最看中的一个行当了。然而行盐固然可以获得厚利，但食盐毕竟是封建官府严加控制的商品，"非巨商贾不能任"。而做棉布生意则可大可小，得以量力而行，对于大多数徽州商人来说，是个最便

①《太函集》卷五二。
②《太函集》卷五一。
③《太函集》卷三四。
④《太函集》卷五四。

于经营的行业。正因为如此，徽人经商往往是先贾布，后行盐。即在经营棉布贸易中积累起足够的资本之后，才去经营盐业。就整个徽州商帮的发展而论，他们也是先在布业中得势，后在盐业中称雄的。如果说，明代弘治以后徽商开始在两淮盐业中取得了优势地位，那么在此之前的成化年间他们就已经是经营棉布贸易最活跃的商帮了。据记载，歙人吴良友的曾祖父吴有贵，祖父吴继善“始以布贾燕齐间，父自宁公蒙故业而息之，资益大饶，累巨万”[①]。按良友生于嘉靖二年，其曾祖始营布业之时最晚也当在成化年间。歙人郑富伟“东游吴淞，北寓临清，逾四十年，累资甚巨”[②]。吴淞为产布之乡，临清是棉布集散之地，富伟往来于其间，显然也是为了贩布。富伟生于正统十三年，他经营布业的时间也当在成化年间。可见在成化时，徽州布商已极为活跃了。《云间杂识》载：“成化末，有显宦满载归，一老人踵门拜不已，宦骇问故。对曰：‘松民之财多被徽商搬去，今赖君返之，敢不称谢！’宦惭不能答”。这位松江老人的话固属谐谑之词，但却反映出“松民之财多被徽商搬去”已是当时人所共知的事实。这表明当时的徽商已是盘剥松江棉业者的主要商帮了。因为松民之财主要出自纺纱织布，徽商攫取松民之财的有效途径也只能是棉布贸易。松江的棉织业始于元，而松江棉布的大批商品化则是明中叶发端的。成化时，华亭人张弼说：“棉布虽松江所产，旧亦不多……自二三十年，松江之民多倚织布为生”[③]。成化二十二年，松江知府樊莹为消除粮长制之积弊，曾主张以“布行人”代替粮长押送官布入京，并“听其赍持私货以赡不足”[④]。这表明成化时松江棉织业大有发展，人们织布已主要不是为了自用，而是为了持往布行销售。当时的松江布在北方各地已成了畅销货，因而把棉布当作免征商税的“私货”贩往北方，已是布行老板们梦寐以求的事情。在这种情况下，松江便有愈来愈多的人“倚织布为生”了。而正当松江棉布开始大批走向市场的这个时刻，徽州商人便如“鸷鸟之击”，一下子扑向松江，把这里的纺织之

①《丰南志》第5册。
②歙县《郑氏宗谱》。
③崇祯《松江府志》卷一〇。
④崇祯《松江府志》卷八。

利紧紧地握在自己手里。仅此一事已足以表明徽州商业资本与江南棉织业的关系是极深的了。

二

徽商在江南棉布贸易中的重要地位，首先表现在江南许多盛产棉布的城镇都是徽商最活跃的地方。如嘉定县的南翔、罗店二镇产布甚多，贸易极为发达，因有“金罗店，银南翔”之谚[①]。而在二镇中最活跃的商人则是徽商。归有光说：“嘉定南翔，大聚也，多歙贾”[②]。《嘉定县志》载罗店镇“比闾殷富，今徽商凑集，贸易之盛，几埒南翔矣”[③]。嘉靖时，常熟县产布甚多，大部分“行贾于齐鲁之境”[④]。而当时徽人已在该县建有“梅园公所”作为客死其地的徽人停柩之处。足见徽商在这里的人数已相当多了。天启时，平湖县新带镇“饶鱼米、花布之属，徽商麇至，贯镪纷货，出纳颇盛”[⑤]。嘉善县的治所魏塘镇乡民多以纺纱为生，因有“买不尽松江布，收不尽魏塘纱”之谚。而这里“负重资牟厚利者，率多徽商”[⑥]。入清以后则徽州布商更为活跃。盛产棉布的上海县为“五方贸易所最，宣歙人尤多”[⑦]。宝山县大场镇“商业首推布匹”，有许多“山陕布客，徽商等来此坐贾”收购棉布[⑧]。太仓州“向来多种木棉，纺织为业”，而这里“质库及市中列肆，安徽、闽、浙人居多”[⑨]。无锡“棉布之利独盛于吾邑”，所产之布大多由徽商运销于苏北各地，因而尝有徽人言“无锡为布码头”[⑩]。清代的苏州已是棉布印染业的中心，“各

① 光绪《罗溪镇志》卷二。
② 《震川先生集》卷一八。
③ 万历《嘉定县志》卷一。
④ 嘉靖《常熟县志》卷四。
⑤ 天启《平湖县志》。
⑥ 嘉庆《嘉善县志》卷六。
⑦ 《上海碑刻资料选辑》第232页。
⑧ 《宝山县续志》卷一。
⑨ 光绪《太仓直隶州志》卷六。
⑩ 黄印：《锡金识小录》卷一。

省青蓝布俱于此地兑买”[①]。而苏州印染棉布的字号大部分都是由徽商开设的。官府为压制踹匠叫歇而树立的石碑竟要“发新安会馆竖立”，有的还在碑文中，特别强调“饬谕徽商布店”加强对踹匠的管束[②]。在棉布生产“甲于他郡”的松江，色布字号也主要是由徽人开设的。乾隆元年在《松江府为禁苏郡布商冒立字号招牌告示碑》上列名的布商字号共有五家。其中朱左宜店、朱汝高店分别以“紫阳辅记”“紫阳甫记”为其字号招牌，表明这三家全是徽人，因为借助“紫阳”的名号，标榜自己为朱夫子的同乡，正是“贾而好儒”的徽商惯用的手法。吴舆璠店则店主自称“原籍新安”[③]。只有杨天锡一家籍贯不详。可见五家之中起码有四家是徽商。

徽商在江南棉布贸易中占有重要地位还表现为在江南棉布的收购、染色、运销等环节中徽商都发挥了重要作用。

首先，徽商是最活跃的棉布收购商。明清时期江南棉布主要出自农家织妇之手，其产量虽多，销路虽广，但生产者却极为分散。只有把为数众多的小生产者零星出售的棉布集中起来，才能适应大规模商业贩运的需要。因此棉布收购活动便成为棉布贸易中的重要环节了。而在这种活动中扮演重要角色的则是徽商。当时，在徽州布商中富商大贾固不乏人，但为数更多的则是小商小贩。他们多为生计所迫，外出经商，江南棉布产地距徽州甚近，正是他们经营小本生意的好地方。他们人数多，资本少，正适合走街串巷从事棉布的零星收购活动。明末休宁人汪社生“以贫困奔驰吴越，肩布市卖”[④]。在嘉定县外冈镇“徽州王某，少客镇中，营布业……积数十金归，娶妇生子”[⑤]。汪、王等人大概就是褚华所说的那种“袱头小经纪”，他们是“零星购得（棉布）而转售与他人者”[⑥]。更值得注意的是徽商还善于利用牙行制度将江南棉布的收购市场

①《雍正朱批谕旨》第42册。
②《明清苏州工商业碑刻集》第80页。
③《上海碑刻资料选辑》第85—87页。
④ 嘉庆《休宁县志》卷一四。
⑤《续外冈志》卷四。
⑥ 褚华:《木棉谱》。

把持在自己手里。在那个时代，商品的大宗贸易必须通过牙行才能进行，私相贸易者有禁。上述那些零星购得的棉布也只有通过牙商开设的布行、布庄才能转售给贩运商人，销往外地。这种制度本来是不利于商业资本活动的封建制度，但徽州布商却能够利用这一制度来巩固自己的地位。首先，徽商中有许多人本身就是充当牙行经纪的最佳人选。他们善于利用这一条件跻身于牙商之列。“所谓牙者，权贵贱，别精粗，衡重轻，革伪妄也”[①]。他们只是说合交易的居间人，可以“不费资本，赤手而得商用”。资本无多，而又富于商业经验的徽州小商人充当这种角色最为恰当。清人沈起风说：“新安某翁，挟千钱至吴门，作小经纪。后家日泰，抱布贸丝，积资巨万。常大言曰：‘致富有奇术，愚夫自不识耳……精而明之，不爱脸，不好舌，不惜廉耻，不顾笑骂，持此以往，百万之富，直反掌间耳’”[②]。他的话，意在讥讽寡廉鲜耻的市侩习气。但却反映出在苏松一带贸易丝绸、棉布的市场上，这种既善于经商又习于诈骗的新安牙侩是很多的。明清时期的牙商还必须与封建官府保持密切联系。只有取得官府的信任并发给牙贴的人才能承充牙商。承充牙商之后，还必须协助官府管理市场，监督商人纳税，充当官府的爪牙。对善于“行媚权贵”的徽州商人来说，同官府打交道，正是他们最拿手的本事。况且他们中的许多人在江南棉布产地并非来去匆匆的过客，而是久居其地甚至在那里安家落户的商人，这就使他们能够同当地势要之家拉上关系，并借助他们的支持开设牙行。嘉靖、万历时，婺源人李廷芳侨寓南京，“握奇赢杂驵侩中……家日益起，声日益著”。他之所以能够以驵侩起家，想必就是得力于势要之家的支持。据记载，他常“与留都缙绅游，皆以行谊相推重”[③]。这些跻身于牙商之列的徽人当然会念及“桑梓之谊”，同徽州商人串通一气，利用牙行制度去维护徽商的利益。第二，徽商善于利用商牙结合的经营方式把持棉布的收购市场。牙商本来是贸易的居间人，本身并不参与贸易。但随着商业的发展，牙商的性质逐渐发生了

①《士商类要》卷二。
②《谐铎》卷七。
③ 婺源《三田李氏统宗谱》。

变化。早在明末，徽州布商中就已存在着亦商亦牙的人物。《钱门塘乡志》载：“丁娘布，纱细工良，明时有徽商僦居里中收买出贩，自是外冈各镇多仿为之，遂俱称钱门塘布。”这个徽商既然能够僦居里中，定点收布，当然具有牙商的身份。而他又拥有自己的商业的资本，并用以收布出贩，当然也具有商人的性质。这种商牙结合的经营方式一旦出现，富商大贾便可以援例请贴设庄收布，把牙行变成从属于自己的收布门市部。而徽商既有雄厚的资本，又在产布的各市镇中拥有人多势众的优势，因而可以利用这种商牙结合的经营方式把持棉布收购市场。如前所述，松江色布字号主要是徽商开设的。而这些字号的老板同时又是开设牙行广收棉布的牙商。他们的“布店在松，发卖在苏，且牙行亦多居松”。官府也把他们称作“奉宪给贴众商”。足见他们都具有牙商的身份。徽商吴舆璠自称他“投治西外开张富有字号，在郡门市居多”[①]。在那“多倚织布为生”的松江，布商广开门市，自然不是为了卖布，而是为了买布。他们收购的棉布，除供本字号染色之外，其余大部分当然也要运往苏州批发出售。在苏州开设色布字号的徽商同样也开设布庄，自行收布。嘉定县外冈镇所产之布“名曰冈尖，以染浅色，鲜妍可爱，他处不及，故苏郡布商多在镇开庄收买”[②]。乾隆时在嘉兴开设万顺布行的徽商李大业，曾在苏州捐钱助修徽商会馆[③]。他与苏州的关系如此密切，大概是因为他的布行也受到苏州徽商字号资本的支配。这种商牙结合的经营方式使开设布行、布庄的商人可以无所顾忌地把持市场，居间垄断，牟取暴利。当收购棉布时，他们既是贸易居间人又是贸易中的买方，因此可以随意“将低银小钱收购花布……刻剥小民”，当其将棉布批发给客商时，他们既是居间人又是卖方，亦可以以贱卖贵，漫天要价。在那些地不产棉，而棉织业又很发达的地区，徽州布商还开设花布行，从事收布活动。如无锡所产之布有三种“一以三丈为匹，曰长头；一以二丈为匹，曰短头，皆以换花；一以二丈四尺为匹，曰放长，则以易米及钱。坐贾收之，捆

①《上海碑刻资料选辑》第87页。
②《续外冈志》卷四。
③《江苏省明清以来碑刻资料选集》第379页。

载而贸于淮扬高宝等处。一岁所交易不下数十百万。尝有徽人言……无锡为布码头……无锡坐贾之开花布行者，不数年即可致富”[①]。徽商既把无锡视为“布码头”，当然不会放弃在这里经营花布行的机会。这种花布行同样也具有商牙结合的特点。他们可以利用牙商的身分，以不等价的交换，残酷盘剥小生产者。所以做这种生意不数年即可致富。徽商就是这样利用牙行制度把江南棉布收购市场大部分把持在自己手里，使之成为自己取之不尽的财源。

其次，徽商是江南棉布染踹业的主要经营者。前已述及明清时期江南棉布染踹业中心苏州、松江等处的色布字号主要是徽人开设的。而在江南其他城镇徽商开设的色布字号也很多。如鸦片战争前，徽商胡朗甫、汪锦城首先在常州开设“胡仁泰”“汪怡兴”两家字号，其后该地陆续出现的字号多达数十家，其中徽人开设者当亦不少[②]。上海色布字号“祥泰”“恒乾仁”“余源茂”等也都是徽商经营的[③]。徽商之所以能够在棉布染踹业中占有优势地位，首先是由于他们拥有雄厚的财力。据记载，当时苏州色布字号的经营规模都很大，“自漂布、染布、看布，行布各有其人，一字号常数十家赖以举火”[④]。字号所染的色布还要经过踹坊砑踹之后方能作为商品出售。雍正八年，李卫奏称，苏州已有踹坊四百五十余处，踹匠一万九百余人[⑤]。乾隆四年碑刻则载明当时苏州布商字号共有四十五家[⑥]。如果从雍正八年至乾隆四年的九年之内苏州字号与踹坊数字没有大的变化，那么，平均一字号就有十家踹坊，二百四十余踹匠为其踹布。经营这样大规模的字号首先就要拥有巨量资本。所以当时人也说：“惟富人乃能办此”[⑦]，而财力雄厚的徽州商人恰好在这方面发挥了优势。清初“新安汪氏，设‘益美’字号于吴阊，巧为居奇。密嘱衣工，有以本号机头缴者，给银二分。缝人贪得小利，遂群誉布美，用者竞市，计

① 黄印:《锡金识小录》卷一。
②《常州土布史料初稿》。
③《江南土布史资料》。
④ 乾隆《长洲县志》卷一〇。
⑤《雍正朱批谕旨》第42册。
⑥《明清苏州工商业碑刻集》第74—76页。
⑦ 乾隆《重修元和县志》卷一〇。

一年销布，约以百万匹。论匹赢利百文，如派机头多二万两，而增息二十万贯矣。十年富甲诸商，而布更遍行天下。……二百年间，滇南、漠北无地不以‘益美’为美也”[①]。按岁销青蓝布百万匹，其总价值当在五十万两以上，在商品流通速度不高的条件下，没有数十万两资本是难以经营的，可见汪益美之所以能够运用巧妙的竞争手段取得成功，说到底还是因为他拥有较强的经济实力。徽商字号的产品质量精良也是他们取得优势的一个重要原因。乾隆《长洲县志》载：“布坊各处俱有，惟阊门为盛，漂染俱精”。按苏州阊门外上下塘一带正是徽州字号集中的地方，这表明“漂染俱精”者主要就是徽商字号。正因为他们的产品质量好，所以他们总是在自己所染色布的布头上标明本字号的图记，藉以提高信誉，扩大销路。顺治十六年和乾隆四年两次呈请官府严禁假冒字号图记的布商主要就是徽商。徽商字号之所以能做到“漂染俱精”不是偶然的。一则他们掌握了技术上的优势。宋应星说：“织造尚松江，浆染尚芜湖。”[②]而芜湖距徽州甚近，又是徽商早年发迹的地方，这里发达的浆染技术为徽商所熟知。明末清初，当徽商在江南棉布产地就近经营染踹业的时候，自然要引用这种技术，并加以提高。再则徽商掌握了最好的颜料。据乾隆时的碑刻记载，苏州颜料铺户汪永丰等三十三家，都是“衖衢徽民附居，店业营趁，异觅蝇头，以事俯仰”的商人[③]，足见当时苏州的颜料商多数都是徽人。这就为徽商字号选用最好的颜料提供了方便。三则徽商各字号在各产布市镇开设布庄，广收棉市把最好的布料把持在自己手里。如前所述，质地精良宜于染色的钱门塘布、冈尖布等就一直是徽商手中的王牌。徽商字号以最佳技术、最好的颜料，染踹质地精美的棉布，这就保证了他们的产品质量比其同行略胜一筹，故能在竞争中取得优势地位。

第三，徽商是最活跃的棉布贩运商。明清时期纵贯南北的大运河是江南棉布北运的主要路线。而在这条线上的棉布贩运活动很大一部分都

①《三异笔谈》卷三。
②《天工开物》卷上。
③《江苏省明清以来碑刻资料选集》第272页。

操在徽商之手。如淮安是运河沿线的棉布转运枢纽，江南棉布运抵淮安后，或则沿运河继续北运，或则通过清口，沿淮河而西运往皖北、河南，甚至转销于西北各地。《淮安府志》载："布帛盐鹾诸利薮则皆晋徽侨寓者负之而趋矣"[①]。足见经由淮安贩运棉布的商人主要是徽商和晋商。《龙图公案》中描写徽商汪成在开封开设布店的事，反映出明代徽州布商已在河南推销棉布了。他们的棉布大概是经由运河、淮河辗转贩运而来的。山东的临清是运河线上又一个重要的棉布转运枢纽。江南棉布运集于此，"辽左布商"，山西"行贾"，前来转运者络绎不绝。万历时这里有布店73家。而该地则是徽商称雄的地方。谢肇淛说："山东临清，十九皆徽商占籍。"[②]贩运江南棉布自然是他们商业活动的一项主要内容。嘉靖时徽商李某就往来于临清、南翔之间从事商业活动："嘉定南翔，大聚也。多歙贾，（李）君遂居焉，亦时时贾临清，往来江淮间，间岁还歙，然卒以嘉定为其家"[③]。李君之所以要以嘉定南翔为其家，大概是为了便于收购棉布运销北方，把棉布的收购与贩运活动结合起来。还有些徽商把江南棉布直接运往临清以北各地销售。如徽商汪应选"居南里（南翔镇），足迹历蓟门、辽左……以贸易起家"[④]。徽商吴良梓"往来吴越齐鲁燕赵之都，出入布帛盐策之场"[⑤]。康熙时徽商谢定五等还在北京前门外打磨厂开设日成祥布店。将售布所得银两利用会票，兑往南方[⑥]。有的会票上还注明兑付"鼎谦号布价"，足见他们的棉布是直接从南方字号中贩运去的。

明清时期江南棉布通过海运北上者也很多。明代辽东棉布奇缺，明初令山东登莱等处田赋折布，海运至辽，以供军户。正德初山东布解折银。于是辽东棉布的需求只得仰赖商贩的供应。从那时起，徽州布商便活跃于江南辽东之间的海运线上了。万历时梁梦龙说："查得海禁久弛，

① 康熙《淮安府志》卷一。
② 《五杂俎》卷一四。
③ 《震川先生集》卷一八。
④ 嘉庆《南翔镇志》卷七、卷一。
⑤ 《丰南志》第9册。
⑥ 汪宗义、刘宣辑录：《清初京师商号会票》，文载《文献》1985年第2期。

私泛极多，辽东、山东、淮扬，徽苏闽浙之人做买鱼虾腌猪及米豆果品、瓷器、竹木纸张、布匹等项往来不绝。”[1]入清以后，东北地区人口大增，棉布需求量不断上升。“旗民种棉者虽多，而不知纺织之利，率皆售于商贾转贩他省”，“布帛之价反倍于内地”[2]。所以东北地区一直是江南棉布的主要市场。“自康熙二十四年开海禁，关东豆麦每年至上海者千余万石而布茶各南货至山东、直隶、关东者亦由沙船载而北行。”[3]包世臣说：“沙船之集上海实缘布市。”[4]足见江南棉布是当时沙船运载北上的主要商品。而徽商在这条海运线上仍然是一支重要力量。康熙时在江南沙船的主要港口刘河镇“始创造海船”的商人就是安徽商人金某。此后，这里一直是“东省、徽籍以及通属各省商人”活跃的地方[5]。赣榆县的青口镇是江苏北部的海港重镇。嘉庆、道光时徽州叶同春、叶长春等字号就在该镇经营海运贸易[6]。

长江中上游地区是江南棉布的又一个重要市场。湖广、江西每年都有大批商船载米东下，贸布而归。安徽的“枞阳、芜湖、运漕为江广米船聚集之区”，[7]米布贸易规模甚大，而在这种米布贸易中，徽商都占有显要位置。如明末家产百万的徽商吴逸公就“席先业，鹾于广陵，典于金陵，米布于运漕”[8]。枞阳则为“桐城首镇，徽宁商贾最多”[9]。芜湖更是徽商称雄的地方，自然徽商也会插手于米布贸易之中。

总之，徽商不但活跃于江南产布之区，而且把持着江南棉布的收购染色与运销。可见他们在江南棉布贸易中的地位是不容低估的。

①《海运新志》。
②《皇清奏议》卷四四。
③《清经世文编》卷四八。
④ 包世臣:《安吴四种》卷二九。
⑤ 刘湄:《刘河镇纪略》卷五。
⑥《上海碑刻资料选辑》第304—305页。
⑦《清经世文编》卷四八。
⑧《丰南志》第9册。
⑨ 道光《桐城县志》卷一。

三

明清数百年间，徽商一直是江南棉布收购、染色、运销的主要经营者。因此他们的活动就不能不给江南棉织业的发展带来深远的影响。

首先，徽商的活动促进了江南棉织业中商品生产的发展。明清时期江南棉织业主要是作为农家副业而发展起来的。广大贫苦农民，在官税私租的重压之下，不得不藉纺纱织布以弥补生计不足。他们资金短缺，生产资料和生活资料的贮备都很不足。因此，他们只有用自己的产品及时地换得棉花和粮食，才能维持其小生产的运转。徽商资本雄厚，人数众多，遍布江南城乡各地，与棉织业者的接触面甚广。不但可以及时地收购棉纱、棉布，而且可以随时向广大棉织业者提供棉花和粮食。明清时期，江南涌现出一大批以棉花、棉布、粮食贸易为主的市镇，在这些市镇中，徽商都发挥了重要的作用。有时徽商的聚散竟直接决定着市镇的兴衰。如嘉定县南翔镇“往多徽商侨寓，百货填集，甲于诸镇。比为无赖蚕食，稍稍徙避，而镇遂衰落”[①]。可见“无徽不成镇”之谚，在江南棉织业市镇中表现得尤为明显。正是这些市镇把江南广大棉织业者同遥远的市场联系起来。使他们生产的棉布得以运销四面八方，而他们需求的生产生活资料也得到了源源不断的供给。这就为江南棉织业中商品生产的发展提供了有利条件。

其次徽商的活动促进了江南棉织业技术的提高。徽商在收购棉布时为保证所收之布便于行销，特别注意布的质量。在他们开设的字号、布庄中都有专司“看布”的人员，负责检验布的质量。在布商的严格挑选下，棉织业者不得不“媚贾师以如父，幸而入选，如脱重负”[②]。这实际上就是由徽商把市场信息及时地转达给生产者，使他们为满足消费者的需求而在改进棉布质量上精益求精。如南翔镇所产之扣布“光洁而厚，制衣被耐久，远方珍之。布商各字号俱在镇，鉴择尤精，故里中所织甲

① 万历《嘉定县志》卷一。
②《历代赋汇》卷七一。

一邑”[①]。前文所述的钱门塘布也是由于徽商广为推销，才使这种布名声大振，于是外冈诸镇“多仿为之”。

第三，徽商投资于棉布染踹业，有助于资本主义萌芽的滋长。在徽商开设的字号中，布商与染工关系的性质目前虽不甚清楚，但据碑刻资料的记载，布商与踹匠的关系则确已是资本主义性质的了。正因为徽商采用了资本主义的生产关系，才有可能在棉布染踹业中建立起年产色布百万匹的大规模生产，从而满足了全国市场对色布的需求。这对提高棉布的销售量，促进江南棉业的发展具有积极意义。

然而徽商对江南棉织业者的盘剥极为残酷，使之陷于极端贫困之中，这就妨碍了棉织业技术的改进和社会分工的发展。徽州商人利用封建牙行制度把持江南棉布收购市场，尽力压低棉布的收购价格，牟取厚利。每当青黄不接之际，贫苦农民急需以布易米，而狡驵牙侩们却乘人之危，压价收布。农民“三日两饥，抱布入市，其贱如泥，名曰‘杀庄’”[②]。在徽商最活跃的嘉善县，“荒年米贵，则布愈贱，各贾乘农夫之急，闭门不收。虽有布，无可卖处”[③]。徽商在低价收布的同时，又操纵棉粮价格，盘剥小生产者。典商、囤户往往勾结一气大搞囤当活动，当棉、粮收获之际，囤户藉典铺资金的周转，乘贱收购大批棉、粮，待价而沽，致使“小民一岁之收，始则贱价归商，终仍贵价归民，典商囤户坐享厚利，而小民并受其困矣”[④]。徽商以贱买贵卖为手段，从两头盘剥棉织业者，使他们只能在饥饿线上辗转求生，而无力改进生产工具，提高生产技术。直到鸦片战争前夕，江南棉织业的生产效率仍然十分低下，其纺者每日不过成纱四五两，织者每日不过成布二三丈。江南棉织业这种长期停滞不前的现象固然是由多方面因素造成的，但徽商对棉织业者的盘剥不能不说是其中的一个重要因素。而江南棉织业技术长期得不到提高，就使它在全国的领先地位难以维持下去。

当江南棉织业技术止步不前的时候，其他地区的农民也同江南农民

① 嘉庆《南翔镇志》卷一。
②《清经世文编》卷二八。
③ 陈龙正:《几亭全书》卷二五。
④《皇清奏议》卷二。

一样，力求做到“以织助耕”。他们千方百计克服自然条件的限制，发展自己的家庭棉织业。这种形势就给江南棉织业的领先地位带来严重的威胁。早在明后期，一些有识之士便已为此而忧心忡忡了。弘治时邱濬就“常揣度，此后数十年，松之布当无所洩”[①]。徐光启也说：“数十年来肃宁一邑所出布匹，足当吾松十分之一矣。初犹莽莽，今之细密，几与吾松之中品埒矣。其价值仅十之六七，则向所言吉贝贱故也。”[②]万历《嘉定县志》的作者更指出：“今北方自织花布，南方几弃织作，虽种木棉，亦难措办完官”[③]。入清以后则形势更加严峻。北方农民或“朝夕就露下纺”或“阴雨亦纺”或“穿地窖数尺”“借湿气纺之”[④]。闽广商船赴上海贸易“不买布，而止买花衣以归，楼船千百皆装布囊累累。盖彼中自能纺织也”。至清朝的乾嘉时代，江苏、浙江、湖北、江西、四川、福建、广东、直隶等省都成了“自来织布最盛”的地区[⑤]。这些地区棉织业的普遍兴起，势必造成江南棉布市场的不断缩小，价格的不断下跌，棉织业者的收益也随之减少。明初规定民以花、布折征税粮者，花一斤准米二斗，布一匹准米一石。布每匹长三丈二尺，阔一尺八寸，重三斤[⑥]。按照这个规定，则织布一匹可得四斗米的收益。这种规定固然带有鼓励棉织业的意图，但与当时市场的价格毕竟相去不远。成化时“三梭一匹，极细者不过直银二两，而米价遇贵则有一石直银一两者”[⑦]。明初，折征则例规定：三梭布一匹准米二石，其价值倍于一般棉布，足见在当时市场上一匹布与一石粮，价格是大体相当的。明后期则棉布的比价便明显地下跌了。《华亭县志》载：“三梭布每匹折价六钱一分，棉布每匹三钱……其制当即嘉靖时所定”[⑧]。而当时的米价据唐顺之说：“夫（石米）五钱者江南之平价也”[⑨]。足见这时一匹布仅当六斗米之价了。《阅世编》

① 同治《上海县志》卷三二。
②《农政全书》卷二五。
③ 万历《嘉定县志》卷七。
④ 褚华:《木棉谱》。
⑤《清朝续文献通考》卷三八五。
⑥《续文献通考》卷二;《明会典》卷三〇。
⑦《明宪宗实录》成化十六年七月丙申条。
⑧ 光绪《华亭县志》卷八。
⑨《明经世文编》卷二六一,唐顺之《与李龙冈论改折书》。

载康熙二十三年物价相对平稳以后，标布每匹值银二钱上下，米价则每石常在一两左右。按清代标布每匹约重二十两[①]。明代则“官布例重三斤，纳者多以纱粗验退。(周）忱奏准不拘斤重，止取长阔中式”[②]，看来其重量不是三斤。姑以每匹四十两计之，则是明代官布一匹足当清代标布二匹。而二匹标布值银不过四钱，仅当四斗米之价了。鸦片战争前后布价每匹三钱，粮食则每石涨至二两，是棉布二匹仅当三斗米之价了[③]。布价日落，则棉织业的收益下降，嘉庆时已是“木棉价贵布价贱，爨火欲断心皇皇”[④]。道光初更是“木棉常贵，布值常贱，所以小民生计益艰”[⑤]。可见早在洋纱、洋布大批输入中国之前，江南棉织业便已呈现衰落之象了。随着江南棉织业的衰落，徽州布商的生意，也大受影响。至乾隆后期，徽商所开设的字号已是“本重而利微，折阅者多，亦外强中干矣”[⑥]。嘉道之际则“新安朱泰源、金陵李宏昇均折阅而去”。其他布商亦有人“逆知布业之将衰”，拆回资金买田置地去了[⑦]。徽州商业资本与江南棉织业的这种两败俱伤的局面正是二者的封建性质所决定的。

（原文载《安徽师大学报（哲学社会科学版）》1991年第1期）

① 许涤新、吴承明：《中国资本主义发展史 第一卷 中国资本主义的萌芽》。
② 邵广宪：《苏松田赋考》。
③ 许涤新、吴承明：《中国资本主义发展史 第一卷 中国资本主义的萌芽》。
④ 光绪《青浦县志》卷二八。
⑤ 道光《江阴县志》卷九。
⑥ 乾隆《重修元和县志》卷一〇。
⑦《三异笔谈》卷三。

徽商与上海

今上海市所辖的地区，自明清以来就是全国工商业最发达的地区之一。徽商是当时全国最大的一个商帮。上海工商业的发达，吸引徽商前往贸易，徽商的活动，又促进上海的繁荣。徽商在上海的活动，是中国经济史上一个值得注意的现象。

一

明清时期，徽商足迹遍于全国，而上海地区则是他们活动的一个主要场所。明朝成化年间就有人说："松民之财，多被徽商搬去。"[①]足见那时的徽商就已经是上海地区最活跃的一个商帮。自那以后，徽商之"贾松江""居云间""商游吴淞""业贾上海"者屡见于记载。嘉靖时，休宁人邵鸾"贾云间"，独捐巨资，修复金汇、薛家两桥，又"尝以岛夷发难，同诸父老白当路，筑邑城，愿输财筑城若干丈"[②]。休宁人程元利，"贾于嘉定……值倭围城，捐金募勇士，为诸室先，受甲登陴，城卒能保"[③]。邵、程两人的事迹，表明当时徽商在上海的财力已经相当雄厚了。在清初，人们列举徽商活动的主要城市，大都离不开松江。如康熙时赵吉士说："徽之富民，尽家于仪（真）、扬（州）、苏（州）、松（江）、淮安、芜湖、杭（州）、湖（州）诸郡。"[④]廖腾煃也说："休宁巨族大姓，今多挈家存匿各省，如上元、淮安、维扬、松江，浙江杭

①《云间杂识》。

②《休宁碎事》卷一二。

③《徽志·补遗》。

④ 康熙《徽州府志》卷二。

州、绍兴，江西饶州、浒湾等处。”[①]由于徽人旅居上海者日益增多，他们为了合力谋求同乡人的公益，遂于乾隆十九年联合宁国府人共建徽宁会馆于上海大南门外，号曰“思恭堂”。它是上海最早建造的几所会馆之一。此后，商业活动起步较晚的绩溪人也大批涌向上海，徽人之经商于上海者更多了。胡适曾说，编纂《绩溪县志》“应注重邑人移徙经商的分布与历史……新志应列‘大绩溪’一门，由各都画出路线，可看各都移殖的方向及其经营之种类。如金华、蓝溪为一路，孝丰、湖州为一路，杭州为一路，上海为一路，自绩溪至长江为一路。”[②]就是说，绩溪人经商在外者，主要分布于五个地区，而上海即是其中之一。胡适出身于绩溪茶商的家庭，对当地人经商情况知之颇深而言之凿凿。绩溪上庄胡氏一族经商上海的就很多。大约在乾嘉之际，该族胡兆孔始商于上海，及至道光、咸丰年间，上庄胡氏“列肆上海者又有万字招十三肆，皆兆孔公派也；鼎字招九肆，皆志俊公派也；而余派亦称是。同光之际，则上海有贞海公之鼎茂、王庭公之万生瑞、贞春公之松茂”等，皆是“业并素封”的富商。清朝末年，胡氏“旅食上海一带为最多，率常数百人”[③]。总而言之，上海是徽商竞相趋赴的一块宝地，徽商是上海最活跃的一个商帮。

二

明清时期徽商的活动，对上海工商业的发展起着一定的作用。

首先，徽商的活动促进了上海地区棉织业的发展。明清时期上海地区是全国棉织业的中心。叶梦珠说：“松民贸易半仰给于纺织”[④]，足见棉织业的发展对于上海地区的繁荣具有重要意义。而棉布则是徽商经营的重要商品之一。徽人自称：“吾乡贾者，首鱼盐，次布帛。”[⑤]当时的松

---

① 廖腾煃:《海阳纪略》卷下。

②《绩溪县志馆第一次报告书》。

③ 绩溪《上川明经胡氏宗谱》卷下。

④ 叶梦珠:《阅世编》卷一。

⑤《太函集》卷五四。

江府城，许多布商字号都是徽商开设。乾隆元年，松江府立碑禁止苏州布商冒立字号招牌。在碑上署名的五家布商中，朱左宜店、朱汝高店、李元士店分别以“紫阳辅记”“紫阳甫记”“紫阳□记”为招牌，吴舆璠店店主亦自称“原籍新安”。这五家除一家籍贯不详外，四家都是徽商。清朝末年，上海县城还有许多徽商开设的棉布字号，如祥泰、恒乾仁、余源茂等等，它们都是鸦片战争以前开设的老店。这些字号的规模都很大。据碑刻资料记载，它们的“字号在松，发卖在苏，且牙行亦多居松”。徽商吴舆璠自称：“切璠原籍新安，投治西外开张富有字号，在郡门市居多。”[①]这表明，每一字号往往设立许多分店，采取商牙结合的经营方式，在城乡各地广收棉布，或直接运销外地，或经本字号染踹加工之后再行发卖。它们的棉布除经由苏州转销各地外，还有许多是在吴淞口或刘河口直接装上沙船，由海道运往北方。乾隆四十九年，上海青蓝布业公所就曾规定：“各号发布，无论本地、刘河，每包捐银叁分”[②]，以备公用。在上海地区许多盛产棉布的市镇中，更有为数众多的徽州布商经营。如南翔镇，“往多徽商侨寓”，罗店镇“徽商凑集”[③]。外冈镇镇志载：“四方之巨贾富驵，贸易花布者，皆集于此。”“外冈布，因徽商僦居钱鸣塘收买，遂名钱鸣塘布。”[④]可见该镇贸易花布的“巨贾富驵”主要是徽人。大场镇“山陕布客、徽商等来此坐贾……收买花布，非至深夜不散。”[⑤]周浦镇也是徽商活跃的地方。万历时，上海就有“新安布商持银六百两，寄载于田庄船，将往周浦。”[⑥]这些市镇上的徽商，或为松江、上海等处字号代收棉布；或由自己独立营运，把棉布的收购、染色、运销联成一体。明成化时，歙人郑富伟“东游吴淞，北寓临清，逾四十年，累资甚巨”[⑦]。明末，“嘉定南翔，大聚也。多歙贾，（李）君遂居

①《上海碑刻资料选辑》第87页。
②《上海碑刻资料选辑》第252页。
③ 万历《嘉定县志》卷一。
④ 崇祯《外冈志》卷一、卷二。
⑤《宝山县续志》卷一。
⑥ 褚华:《沪城备考》卷六。
⑦ 歙县《郑氏宗谱》。

焉，亦时时贾临清。”[①]徽商汪应选“迁居南里（南翔镇），足迹历蓟门、辽左”[②]。徽商的活动，使上海地区广大小生产者所生产的棉布及时运销四面八方，又使他们所需的粮食、棉花等生产生活资料在市场上得到供应，从而为他们发展商品生产提供了有利条件。从这个意义上讲，上海地区棉织业的发展，徽商是不无功绩的。

其次，徽商活动促进了上海地区的造船业发展。南宋咸淳年间上海设镇，同时置市舶司。从那时起，上海已是海上贸易的重要港口。长期的海上贸易，刺激了造船业的发展。明清时期，由上海出发行驶于北洋的船只有专走牛庄、天津等处的沙船和专走山东各埠的卫船；行驶南洋者有专走福建的南船和专走宁波的宁船；还有行驶于长江的鸭尾船[③]。上述各类船只，许多是在上海建造的。其中数量多、船体大、造价贵者首推沙船。道光初，“沙船聚于上海约三千五六百号，其船大者载官斛三千石，小者千五六百石……每造一船须银七八千两。”[④]为建造这样大的沙船，须有大量质地坚硬的木材。而木材贸易则是徽商经营的四大行业之一。上海造船业所用的良材巨木，几乎全部由徽商供应。当时的南京、杭州是徽商经营木材业的两大中心。大批徽商到江西、湖广、贵州和四川的深山老林，采伐木材，搬运出山，沿长江水路运往南京的上新河。还有许多徽商则把皖南、浙西山区的木材，沿钱塘江运集于杭州的候潮门外。上海地区造船所需木材绝大部分从这两处转运而来。清初松江府曾立碑禁止兵丁胥吏借端扰累木竹油麻等行商人。碑文称：“看得木竹行业尽系徽民，挈资侨寓，思觅蝇头，冒险涉远，倍尝辛苦，始得到埠”；又说：“凡遇修造船只大工，自有委官船头领银采料，不得累商，违者必究。”[⑤]可见当时上海地区的木材贸易完全操于徽商之手，而他们所贩运的木材又恰恰是造船所需的材料。上海地区造船业的发达，与徽商的木材贩运活动是分不开的。

① 归有光:《震川先生集》卷一八。
② 嘉庆《南翔镇志》卷七。
③ 民国《上海县志》卷一二。
④《清朝经世文编》卷四八。
⑤《上海碑刻资料选辑》第105—106页。

第三，徽商活动促进了上海地区的海上贸易。《海运新志》载：明末“海禁久弛，私贩极多。辽东、山东、淮扬、徽苏浙闽之人，做卖鱼虾、腌猪及米豆果品磁器竹木纸张布匹等项，往来不绝”①。可见那时的徽商已是活跃在北洋航线上的一支积极力量。入清以后，上海地区的海上贸易更有所发展。“自康熙二十四年开海禁，关东豆麦每年至上海者千余万石，而布茶各南货至山东、直隶、关东者亦由沙船载而北行”②。布、茶等货恰是徽商经营的主要商品。他们为了开拓市场，扩大销路，自然要积极参与海上贸易活动。刘河镇是当时海上贸易的重要码头。“东省、徽籍以及通属各省商人”麇集于此，经营海上贸易。安徽商人金某还“赍资本至刘河，始创造海船。”③在江苏北部的海港重镇青口徽州号商，自备船只，经营青口上海间的海运贸易。乾隆五年，他们获准从青口海运大豆至刘河镇粜卖。嘉庆十八年，因刘河口淤塞，官府遂允准他们在刘河上海两处任意泊船卸货。他们贩运的物资，名义上仅限大豆一项，实际上苏北、山东出产的粮食、豆饼、豆油、腌猪、咸鱼、山货，江南出产的棉布、纸张等无不贩运。道光时，在青口的徽州号商叶同春等联合当地号商共12家，公议起饼油、山货等公积，创祝其公所于上海大东门外④。从道光三年至十二年，他们前后动用公积钱八千千购置祝其公所基地，又用四千千赈济青口灾民。两项开支大约合银1.2万两。按商人从售货所得款项中提取一部分资金以备公用者谓之公积。公积的数额一般只占售货款额的千分之几，故提取公积又称“厘头捐”。如果叶同春等号是按千分之一的比例提取公积，那么1.2万两公积金必有1200万两的贸易额，其规模之大可见一斑。还有一些徽商从上海扬帆入海，远赴日本贸易。明朝嘉靖年间“闽广徽浙无赖奸民，潜匿倭国者不下数千。”⑤其中不少大概是从上海出发的。顺治六年，江宁巡抚土国宝奏称：“看得洋商乔复初等，其籍有山陕、有徽浙，于明季弘光元年三月初一日纳税给引，

①《海运新志》。

②《清朝经世文编》卷四八。

③《刘河镇纪略》卷五。

④《上海碑刻资料选辑》第304—305页。

⑤《筹海图编》卷一二。

由定海出关。初十日，吴淞挂号泛海而达日本长崎。因传鼎革，流落异域。欣闻本朝柔远惠商之政，于今年正月初三日由日本开行，二月初三日过稗沙，初六日收泊吴淞。所携货物，俱于长崎贸易而来。”[①]这段记载表明，当时上海的吴淞江口是对外贸易的重要港口，而徽商的确参与了这种贸易。

第四，徽州盐商和典商在上海地区十分活跃，他们对上海工商业的发展也起了一定作用。明清时期，苏、松两府是行销浙盐的口岸之一。而两浙盐业向为徽商所操纵。上海地区行盐的商人几乎全是徽人。顺治十二年，上海盐商汪凤翔等连名呈词，要求官府禁止胥吏对他们栽赃陷害。词称："商等俱系徽籍"，"远挟重资"，营运于江浙之间[②]。明末清初，在嘉定县行盐的商人程嘉宾则"原籍徽州"，张式之则"原籍新安"[③]。徽州盐商的财力十分雄厚，是徽州商帮的中坚，徽商经营的其他行业，往往是在徽州盐商的支持与带动下发展起来的。徽商在上海地区的活跃，与徽州盐商在该地的势力是有联系的。徽商在上海经营典当业也很多。如明末徽商吴继善"之吴淞，以泉布起"，汪海等"以质剂息子钱，一居云间，一居东省"，郑祯"贾松江……权子母。不数年间，资财稍裕，家道渐兴。"[④]《三冈识略》载："新安有富人二，一程一汪，以贾起家，积财巨万。……以重利权子母，持筹握算，锱铢必较。"[⑤]《三冈识略》的作者董含是清初华亭县人，书中所记多为作者乡里之事。则程、汪二商必定是在华亭一带开当铺的老板。直至抗日战争前夕，上海地区仍然是"朝奉司当赎，多徽州籍"[⑥]。这当是历史沿续下来的现象。徽商经营典业的手段相当高明。明末歙商汪通保在上海开当铺，"乃就彼中治垣屋，部署诸子弟四面开户以居，客至则四面应之，户无留屦。处士（通保）与诸子弟约，居他县毋操利权，出母钱毋以苦杂良，毋短少；收

①《明清史料己编》第1本，第65页。
②《上海碑刻资料选辑》第457页。
③ 康熙《嘉定县续志》卷三。
④《太函集》卷五四、卷五五。
⑤《三冈识略》卷八。
⑥《松江文献·松江典当业沿革考》。

子钱毋入奇羡，毋以日计取盈。于是人人归市如流，旁郡邑皆至。居有顷，乃大饶，里中富人无出处士右者”[①]。可见汪通保深得生财之道，他以种种优惠条件吸引顾客，使自己的当铺越开越大，分店越建越多，不但在其乡堪称首富，而且在上海地区的典业中恐怕也是首屈一指的人物。徽州典商的活动，固然使小生产者深受盘剥之苦，但也发挥了调剂资金的作用，适应了小生产者的需要，对商品经济的发展并非完全无益。

三

鸦片战争以后，上海的经济形势为之一变，原来徽商经营的某些行业逐渐失去了往日的重要意义。由于洋纱、洋布、洋颜料进口日增，使徽州布商的生意大受影响。钱庄、银行的兴起，取代了徽州典商在金融业中的地位。外国木材的进口，又使徽州木商的利权丧失殆尽。清朝的盐法改纲为票以后，徽州盐商的势力也一蹶不振。上述变化虽使徽商受到损失，但他们在其他行业中扩大了经营规模，加强了实力。他们的活动，对上海的发展仍具积极意义。

在近代上海，徽商中实力最强者首推茶商。徽州产茶叶，在明清之际已驰誉苏松。叶梦珠说：“徽茶之托名松萝者，于诸茶中犹称佳品。顺治初，每斤价（银）一两。”[②]按顺治初苏松米价每石为银大约一两。一斤松萝茶当石米之价，足见这种茶叶之名贵了。徽州茶叶不但受到上海消费者的欢迎，而且还在上海装上沙船，运往北方销售。所以在鸦片战争以前，徽州茶商在上海已颇为得势。五口通商之后，上海日渐取代了广州地位，成为茶叶输出的主要港口，于是昔年贩茶赴粤的徽商，大都改赴上海经营。徽州茶商遂成为上海商界最活跃的力量。光绪时“徽茶内销不及十分之一二，外销者常及十分之八九”[③]。徽州所产的珠茶、雨前、熙春等绿茶都是畅销海外的名茶。光绪二年，祁门胡元龙创建日顺

①《太函集》卷二八。
②《阅世编》卷六。
③《清朝续文献通考》卷四二。

茶厂，改制红茶，更受欧美消费者的欢迎。据统计，光绪二十一年徽州外销的红茶和绿茶共达11万引，约合1320万斤[①]，其中绝大部分都是由徽商运往上海销售的。徽茶运抵上海后，“素投茶栈，转售西商”[②]。茶栈是介绍茶叶出口的中间商。茶叶成交后，由茶栈提取货价的百分之二作为佣金。徽茶既是上海出口茶之大宗，所以这种茶栈也多为徽商所开设。如北京路的“洪源永”茶栈即为祁门人开设的，专营红茶出口贸易。天津路的“公兴隆”、福州路的“汪裕泰”等都是黟县、休宁人开设的著名茶栈，经营绿茶的出口贸易[③]。其中汪裕泰茶栈规模宏大，下设六个发行所，号称“茶叶大王”[④]。在上海的大街小巷中，由徽人开设的茶庄、茶店更是随处可见。清末民初，仅绩溪一县在上海开设的茶号就有33家。抗日战争前夕，歙人在沪经营茶叶贸易的商号更是数以百计[⑤]。为适应茶叶出口贸易的需要，还有许多商人把商业资本投向生产，在上海兴办茶厂。这种茶厂收购产地运来的毛茶，重新加工制造，以迎合外国消费者的口味。经营茶厂者“大都为安徽、广东、江苏三省人，而尤以安徽人为最多，上海之著名茶厂及部分资本均属之”[⑥]。茶厂中的工人和技师，大部分是徽人。光绪二十年，浙江“永嘉茶商为扩充洋庄茶之营业起见，先向上海聘请徽帮茶司，分入平阳南北港各产茶地宣传指导，将毛茶坯改制炒青，运销上海，去路大旺”[⑦]。可见，在上海各茶厂中徽州茶司的技术是第一流的。

在近代上海丝绸出口贸易中，徽商也占有重要地位。湖州、杭州、苏州、嘉兴等府盛产丝绸的城镇历来就是徽商最活跃的地方。徽商之中涉足于丝绸贸易者大有人在。五口通商以后，上海成为丝绸外销的主要港口。1846—1859年，上海丝绸出口量占全国81%～100%。其中大部分是来自湖州等府。《南浔志》称：“……小贾收丝交大贾，大贾载入申江

①《清朝续文献通考》卷四二。
②《清朝续文献通考》卷四二。
③《上海地方史资料》(三)第102—106页。
④《徽州地区简志》第138页。
⑤《徽州地区简志》第138页。
⑥《钱业学报》第3卷第8期。
⑦《中国近代手工业史资料》第2卷，第353—354页。

界（指上海），申江鬼国（指外国）正通商，繁华富丽压苏杭，番舶来银百万计，中国商人皆若狂。”[①]正是湖丝通过上海大批外销的写照。而在这些经营丝绸外销的大贾、小贾之中，有不少就是徽人。休宁人张颂贤就是其中一个。颂贤先世于康熙时移居南浔，以经营丝业盐业而致富。后颂贤开始面向国际市场，专收蚕丝售给西商，积资达1200余万两，成为当地财力最雄厚的富商[②]。富甲江南的“红顶商人”胡光墉（字雪岩，绩溪胡里村人），也在上海参与过丝绸出口贸易。他为了抵制西商压价收丝的活动，曾邀集华商，凑齐本银二千万两，尽收全国蚕丝，不使一丝流入西商之手。西商无奈，只得加价一千万两，雪岩犹不许。西商恼羞成怒，遂相约该年不买华丝。次年新丝上市后，华商因财力不济，不得不仍按西商之条件出售蚕丝[③]。徽商在这场抵制列强侵略的商战中，显示出举足轻重的地位。

茶叶和丝绸是中国近代两种主要的外销商品。徽商的活动促进了这两项商品出口贸易的扩大，对于缩小贸易逆差、减少白银外流具有积极意义。

在丝茶贸易之外，徽商在上海经营的其它行业也很多。如歙县人经营的京广杂货业、黟县人经营的草货、皮革、土布等业，婺源人经营的木材、油漆等业，绩溪、婺源人经营的墨业，以及绩溪人经营的饮食业，都在上海商界占有重要地位。绩溪的厨师精于烹饪，他们做成的“徽菜”别具风味，深受消费者的欢迎。上海大东门的“大辅楼”、小东门的“醉白园”、九江路的“太和园”、福州路的“中华第一楼”等等都是绩溪人开设的著名徽菜馆。徽州制墨业素享盛名，上海的“胡开文”“曹素功”“詹大有”“二妙堂”等墨店都是由徽人开设的。上海的徽墨贸易几乎成了他们的专利[④]。徽商在上海经营纸张贸易者也很多。徽人方德宣就曾利用同乡关系，从各纸店中收集废纸，用以加工再生纸。这一行当竟使他发财致富，被誉为“纸边大王”[⑤]。总之，上海的各行各业几乎都有徽商

① 民国《南浔志》卷三一。
② 《湖州文史》第四辑。
③ 欧阳昱:《见闻琐录》后集卷二。
④ 《上海地方史资料》(三)第102—106页。
⑤ 《上海地方史资料》(三)第159页。

经营，他们的活动对上海的繁荣起了一定的作用。

在历史上，“繁华富丽压苏杭”的大上海是全国人民共同创造的，而其中徽州商人的作用显得尤为突出。在今天改革开放的大潮中，皖人对上海经济的起飞自应作出新的贡献。

（原文载《安徽史学》1993年第1期）

论明清时期江南棉织业的劳动收益及其经营形态

明清时期江南棉织业颇负盛名，其产品数量之多，质量之精俱为全国之冠。江南棉织业的发展对于商业的活跃，市镇的兴旺乃至整个社会经济的繁荣都发挥过积极作用。然而历经明清两朝五百年的悠悠岁月，江南棉织业的绝大部分却一直停留在“以织助耕”的经营形态上，而没有从农业中分离出来，更没有滋生出资本主义生产关系的萌芽。这究竟是为什么呢？笔者以为，问题的症结就在于当时棉织业的劳动收益过低。本文拟就此略作论述，以就正于学界同仁。

一

为说明江南棉织业的劳动收益问题，必先从棉布的规格谈起。

在我国封建社会里，民间纺织品向来就是交纳国课的重要物资之一。为了保证国课的征收，历代王朝都对纺织品的精粗长阔作过严格的规定。随着棉织业的发展，明初统治者也一踵历朝之制，在许多地方实行以棉布折纳税粮的制度，并于洪武二十六年规定棉布的统一规格：每匹长32尺，阔1.8尺，重3斤[①]。为了维护棉布规格的统一，《大明律》中还对此特立专条：“绢布之属，纰薄短狭而卖者，各笞五十，其物入官。”[②]然而这种规定，对棉布重量的要求过高，致使民间不得不以粗纱织布折纳税粮，而结果反“以缕粗见斥者十八九”。宣德时，周忱巡抚江南，为除此弊，曾奏准朝廷，凡民间上纳的棉布“不拘轻重，务取长广如式”。从此

①《万历会计录》卷三〇。
②《大明律》卷一〇。

关于棉布重量的规定便被废除[1]。正统二年，明廷又宣布“各库所收棉布，有长三丈以上者俱准一匹，放支官军。”[2]这大概是因为经过踹砑的棉布，库存日久，难免抽缩，所以作此补充规定。从此，棉布每匹的长度便浮动在30尺至32尺之间了。

明初对棉布的规格虽作了上述规定，但民家自用的布或私相授受的布却往往并不按此规格织造。从当时买卖土地的契约文书中可以看到许多以棉布支付地价的事例。在这些契约中，都特别注明所用的棉布是“官绵布”“交官绵布”“纳官绵布”“大官绵布”“大客官绵布”“上好交官衣着绵布”等等[3]。这表明，在纳官棉布之外，当时民间已存在着大量其他规格的棉布了。明中叶以后，政府在各地派征的棉布陆续折银征收。棉布的规格对于赋税的征收已不再是至关重要的事情了。于是政府对于棉布规格的管理便日渐放松，而长短不一，宽窄各异的棉布遂在市场上广为流行。入清以后，全国各地所产的棉布更是“名称颇多，品质参差，幅长不一”了[4]。然而随着商品经济的发展，人们也日益要求商品规格的标准化。农家织妇信手所织之布，阔窄长短，粗细轻重各不相同。这种布既不便于计价，也不便于加工、管理和运输，显然不能适应棉布大宗贩运的需要。所以布商、牙行在收购棉布时又根据供销情况对棉布的规格提出具体要求，并且认真挑选，严格把关。于是不同地区不同类型的棉布便形成了各自统一的规格。

在江南所产的棉布中，以松江的标布产量最多，流行最广。关于标布的规格，文献中没有全面的记载，但它对于我们所要讨论的问题十分重要，因此有必要作些认真的考察。有些同志认为标布的规格是：匹长20尺，幅阔1.2尺，每匹重约18两至20两。笔者认为这种估计并不合乎实际。首先，这种估计与《阅世编》的记述不合。《阅世编》载：“上阔尖细者，曰标布。……其较标布狭而长者，曰中机。……更有最狭而短者，曰小布。阔不过尺余，长不过十六尺。”又说：标布“俱走秦晋京边

①《明史》卷一五三。
②《明会典》卷三〇。
③《明清徽州社会经济资料丛编》第2辑。
④《清朝续文献通考》卷三八五。

诸路”，“中机走湖广、江西、两广诸路”。清初标布滞销，“昔日之作标客者，今俱改为中机，故松人谓之新改布”。这里所谓“上阔尖细”就是指幅面最宽，质量精细的意思[①]。如果这种幅面最宽的标布，只有1.2尺宽，最狭的小布幅宽又在1尺以上，二者只差寸许，那么介于二者之间的中机只能比标布略窄几分。难道行于秦晋京边诸路的标布，只因幅面宽了几分，就不能在湖广、江西、两广行销，而必须改织中机吗？这显然是不合乎情理的事情。其次，上述估计与标布在市场上的优势地位不相称。当时的布有大布和小布之分。“阔者为大布，狭者为小布。”[②]从有关记载中可以看出，长江以南各地所产的小布，幅宽都在1尺左右，大布则在1.5尺以上、2尺以内。松江标布“俗称大布”，如果其幅宽仅为1.2尺，竟与他处所产的小布相仿，那么这种布四幅拼在一起还不够做一件大棉袄的面料，怎能以其“上阔尖细”的优势而畅销华北各地呢？第三，上述估计与标布的市场价格不相符合。据《阅世编》所记，松江小布的面积应为17.6平方尺，其价格仅当标布之半。如果标布长不过20尺，阔不过1.2尺，那么其面积只有24平方尺，为小布的1.36倍。这样的布怎能卖得小布两倍的价格呢？第四，上述估计与当时棉织业的劳动生产率不相符合。据碑刻资料所记，清初松江一带“匹妇晨起，经理吉贝之事，由花而枲，由枲而纱，由纱而始为布，中间拣料弹轧，以至纺织，每匹二丈，七日而始得告成焉。”[③]这种布是松江大量生产而被“布庄标商”运销各地的主要商品布，当是属于标布一类。如果这种布重量只有18两至20两，那么其生产时间根本用不了七天之久。按当时纺织效率论，纺者每日可以成纱5两至8两，织者每日可以成布20～30尺。在棉布的生产中，纺纱、织布以外，其他工序费时不多。20两重的棉布，至多五天即可完成。可见“七日而始告成”的棉布，匹重必定超过20两。总之，不论从哪个角度考察，上述对标布规格的估计都是失之过低的。造成这种偏差的原因，大概是把当时松江一带流行的小布误认作标布了。

---

① 叶梦珠:《阅世编》卷七。

② 崇祯《乌程县志》。

③《上海碑刻资料选辑》第89页。

那么标布的规格究竟应该怎样呢？且让我们从标布的宽度谈起。《阅世编》载，较标布稍窄的中机专行于湖广、江西、两广等地。足见这一地区所产的布应与中机的宽度大体一致，据记载，清代湖广的德安、孝感、巴陵，江西的抚州以及毗邻湖广的安徽桐城等地所产的棉布，幅宽都在1.5尺左右[①]。标布既比中机略阔，那么其幅宽必定在1.5尺以上。乾隆《南汇县志》载："标布俗称大布，较小布略阔，十六尺为平梢，二十尺为套段。"这里给我们一个重要的启示：标布是因袭明代纳官布的制度，稍经化裁而来的，它实际上就是纳官布的一段。把纳官布两端末梢对齐后，均平截为两段即是平梢。把纳官布截取20尺为一段，可供中等身材的人缝制棉衣一套，故称套段。平梢与套段长度不同，但却统称为标布，大概是因为二者都是以纳官布为标准来计算的缘故。明中叶以后，江南广大小生产者往往"待织妇举火"。所谓"博得机头成匹布，朝来不怕饭箩空"，就是这种情形的写照。他们为了缩短生产周期，尽快地出售产品，换取粮食和棉花，所以把纳官布织成一段后即行出售。然而布的长度可减，宽度却不可减。这是因为：一则幅面变窄不便于消费者使用。明初在江南折征的棉布，大部分是为供给九边一带军士服用的。为适合在严寒地带人们缝制棉衣的需要，官府才规定棉布幅宽1.8尺的制度。明中叶以后，松江标布仍以销往九边一带为主。向赖纺织为生的松江人，自然不会不顾该地消费者的需要，贸然缩减布幅宽度，自行削弱其产品的竞争能力。武进、阳湖所产阔布面宽1.8尺至1.9尺，长36尺。又有一种门庄布"每端阔9寸，长1丈8尺，白细，合两端为一，曰对子布"[②]。对子布的生产，表明江南织妇们对消费者的需要是极为重视的。他们即使受到条件的限制，不能织造阔幅大布，也要为消费者提供方便，使消费者可以"合两端为一"以当阔布之用。这一点松江人自然不会例外。再则织造幅面过窄的棉布也不利于提高生产效率。在当时使用抛梭式织

① 康熙《德安府全志》卷八载，大布长33尺，宽1.5尺。光绪《孝感县志》所载与此相同。《拌湖文集》卷二〇载，巴陵都布长50尺，宽1.4尺。《抚郡农产考略》载，顿市庄布、抚城庄布幅宽皆为1.5尺。道光《桐城县志·物产》载，棉布匹长48尺，幅度1.6尺。

② 道光《武进阳湖合志·土产》。

机，织造幅宽2尺以上的棉布确“非人力所能为”[1]。但在2尺宽的范围以内，对于技术熟练的织工来说，则宁愿织得宽些，不愿织得窄些。因为在抛梭频率不变的情况下，织布愈宽，则单位时间内所织布的面积愈大。孙琳在其《纺织图说》中说：“初学者宜楷少，易于织会。手段娴熟，楷多之扣，用为便利。”可见楷少的窄幅布是便于初学手艺的人织造的。技术熟练的织工还是织造楷多的宽幅大布才能发挥技术上的优势。基于上述理由我们可以断定标布的幅度应为1.8尺。标布的长阔既已求得，那么其重量便不难推算了。据记载，明初的纳官布，清代的巴陵都布，抚州的顿市庄布，以及常熟所产的布，每平方尺之重量大约在0.7两至0.8两之间[2]。以此推算，则标布匹长16尺者，其重当为20两至25两之间；匹长20尺者，其重当为25两至30两之间。从当时的记载来看，后一种标布流行最广。

二

在辨明棉布规格的基础上，且让我们进而讨论江南棉织业的劳动收益问题。现据有关资料加以整理，将明清时期江南棉织业的劳动收益列表于后：

从表中可以看出，明清时期江南棉织业的劳动收益率呈现着不断下降的趋势。明朝初年，织布1匹可以得米4斗。降及嘉靖、万历之际，织布1匹，只能得米1斗5升了。从天启到乾隆，纺织标布1匹，一般都可得米1斗。这时标布的面积约相当于明初纳官布的2/3，故纺织收益实际上仍与嘉、万时相当。及至嘉庆时，则织布1匹，仅可得米6升，收益率几乎下降了一半。

---

①《中国近代手工业史资料》第2卷，第261页。

②《万历会计录》卷三〇载，明初规定阔白棉布匹长32尺，幅宽1.8尺，重3斤。是每平方尺重约0.83两。《拌湖文集》卷二〇载，巴陵都布匹长50尺，幅宽1.4尺，重3斤。是每平方尺重不足0.7两。《抚郡农产考略》载，抚州顿市庄布匹长32尺，幅宽1.5尺，重35～36两。是每平方尺重约0.7两。《一斑录·杂述》载，道光时常熟所产布匹长17尺，幅阔0.83尺，重12～13两。是每平方尺重0.8两以上。

时间	布名	布价(每匹价银)	净棉价(每斤价银)	成本(每匹用银)	收益(每匹收益银)	粮价(每斗价银)	收益折米(每匹得米)	备注
明初	纳官布	2.5钱	0.5钱	1.5钱	1钱	0.25钱	4斗	注①
嘉靖万历	纳官布	3钱	0.7钱	2.1钱	0.9钱	0.5—0.7钱	1.3—1.5斗	注②
天启初	标布	1.8钱	0.39钱	0.78钱	1.02钱	1钱	1斗	注③
康熙前期	标布	2钱	0.55钱	1.1钱	0.9钱	1钱	0.9斗	注④
乾隆中叶	沙头布	3—3.25钱	0.76钱	1.52钱	1.48—1.73钱	1.5钱	1—1.1斗	注⑤
嘉庆	(上海)布	4钱	1.1钱	2.2钱	1.8钱	3钱	0.6斗	注⑥

注①：A.《明史·食货志》载，洪武三十年，户部规定折征则例：银一两折米四石，布一匹折米一石，棉一斤折米二斗。B.明初布重不足3斤，因纺织时棉花有损耗，故每匹原料姑以3斤计之。

注②：A.光绪《华亭县志》卷八："万历四十八年，三梭布每匹折银价六钱一分，棉布每匹折银三钱……其制当即嘉靖时所定。"B.《明世宗实录》卷七九载，嘉靖六年直隶真定、大名、保定等府及河南省棉花绒每斤折征银7分。又《明经世文编》卷一九九载，嘉靖时蓟州库岁收棉花每斤折银6分。因考虑到当时北方棉价较江南略贱，故取其较贵的折价，每斤按7分计算。C.《明经世文编》卷二六一载，嘉靖时唐顺之说：米每石"五钱者，江南之平价；七钱者，折征之极则"。

注③：A.该条布价、棉价、粮价俱按《阅世编》所记作者叶梦珠幼时的平均价格。B.《阅世编》所记棉价为籽棉价格。当时籽棉以20两为1斤，净棉则以16两为1斤，籽棉三可得净棉一。籽棉轧成净棉应计加工费，而轧棉所得棉籽又可计价出售。故籽棉与净棉的比价难以计算。兹依照史建云同志的算法（《中国经济史研究》1987年3期）根据《一斑录·杂述》所载，常熟县道光二十九年籽棉每斤121.6文，净棉每斤280文，净棉价约为籽棉价2.3倍。C.标布每匹不足2斤，加上损耗，姑以每匹用棉2斤计之。D.茅元仪说：江南白米每石"今有逾一两者，贱亦不及一两耳"（《掌记》卷五）。这里取其中价。

注④：标布价据《阅世编》所载康熙前期的常价。棉价据《阅世编》《历年纪》二书所载历年价格之平均数，乘以2.3。粮价据《阅世编》所载历年价格之平均数。

注⑤：布价据乾隆《沙头里志》卷二所载，细布每匹制钱二百五六七十文不等。银价以每两兑制钱830文计算。棉价据《宫中档乾隆奏折》所记，每斤籽棉价银3.3分，乘以2.3。粮价据《清高宗实录》卷六三六所载，安宁奏：苏州米价，每石二两上下为贵，一两五钱上下为中，一两上下为贱。这里取其中价。

注⑥：A.《刑部档案·胡克家题本》载，嘉庆十一年，上海布价每匹400文。银价按每两兑钱千文计算。B.《一斑录·杂述》载，嘉庆十年江南棉价每担11000文。C.《履园丛话》卷一载，乾隆五十年以后至嘉庆时，江南米价每升“总以二十七八文至三十四五文之间为常价”。今取其中价，以每斗价银3钱计之。

表中所列数据固然未必精确，但征诸其他记载，足以证明它与江南棉织业的收益率及其下降趋势大体上是相符合的。如《明宪宗实录》载：成化初，山东莱州府布花折银，原定“布一匹征银四钱，花一斤银一钱。继以水旱，布减银五分，花二分”[①]。据此，则织布1匹，扣除原料费后，可以得银1—1.1钱。同书又载，成化十四年，山东税粮每石折银4钱[②]。则是织布1匹的收益可以折粮2.5—2.75斗。这虽是山东的情况，但由此可以推论，从明初至嘉、万年间，江南棉织业的收益处在不断跌落的过程中。成化时的收益虽比嘉、万时为高，但已远远低于明初的收益了。陆世仪在《青浦魏令君德化记》中记述康熙六年，青浦县令魏球令民纺织，以其收益抵偿欠赋的事迹：“青浦之俗工织布，棉三斤织布一匹，利率三倍。乃议富室均出棉，棉四斤，三为布资，一为织作费。……既成而售之，价可数万。以其三之一偿富室资本，而以其赢之二为官偿旧逋。”[③]据此则布价相当于原料价之四倍。当时标布价格常在2钱上下，若按上述比例计算，则每织标布一匹可以得银1.5钱。据《历年纪》载，这年江南米价甚贱，每石为银不过6钱。是织布一匹可以得米2.5斗。其收益率比表中所示高出一倍以上。然而这里有两个问题值得注意。一则该篇原是“风世”之作，旨在宣扬“以德化民”的思想，故对具体问题难免有所夸张。据记载，这年棉花价格远远低于常价，籽棉贱者每担不过为银1.2两[④]。据此计算，2斤净棉之价不过5.5分，几乎仅为布价1/4。若按常价计之，则2斤净棉之价约相当于布价之半。足见“利率三倍”云云，实际上只是偶然的现象。再则该篇说的是官府为偿欠赋而令人民织

①《明宪宗实录》卷二〇五。
②《明宪宗实录》卷一七八。
③《桴亭先生文集》卷一。
④《历年纪》中。

布的。故其归还富户资本时，必按棉花的最低价格计算，出售棉布时又可免于牙行的盘剥而取得较高价格。至于民间织布，既不能专以低价买棉又不能专取高价卖布，所以即便在棉价最贱之年也难获3倍之利。可见陆氏之说不可视为常例。乾隆时，河南孟县民多纺纱织布。“每钱百文，买到子花，必须二人昼夜疲瘃，乃可成线，除花价外，仅可得钱三四十文。及机户成布货市，除花线价外，每匹获利不足百文。”[①]据此计算，则织布一匹，须用成本费百文，布价每匹约230文，获利130文。制钱130文大约可买米1斗有余。孟县布，匹长38尺，幅宽1.2尺，比松江标布面积稍大。以此推测，当时在松江纺织标布1匹，也不过得米1斗左右。嘉庆时，钦善说：“昔一丈之布羡米五升，而今则二升有奇。”[②]就是说，康、乾时期，松江人纺织标布1匹，匹长2丈，可以得米一斗，至嘉庆时只可得米五六升了。咸丰《紫堤村志》载：乡民“向以三斤棉花成布一匹，可见（兑）米一斗、花三斤，故有‘斗米三斤花’之语”。这大概是追述嘉道时的情形。既然纺织匹重3斤的布可以得米1斗，那么纺织匹重2斤的标布当然只能得米数升了。这段记载与钦善的说法基本一致，都可以同表中所列数字相印证。正因为从嘉靖到乾隆，织布2丈的收益长期保持在1斗米左右，而嘉庆时，一下子跌落到几升之数，所以人们不禁要惊呼：“木棉价贵布价贱，爨火欲断心皇皇”[③]了。

江南棉织业劳动收益率下降的主要原因就在于它的生产效率长期没有提高，因而逐渐丧失了它在全国的领先地位。明朝初年，全国各地虽然不断推广棉花的种植，但棉织业的推广却并不十分顺利。华北地区虽宜植棉，但“风气高燥，绵毳断续，不得成缕，纵能作布，亦虚疏不堪用耳”[④]。闽广一带虽然气候湿润，宜于纺织，但阴雨过多，日照不足，不利于棉花生长，民间苦于无棉可织。唯独江南的苏松等府，地兼南北之宜，既宜于植棉，又便于纺织。这种“自然的恩赐”使它迅速发展成为全国棉织业的中心。在当时，以江南一隅之布而供全国衣被之需，自

① 乾隆《孟县志》卷四上。
② 《清经世文编》卷二八。
③ 光绪《青浦县志》卷二八。
④ 《农政全书》卷三五。

然布价常贵而纺织之利厚。然而这种纺织之利并未使生产者得到实惠。他们在官税、私租和商业高利贷资本的榨取与盘剥之下，依然处在“三日两饥”的悲惨境地，因而无力改进生产工具，提高生产效率。直至鸦片战争前夕，江南的手摇纺车和抛梭式织机都没有明显改进，生产效率也几乎停滞在明初的水平上。这种状态就使江南棉织业难以保持其领先地位。因为这种简陋的纺织工具和比较原始的纺织技术，别人是不难学会的。嘉靖、万历时，北方农民已经克服自然条件的限制，开始向江南棉织业的领先地位挑战了。当时“北方自织花布，南方几弃织作”①，而河北肃宁所产之布已“足当吾松十分之一矣。初犹莽莽，今之细密，几与吾松之中品埒矣。”②北方棉织业的兴起，势必造成江南棉布市场的缩小和布价的下跌。在纺织效率没有提高的条件下，布价的下跌只能造成棉织业劳动收益的下降。面对这种严峻的形势，徐光启曾忧心忡忡地指出：“后此数十年，松之布当无所泄”，甚至主张在松江“兼事农桑，以济布匹之穷”③。明清之际的社会动乱，延缓了棉织业普及的进程，而清朝前期东北地区的开发、海外贸易的发展又为江南棉布扩大了销路，所以康、乾时期江南棉织业的劳动收益尚能维持嘉靖、万历时的水平。据记载，“通（州）海（门厅）土布向销东三省，每岁约销十余万件”④。通州布之销于营口、大连、牛庄、沈阳、哈尔滨者谓之“关庄布”。嘉定县真如镇所产之布“运销两广、南洋、牛庄等地”⑤。南汇县所产之布“仅销关外奉天等处”⑥。上海所产的东稀布“销于东三省者，从前每年约十余万匹……其余分销各省及南洋群岛”。西稀布“销东三省、直隶、山东等处”⑦。宝山县江湾里布“雍正间销路浸广……大抵系粤商争购，务求细密，不计阔长，需棉少而布价昂”⑧。从这些记载中可以看出，在

①万历《嘉定县志》卷七。
②《农政全书》卷三五。
③《农政全书》卷三五。
④《清朝续文献通考》卷三八三。
⑤王德乾：《真如志》。
⑥民国《南汇县志》卷一三。
⑦民国《上海县续志》卷八。
⑧民国《江湾里志》卷四。

清代，江南棉布中有很大一部分是销往关东和海外的。这种情况大约从康熙开海禁时就开始了。正是这种情况才使江南棉织业的劳动收益率得以维持。然而康熙、乾隆间一百余年和平安定的社会环境，给各地区发展棉织业提供了便利条件，而官府在各地倡导民间纺纱织布，更促进了棉织业普及的进程。乾、嘉以后，江苏、浙江、湖北、江西、四川、福建、广东、直隶等省都成了“自来织布最盛”之区①。这些地区所产的布不但数量多，而且质量好，都成了江南棉布强劲的竞争对手。河北的“冀赵深定诸州属……织纴之精，亦遂与松娄匹”②。景州龙华镇的布“洁白坚好，比于吴中”③。湖南巴陵的都布“厚实匀细，与苏布相敌”④。连棉织业起步较晚的贵州安顺府，其所产的五布、扣布也“可匹苏松”⑤了。这些新兴的棉布产地，或因其原料价廉，或因其接近销售市场，故能在竞争中取得有利地位。嘉庆以后，江南棉织业的劳动收益已略低于原料的价值。而陕西大荔县民间犹能以2斤棉布纺织成布，换得棉花4斤，谓之“翻纺”⑥。陕南兴安府，犹能用银3钱几分买棉2斤，纺织成布，卖银7、8钱⑦。湖南辰溪、溆浦等县交易时，常以1斤布易2斤棉⑧。就是说这些地区棉织业的收益仍相当于原料的价值。而广州在海外贸易刺激下，棉织业收益更高，往往“由老板供给纺工棉花二斤，收回棉纱一斤”⑨。仅仅纺纱一道工序，便可获利一倍。在各地棉织业的竞争下，江南棉织业的收益率进一步下降也就是不可避免的了。

三

江南棉织业劳动收益的低下，决定了它只能作为农民的一种家庭副

---

①《清朝续文献通考》卷三八五。
②方观承:《棉花图》。
③乾隆《河间府志》卷四。
④同治《巴陵县志》卷一一。
⑤咸丰《安顺府志·物产》。
⑥道光《大荔县志》卷六。
⑦嘉庆《汉南郡志》卷二七。
⑧道光《大定府志》卷四二。
⑨《中国近代手工业史资料》第1卷，第257页。

业。从当时棉织业的生产效率看，生产纳官布1匹，约须10日之功，生产标布1匹，约须7日之功。就是说，一个织工终岁纺织，可以年产纳官布30余匹，或标布50余匹。其年收益，在明初大约为米12石，嘉、万以后只能为米5石，嘉庆以后更降至3石左右。而当时的农民，每夫大约可耕水田10亩。10亩之收，大约为米20石。如果耕者是佃农，那么在交纳10石租米之后，犹可得米10石。而农家之收，秋粮之外尚有"春花"，农产之外尚有猪羊鸡鸭等畜产。这些对于农民来说，都是一笔可观的收入。明初棉织业的劳动收益几乎超过了佃农民的农业收益，但那时的棉布还没有大批商品化，棉织业的独立发展还受到市场条件的限制。及至明中叶棉布大批投入市场以后，棉织业的劳动收益便急速地下降了。农家织妇终年纺织，其所得尚不足当农业收益之半。在这种形势下，农民当然不会放弃农业而去专门经营棉织业了。然而佃耕10亩水田的农民卒岁所收不过为米10石，仅够5口之家充饥裹腹之用，所以又不得不兼营棉织业，以弥补农业收入之不足。于是耕织结合的经营形态便成了农民小生产者最普通的经营形态。

明清时期，江南商品经济虽有发展，但它对耕织结合的小农经济究竟发挥了多大程度的分解作用？对此似乎不应估计过高。因为耕织结合的经济结构归根结底还是由当时生产力的状况决定的。在当时，农业生产主要还是靠笨重的体力劳动进行的。男劳力在农业生产中所能创造的价值显然高于妇女。而纺纱织布则劳动强度较小，无论男女老幼都可参与其事。所以当棉织业日渐普及之后，其劳动收益必然要低于男劳力的农业收益。而当男劳力从事棉织业生产时，却由于受到生产工具和技术条件的限制，并不能发挥其体力较强的优势，提高生产效率，增加劳动收益。在这种情况下，广大小生产者当然要尽可能地把男劳力投向农业，并利用闲余的劳动人手从事纺织，藉以维持一家的温饱。商品经济发展既没有改变生产力的这种状况，当然也无法改变男耕女织的小农经济结构。明清时期，江南确有一些农户的男劳力参与纺织，也有一些农户越来越多地靠纺织为生。这给人们造成一种印象，似乎这些农户逐渐从以织助耕的状态向耕织并重、以织为主的方向演进，而这一演进的过程则体现着棉织业与农业分离的过程。其实这只是一种误解。因为这些农户不是由于棉织业给他们带来了更多的收益，而是由于耕地的不足才不得不出此下策的。当时由于江南人口的增加，人均耕地面积日益减少，农民或因无力交纳押租，或因生产资料不足，仅仅佃耕三五亩小块耕地者比比皆是。这种农户的农业收入不足以糊口，只有更多地借助于棉织业，才能在艰苦竭蹶之中，聊以卒岁。所以在当时凡是以织为主的农户，几乎无一不是日子越过越艰难的农户。这种农户尽管以织为主了，但却偏要抓住小块农田不放，把农业视为自己安身立命之本。这一现象恰恰显示了当时耕织结合的经济结构还是十分牢固的。

商品经济的发展虽使富商大贾们积累起雄厚的资本，但由于耕织结合的小农经济广泛存在，限制了他们投资棉织业的兴趣，使棉织业中很难出现新的生产方式。《沈氏农书》说："若家有织妇，织与不织，总要吃饭，不算工食，自然有赢。"[①]可见，当棉织业作为农家副业时，其劳动报酬可以被压得很低，即使纺织所得不足糊口，生产也可照样进行。康熙时，江南织妇们每7日可织标布1匹，得米不足1斗，平均每日不过得米1升有余。而当时的雇工，除领取工价之外，例由雇主供给饭食。仅仅一日三餐的费用就已经超过1升余米的价值了。所以当时的商人总是乐于在流通领域内以买贱卖贵的手段去盘剥广大小生产者，而不愿在生产领域中使用雇工劳动去代替他们。

其实，当时的商品经济是与耕织结合的小农经济互为条件的。只有当广大小农能为市场提供大批商品时，商品经济才能发展。也只有当生产日益面向交换价值时，农民才有可能借助农家副业的收入有效地弥补农业收入之不足。农民由于资金短缺、贮备不足，他们经营棉织业全赖市场为之调剂。只有当他们所生产的棉布能够即时地通过市场转换为他们所急需的粮食和棉花时，他们的小生产才有可能不停地运行。从这个意义上说，商品经济的发展恰恰为耕织结合的小农经济增添了活力。明清时期，江南地区在人口增加，耕地不足的严峻形势下，小农经济之所以能够常盛而不衰，封建剥削关系之所以能够持续而不变，正是与这种

① 张履祥:《沈氏农书》,中华书局1956年版,第20页。

商品经济的发展分不开的。马克思说："在那些用古旧经营方式从事手工业或农业的独立生产者旁边，有高利贷者或商人，有高利贷资本或商业资本，寄生虫似地吸取着他们。这种剥削形式在一个社会内的统治地位，排斥着资本主义生产方式。不过，另一方面，这种剥削形式又可以是走向资本主义生产方式的过渡。"[①]明清时期，商业高利贷资本在棉织业中的作用，就其主要方面说，显然是前者而不是后者。

（原文载《中国经济史研究》1993年第2期）

①《资本论》第1卷，人民出版社1963年版，第551页。

论明清时期的徽州牙商

徽人经商多藉牙行制度牟取厚利。其中有些人初则为牙后则为商，在居间活动中积累起经商的资本；有些人则本人经商，而支持其亲友经营牙行，利用牙行为自己的商业活动提供方便；还有一些人采用亦商亦牙的经营方式攫取暴利。随着徽商的兴盛，徽人经营牙行的现象也日益普遍。商牙之间的紧密结合遂成为徽商经营活动的一大特色。本文试就笔者所接触到的资料，对此作初步论述。

一

万历《歙志》载，徽人经商的方式有五种："一曰走贩，即太史公之所谓周流者也；二曰囤积，即太史公之所谓废著者也；三曰开张，即太史公之所谓陈椽者也；四曰质剂，即太史公之所谓子母钱者也；五曰回易，即太史公之所谓以所多易所鲜者也。"[①]在这五种经营方式中，开张与回易二者包含着经营牙行的活动。明清时期，不仅开设店铺销售商品谓之开张，而且开设牙行说合交易也同样谓之开张。从当时的文献中可以看到："窃身开张丝行，代客收（买）丝斤"[②]；"小的在沪镇开张桑叶行，代客买卖"；[③]"开张牙行之程添顺"[④]代客销售棉花等等。这些记载表明经营牙行的活动在当时习惯上被称为开张。所谓回易，指的是以物易物的商业活动。明清时期，在江南各地有许多开设花布行的商人，他

① 万历《歙志·货殖》。
② 档案，刑科课本，转引自《清史论丛》第6辑"清代前期牙行制试述"。
③ 档案，刑科课本，转引自《清史论丛》第6辑"清代前期牙行制试述"。
④ 档案，刑科课本，转引自《清史论丛》第6辑"清代前期牙行制试述"。

们所采用的以棉易布的经营方式便是回易的一种。这种花布行一般都具有牙行的性质。清朝嘉庆年间，施国祁在湖州南浔镇上为其姻家管理以棉易布之肆。他在《寓中杂诗》里写道："抱布蚩氓寻贾客，卖花翁老佐牙郎。"[①]足见肆主具有牙商的身份。总之，《歙志》上的这段记载实际上已经表明徽人经营牙行的活动是一种常见的现象。然而，在封建时代，牙商是一种受人非议的行当，所以人们在撰写墓志传状时，凡涉及传主从事这种活动者总是不免含糊其词，多方隐讳，致令读者难以捉摸。但只要我们加以留意，还是不难看出事情真相的。

明末人汪道昆在其《太函集》中记述歙人阮弼初至芜湖谋生时，"彼中驵侩分行，独赫蹄莫之适主，长公（阮弼）策曰：'此吾业也'，请职赫蹄"[②]。可见阮弼早年曾在芜湖当过赫蹄行的牙侩。同书又载，徽人王子承入蜀经商，"不招而集，不约而坚，蜀人蚁附之。片言可市，无评价，无求良、无干利权，无畔盟主，甚者若家人父子，聚族质成，言出惟行，无抗无坠。……诸下贾至自新都，总已而听子承如祭酒。市迟则代居以市，归急则代价以归"[③]。就是说，王子承在管理市场，评定物价，主持交易，预付货款，代客售货等项活动中，都能公平办事，令人信服，使众商听其约束，市场亦因之而活跃，这里虽未明说王子承身为牙商，但其牙商的形象已经跃然纸上了。同书还记载徽人方彬的事迹"即千金为市，驵侩居其间，幸得处士（方彬）一言，无用质剂"[④]。方彬是否身为驵侩，作者对此似乎有意隐讳，但他善于居间说合的本领则是驵侩所特有的。在《太函集》中，这类耐人寻味的记载颇多，这里姑不赘述了。

徽人经营牙行的现象见于其他记载者也很多。如明朝嘉、万间，婺源人李廷芳"卜居金陵，握奇赢杂驵侩中"，"凡厥规为，有大体，立纲纪，明约束，一时怀策之士莫不推翁为祭酒"[⑤]。看来这位"杂驵侩中"

①《涌幢小品》。
②《太函集》卷三五。
③《太函集》卷一七。
④《太函集》卷一四。
⑤ 婺源《三田李氏统宗谱》。

的李廷芳本身就是驵侩。因为协助官府管理市场乃是牙商的一项职责，而“立纲纪，明约束”云云则正是履行该职责的写照。清初歙人程善敏贾于清江，“总一乡之约，衡一镇之平，排难解纷，立纲承纪，秉公扶正”[①]。就是说，他在其侨寓之乡为人主持交易文约之事，权衡市镇上货物之精粗美恶而定立公平合理的价格，调节纷争说合交易。制订章程约束众商，维持交易秩序。他的这些活动表明他一定是个牙商。清朝乾嘉间，绩溪人章健德“弱冠偕仲叔二兄贾于宣城。君慷慨有大略，节驵侩，贵出贱取，居数年，遂以起其家”[②]。就是说章某即是索扣佣金的驵侩，又是买贱卖贵的商人，是个亦商亦牙式的人物。乾隆时，歙人程廷柱在江西“总理玉山栈事”[③]。栈即行栈，是牙行的一种别称。道光时，祁门人倪炳经“少承父业，窑栈云连，畎亩鳞接”[④]。窑栈就是交易陶瓷器的牙行。绩溪胡适自称他家曾“在上海南市开了一个公义油栈”[⑤]。油栈就是油行。

木材是徽商经营的一项重要商品，在木材贸易中徽州牙商也颇为活跃。康熙时，婺源人詹元相在《畏斋日记》记述他赴江宁应试，途经苏州，曾“扰兆佐叔公木行内饯行酒”[⑥]。可知其叔父詹兆佐是在苏州开张木行的牙商，乾嘉时，绩溪人章禄寿“商于宁属之孙家埠，开设木行，颇称干济才”[⑦]。道光咸丰年间，婺源人齐彦钱“尝在无锡木行，代程某司理”[⑧]。木行老板程某必定也是徽人，在帮派习气浓厚的时代，牙行老板是绝不会用外帮人代为司理的。

在茶叶贸易中，徽州牙商更为活跃。徽州各地山户所产之茶，一般都由号称螺司的小贩零星收购，转卖给茶行，然后再由茶行售给引商分销外地[⑨]。这里的茶行显然都是由徽人开设的。而当徽茶运至行销地区

① 歙县《褒嘉里程世谱·歙西功叔程君传》。
② 绩溪《西关章氏族谱》卷二九。
③ 歙县《程氏孟孙公支谱·程廷柱传》。
④《祁门倪氏族谱》续卷《少辉公行状》。
⑤ 胡适：《四十自述》。
⑥《畏斋日记》。
⑦ 绩溪《西关章氏族谱》卷二四。
⑧ 光绪《婺源县志》卷三四。
⑨《清朝续文献通考》卷四二。

后，往往又是通过徽人开设的牙行发卖的。据《歙事闲谭》所记，乾隆时徽人在北京开设的茶行有七家，茶叶字号百余家，小茶店数千家[①]。足见这些茶行确是与茶叶字号、小茶店性质不同的居间性的商业机构。鸦片战争以后，上海成为徽茶外销的主要港口，而在上海开设茶栈者则以徽人为最多。如北京路的"洪源求"、天津路的"公兴隆"、福州路的"汪裕泰"、老北门的"老嘉泰"等茶栈都是徽人开设的[②]。光绪时，歙县知县何润生在条陈中说："徽茶运申，素投茶栈转售西商。此栈并不储茶，专为代客买卖。东伙人等素识西商，兼晓茶务，又能购付水脚，借济资本。故售得百元，抽洋二分，以充栈费"[③]。可见这种茶栈就是经营茶叶外销业务的牙行。

在江南一带棉布的交易中更有为数众多的徽州牙商经营于其间。清人沈起凤在《谐铎》中写道："新安某富翁，挟千钱至吴门，作小经纪，后家日泰，抱布贸丝，积资巨万。常大言曰：致富有奇术，愚夫不自识耳……"。[④]他的所谓至富奇术观是不讲道德，不顾廉耻，为牟利可以不择手段。这虽是为了讥讽市侩习气而编造的一则故事，但它却以"新安某富翁"作为典型，恰恰表明当时在苏浙一带贸易丝绸棉布的市场上，这类徽州牙侩是很多的。崇祯《外冈志》载：嘉定县的外冈镇"俗称繁庶，四方之巨贾富驵，贸易花布者，皆集于此"[⑤]。表明该镇不但"巨贾"来自四方，而且"富驵"也并非土著。该志又载："外冈布，因徽商僦居钱鸣塘收买，遂名钱鸣塘布"[⑥]。可见在这里开张布行，定点收布的"富驵"，主要就是徽州人。自明中叶以来，苏浙一带产棉布的城镇几乎都有众多徽商侨寓其中。大概从那时起，他们就已经热衷于开张布牙这一行当了。入清以后，这一现象更为普遍。乾隆时，褚华说，明朝末年他的六世祖"长史公精于陶猗之术，秦晋布商皆主于家，门下客常数十

①《歙事闲谭》第11册。
②《上海地方史资料》(三)102—106页。
③《清朝续文献通考》卷四二。
④《三冈识略》卷八。
⑤崇祯《外冈志》卷一。
⑥崇祯《外冈志》卷二。

人，为之设肆收买，俟其将戒行李时，始估银与布，捆载而去，具利甚厚，以故富甲一邑，至国初犹然，近商人乃自募会计之徒，出银采择，而邑之所利者惟房租息而已”[①]。这说明，明末清初，上海一带代客收布的牙行多由当地土著经营，乾隆时此项利权则已被外地客商所占夺。而外地客商在上海涉足于棉布贸易者则以徽人为最多。从清代有关碑刻资料中可以看到，苏州、松江等地的布商字号大多数都是由徽商开设的。这些字号除从事棉布的染踹加工之外，往往兼营牙行业务。松江的棉布字号曾向官府呈称，他们的“布店在松，发卖在苏，且牙行亦多居松”[②]。官府为了制止假冒字号抬牌而发布的文告中又说：“仰府属布牙知悉，自禁之后，各照本记字号印刷贸易，不许仍前构通混冒”。“为此奉宪给帖众商永为遵守”[③]。可见这里所说的字号本身就是布牙，他们都持有官府发给的牙帖，取得了官牙的身份，故被称为“奉宪给帖众商”。他们所经营的一项业务就是在松江收购棉布，运往苏州发卖。在苏州开设字号的徽商也同样深入到各产布地点设庄收布。这种布庄就是收购棉布的牙行。如元和县的唯亭东市盛产棉布“各处布棉客贩及阊门字号店，皆坐庄收买，漂染俱精”[④]。嘉定县外冈镇所产钱鸣塘布，“苏群布商多在镇开庄收买”[⑤]。在苏浙的其他城镇中，也多有徽人开张牙行收购棉布者。如乾隆时，徽人李大业在嘉兴开设“万顺布行”[⑥]。宝山县大场镇“山陕布客，徽商等来此坐贾，市面极为繁盛，收买花布，非至深夜不散”[⑦]。在当时，这些山陕布客及徽商只有持有牙帖，取得牙商身份才能大批收购棉布。在一些地不产棉而棉织业又很发达的地方，还有许多徽人开设的棉易布的牙行，谓之“花布行”。如无锡盛产棉布，织者用以易花、易米及钱。“坐贾收之捆载而贸于淮阳、高、宝等处，一岁所交易不下数十百万。尝有徽人言：‘……无锡为布码头’，言虽鄙俗，当不妄也。

① 褚华:《木棉谱》。
②《上海碑刻资料选辑》第84—85页。
③《上海碑刻资料选辑》第84—85页。
④ 道光《元和唯亭志》卷三。
⑤ 乾隆《续外冈志》卷四。
⑥《江苏省明清以来碑刻资料选集》第379页。
⑦《宝山县续志》卷一。

坐贾之开花布行者，不数年即可至富”[①]。这表明在无锡开设花布行者以徽人为多，所以他们视无锡为利徽，名之曰“布码头”。浙西的湖州、嘉兴等府某些产棉少而织布多的地方也有许多商人开设的花布行。这一带正是徽商最活跃的地方，他们当然不会不参与这种活动。

在沿海一带的对外贸易中，也有许多徽人从事居间活动，充当牙侩的角色。《明实录》载：“（汪）直本徽州大贾，狎于贩海，为商夷所信服，号为汪五峰。凡货贿贸易，直多司其质无契。会海禁骤严，海壖民乘机局，赚倭人货数多，倭责偿于直，直计无所出，且愤恨海壖民，因教使入寇。”[②]《明史》又载：“初，明太祖定制，片板不得下海。承平日久，奸人阑出入，勾倭人及佛郎机人来互市。闽人李光头、歙人许栋踞守宁波之双屿而为之主，司其质契。势家……或负其值，栋等即诱之攻剽。”[③]足见汪直、许栋等当初都是在沿海一带对外贸易中从事居间活动的人物。他们为买卖双方主持交易，订立文约，充当担保人，后因海禁骤严，拖欠贷款者乘机赖账，遂使他们起而为寇。明代在广州还有官府指定的牙行，专门主持对外贸易。在这种牙行中，徽人也有其一席之地。万历《广东通志》载：“洪武初，令番商止集舶所，不许入城。通番者有厉禁。正德中，始有番人私筑室于湾澳者，以便交易。……嘉靖三十五年，海道副使汪柏乃立客纲、客纪，以广人及徽、泉等商为之”[④]。按，明制“凡外夷通贡者，我朝皆设市舶司领之。……其来也，许带方物，官设牙行与民贸易，谓之互市”[⑤]。汪柏所立的客纲、客纪当属于这种“官设牙行”的性质，只是互市的对象已由贡舶扩大到商舶而已。清代的广东十三行实际上就是承袭这种客纲、客纪制度而建立起来的。据梁嘉彬先生考证，十三行中的东生行就是安徽籍商人刘德章、刘承□父子开设的[⑥]。尤其值得注意的是，西方商人往往绕十三行，同中国的“行外商

①《锡金识小录》卷一。
②《明世宗实录》卷四五三。
③《明史》卷二〇五。
④ 万历《广东通志》卷七〇。
⑤《筹海图编》卷一二。
⑥ 梁嘉彬:《广东十三行考》第313—314页。

人”进行走私贸易。有时“从行外人手里买进的货物要比从行商那里买的多”[①]。而在这种走私贸易中，也有徽人从事居间活动。徽商汪圣仪就是其中的一例。乾隆二十四年，英商洪任辉先后乘船至定海、天津等处，要求在宁波开港通商，并呈控粤海关陋弊。福州将军新柱在查此案时发现徽商汪圣仪与英人关系密切，可能为英人出谋划策。他奏称：“徽商汪圣仪同子汪兰秀曾借洪任辉资本作买卖。洪任辉前在宁波三年，伊父子俱代为包揽生理，及禁（外商）往宁波，汪圣仪仍来广东，彼此极其亲密。近又往江苏代买货物。”[②]两广总督李侍尧也奏称：“汪圣仪父子与番商洪任辉交结，借领资本，包运茶叶，深属不法。”[③]这些记载表明，徽商汪圣仪父子是替英商来办货物的经纪人。在浙海关闭关以前，他们就已从事这种活动了。其采购的货物以茶为大宗，采购地点远及江苏一带。据《清朝文献通考》记载，乾隆二十四年，汪圣仪预支英商贷款多达10380两[④]。足见其营业规模是相当可观的。乾隆二十二年上谕称：“洋船向收广东口……今奸牙勾结渔利，至宁波甚多。”[⑤]可见当时沿海一带像汪圣仪这样的“奸牙”非止一人，而这类“奸牙”之为徽人者又不知凡几。

总之，明清时期徽人经营牙行，从事交易居间活动的现象相当普遍。在许多地方的市场上，在许多商品的交易中，都充斥着徽州牙商的活动。无论是国内商业还是对外贸易，都有他们涉足于其间。

二

徽人热衷于经营牙行不是偶然的。因为这一行业可以从各方面给他们带来厚利。

首先，牙商这一职业给为数众多的徽州小商人开了一个致富之门。

① (英)格林堡著，康成译《鸦片战争前中英通商史》第50页。

②《史料旬刊》第3期，《新柱等奏减办洋货及讯查代写呈词折》。

③《清高宗实录》卷九〇五。

④《清朝文献通考》卷二九八。

⑤《中西纪事·互市档案》。

在徽商中，财力雄厚者固不乏人，但为数更多的则是为生计所迫而不得不闯荡江湖的小商小贩。后一种人虽然资本无多，但却从父兄亲友那里学得了丰富的商业经验。对他们来说，充当牙商乃是一种最佳的选择。因为从事这一行不但可以“不费资本，赤手而得商用”，而且可以充分运用他们的商业经验，在居间活动中大显神通，采取“明抽暗骗”手段，于正当的牙佣之外，获得暴利。阮弼早年家境贫寒，“积逋数百”，“新安某富翁”初至吴门也不过手握千钱，然而当他们充当牙商之后，都一跃而为大富商。李廷芳身为牙侩则“家日益起，声日益著”[①]，章健德之兄开张牙行则“遂以起其家”。这些事例无不表明牙商这一职业确为徽州小商人提供了牟利生财的好机会，因而这一行也就成为他们竞相趋赴的一大热门了。

第二，徽人经营牙行可以为徽州商人的商业活动提供方便。在当时，一切商品的大宗交易都必须通过牙行才能进行，私相贸易是被禁止的。因此商人买贱卖贵活动的每一个环节都离不开牙行为其提供方便。随着商品经济的发展，商品贩运规模的扩大，牙行的这种作用尤其显得重要。贩运商人只有得到牙商的配合，才有可能及时地从分散的小生产者手中购得大批价廉物美的商品，并在销售地点以较为有利的价格及时地把商品抛售出去。同时，贩运商人也只有得到运输行业牙商的配合，才有可能雇得合适的车船脚力安全迅速地组织货运。如果遭到牙商的坑骗或刁难，那么他们不但无从获利，而且难免于财毁人亡的厄运。万历《歙志》中把“走贩”一行列为徽商五大经营方式之首，表明大宗商品贩运活动已是当时徽商牟利生财的主要手段了。徽商为了能在商品贩运中获利，就不能不注意他们同牙商的关系。徽人憺漪子在其《士商要览》中反复强调“慎择牙人”的问题，并总结出“相物”“相宅”“相人”等“投牙三相”的经验。足见徽商确是把商牙关系视为决定生意成败赢亏的大事。他们为了商业的利益，不但讲求“慎择牙人”之道，而且千方百计地培植徽州牙商的势力，支持他们的亲友挤进牙商的行列，把商与牙紧紧结合起来。歙人王子承之所以能在远离故土的四川承充牙商，并且巩固了

① 婺源《三田李氏统宗谱》。

自己的地位，显然是得力于本帮商人支持。子承在蜀，能为入蜀经商的徽人代销货物，并且预付贷款，以利于他们周转资金，所以“诸下贾至自新都，总已而听，子承如祭酒”[①]。歙人程廷柱兄弟四人分工协作，经营商业。“兰邑（兰溪）油业命弟廷柏公督任之，命三弟廷梓公坐守杭州，分销售货，命四弟廷桓公往来江汉贸迁有无”。另外，他们还在金华、龙游、歙县等处经营盐业、典业以及“游埠店业”等。而他自己则在江西“经理玉山栈事”[②]。程廷柱之所以紧紧抓住牙商一业不放，看来主要是为了照顾他们商业贩运的利益。玉山县地处“八省通衢，五方杂处，经商远旅，络绎往来，陆则需夫，水则需舟，夫船行埠，实有攸赖”[③]。该地夫行、船埠之类的运输业行栈颇为发达。程廷柱所经营的行栈大概属于这一类。玉山正是他兄弟数人相互联络的枢纽。他在这里开设行栈，组织货运，自然可使兄弟数人声息相通，连成一气，在商业贩运中大享其利。在当时，凡是徽商得势的地方，也是徽州牙商活跃的地方，凡是徽商经营的主要商品，也必多徽州牙商经营于其间。这一现象恰恰表明徽州商帮中商牙之间互相支持互相利用的关系。

第三，商牙结合的经营方式为徽州富商盘剥小生产者提供了方便。前文所述，明末有徽商僦居钱鸣塘收布出贩的事。这个徽商既能在市场上定点收布，必定是取得了牙商身份的人，而他又能用自己的资本收布出贩，当然也有商人的性质。这正是商牙结合的经营方式。在这种经营方式下，商人既是评定物价的居间人，又是交易中的买方，当然便于使用“低银小钱，收买布花”刻剥小民，从中获得厚利。所以此例一开，群争赴之。清代苏松等地的布商字号就是采用这种经营方式的。他们用自己的资本，通过自己开设的布庄、布行收购棉布，利用牙行制度，把持市场，垄断货源，压价收布，把广大小生产者置于自己的盘剥之下。康熙时，苏州的布商字号一度多达76家。这一行如此兴旺，正表明商牙结合的经营方式确给富商大贾们带来了极丰厚的利润。在苏浙一带的花

①《太函集》卷一七。

② 歙县《程氏孟孙公支谱·程廷柱传》。

③《西江视臬纪事》。

布行也是采用商牙结合经营方式的。花布行的老板们“皆预贸木棉为本”，然后在自己开设的牙行里从事以棉易布活动。他们以牙商的身份，一面低估布价，一面高估棉价，利用不等价交换残酷盘剥小生产者，所以“不数年即可致富”。

徽人不但热衷于经营牙行，而且也有条件在这一行业中争得优势地位。一则徽商拥有人数多，财力强的优势。他们“小者雄一集，大者甲两河”，沿江一带有“无徽不成镇”之谚。他们在其侨寓之地，控制着大批商品，操纵着当地的金融，互相间又以地缘关系结成牢固的商帮，凡“遇乡里之讼，不啻身尝之，醵金出死力，则又以众帮众，无非亦为己身地也”[①]。这样一个实力雄厚的商帮为了自己商业的利益，支持本帮牙商，排挤其他牙商，当然容易取得胜利。他们的这一优势，从清初徽商在饶州争得埠头经营权的事件中表现得十分明显。据记载：“饶州彭家埠，邑（婺源）绅买地造馆，为婺舟泊岸所。（金一）凤亦输金。后饶埠勒索舟人银，凤又偕婺绅控当道，立碑严禁焉。”[②]这里所说的埠，亦称埠头，是组织船只经营运输业务的牙行。当时“凡城市乡村通商之处，陆有牙行，船有埠头”[③]。彭家埠就是这种埠头。饶州是婺源人西出经商的必由之地，故婺人之“聚于饶者尤多”[④]。他们仗着人多势众，在这里买地建房自置埠头，经营运输业务。饶州当地的埠头起而争利，引起纠纷。婺源绅商则同心协力与饶人抗衡，终于在官府的支持下取得了胜利。在徽商得势的地方，当地的牙商尚且斗不过徽州牙商，其他小帮商业所支持的牙商自然更难与之争雄了。再则徽商拥有政治上的优势。明清时期，牙商必须持有官府颁发的牙帖方能取得合法地位。承充牙商之后，又必须协助官府管理市场，征收商税，充当官府统制商业的助手。只有善于结交官僚，行媚权贵的人才能在牙商这一行业中取得优势地位。而这一套恰恰是徽商的拿手本事。凌濛初说：“徽州人有个僻性，是乌纱

① 顾炎武:《肇域志》第3册。
② 光绪《婺源县志》卷二九。
③《清朝文献通考》卷八二。
④《黟县三志》卷一五。

帽、红绣鞋，一生只这两件事不争银子，其余诸事悭吝了。”[①]这固然是挖苦的话，但也反映出徽商把结交官僚权贵看得非常重要。徽商的这个“僻性”确使他们在经营牙行的活动中大占便宜。前述那个身为驵侩的李廷芳就尝“与留都缙绅游，皆以行谊相推重”[②]。他经营牙行的活动自然要借助“留都缙绅”们的势力。明末婺源人李贤经商于苏州，“梅林公方宪两浙，有昌贷公（李贤）百余金者，梅公知其子弟所为而白于公，公既弗取。后梅公遇难，人有为公谋讼其事者，公正色拒之曰：‘梅公……尝奏除镇江沿河之积棍，立苏州上下两牙，以振客纪，且使国课日增，厥功固铭诸石矣’”[③]。关于苏州立上下两牙的具体情节我们虽不能得其详，但徽商李贤同大官僚梅林的关系颇深，而梅林整顿牙行的措施又有利于徽商的商业活动则是可以肯定的。其中微妙关系就不能不令人揣测了。入清以后，更有许多徽商不惜捐巨资猎取功名，藉以作为经营牙行的政治保护伞。如前文所述，在玉山经理行栈的程廷柱，兄弟四人俱为国学生；在孙家埠开张木行的章禄寿，则身为儒林郎；在江西开设窑栈的倪炳经，则为附贡生。连为英商采购货物的私牙汪圣仪也是婺源县的生员。乾隆十三年，在苏州捐资重修渡僧桥的八家布商字号中有六家是休宁人。从《重修渡僧桥碑记》中可以看出，六家休宁字号老板分别挂有贡生、附贡生、太学生、考职州同、候选同知、敕封儒林郎等头衔。这些头衔显然有利于他们从事亦商亦牙的活动。乾隆二十七年，清廷明令禁止绅衿监生承充牙商，防止他们倚势作奸，迫勒商民。禁令本身恰恰反映出当时官绅牙侩沆瀣一气的现象已是司空见惯的了。值得注意的是，该禁令又规定“一家之中不皆监生，则令其无顶戴者报名给予司帖”[④]。这么一来，反倒使绅衿们以其家人出面经营牙行的现象合法化了。乾嘉间，绩溪人章健德同他的两个弟弟“相续以资为国子监生”，而他的长兄则在宣城从事亦商亦牙的活动。这正是徽商为适应清朝的新规定而采用的新手法。

① 凌濛初:《二刻拍案惊奇》卷一五。
② 婺源《三田李氏统宗谱·理田愚谷李公行状》。
③《明清苏州工商业碑刻集》第302页。
④ 光绪《大清会典事例》卷二四七。

马克思说："处在优势统治地位的商业资本，到处都代表着一种劫夺的制度"[①]。徽商利用牙行制度把自己的商业资本同封建政治势力结合起来，通过牙行把持市场，操纵物价，残酷盘剥小生产者，这就是一种劫夺的制度。这种劫夺的制度固然可以使徽商的资本越聚越多，但对于他们的商业资本和产本业资的转化则是不利的。因为在这种劫夺制度下，使资本在流通领域中劫夺小生产者，比在生产领域的剥削雇佣劳动更为有利。

（原文载《中国社会经济史研究》1993年第2期）

①《资本论》第3卷，人民出版社1966年版，第371页。

论徽州商帮的形成与发展

近年来，徽商研究越来越受到国内外学者们的关注。这不仅是因为徽商曾在我国社会经济领域中发挥过重要作用，而且还因为它的兴起、发展与演变都与当时的社会经济条件息息相关，通过徽商研究，可以从一个侧面去窥探整个社会经济的全貌。

一

徽商始于何时？说法不一，有持东晋说，有持唐宋说，也有持明中叶说。我们认为，徽人经商的历史固然可以追溯到很早的年代，但是徽商的历史则应该是从明中叶开始的。徽商，指以乡族关系为纽带所结成的徽州商人群体，它与晋商、陕商、闽商、粤商一样，是一个商帮的称号。所以徽商始于何时的问题，就是徽州商帮何时形成的问题。徽州商帮的形成必须有两个条件：其一是有一大批手握巨资的徽州富商构成商帮的中坚力量；其二是，商业竞争日趋剧烈，徽州商人为了战胜竞争对手，有结成商帮的必要，而这两个条件只有到明朝中叶才能具备。

前资本主义时代，商业资本的积累离不开长途贩运贸易的发展。在中世纪的欧洲，大商人集团就是首先在国际贸易中发展起来的。所以恩格斯说："至少在当初，商人资本只能从本国商品的外国购买者，或外国商品的本国购买者手里取得利润。"[①]中国的商业资本主要是在国内贸易中发展起来的，但是它的积累和大商人集团的形成同样离不开长途贩运贸易的发展。在中国，虽然自古就有"富商大贾，周流天下"的现象，

①《资本论·第三卷的补充》。

然而在自然经济牢固统治的年代，可供长途贩运的商品种类不多，数量不大，贩运贸易的规模受到极大的限制。在这种贸易的基础上虽然也曾出现过一些豪商巨贾，但毕竟人数不多，相互间的竞争也不剧烈。所以那时候，各地方的商人既无形成商帮的实力，也无形成商帮的必要。直到明朝中叶，这种局面才有所变化。

明中叶以来，随着商品货币经济的发展，封建国家的赋役制度也发生了相应变化。自金花银的征收到一条鞭法的推行，赋税折征货币的部分日益增加，以致占据赋税总额的绝大部分。这一变化既是商品经济发展的反映，又是促进商品经济发展的一个重要因素。赋税折征货币的结果，迫使生产者更多地出售产品，换取货币。而大批产品的涌入市场，必然使商品在当地难以销售，不得不向远方寻求市场，从而大大地促进了长途贩运贸易的发展。尤其是纳赋的农民往往为时限所迫，不得不将其产品低价而卖以应急需。人为地造成了商品的价格与价值相背离的现象。这种情况更为贩运商人压价收货牟取暴利提供了有利机会。在这种形势下，长途贩运贸易遂以前所未有的势头发展起来，其规模日益扩大，贩运路线也日益延长。城市和市镇越来越成为大宗商品的集散地和长途贩运贸易的起落点。许多农村的集市也日益改变了往日的闭塞状态而与遥远的市场发生联系。随着商品交换“打破地方的限制”，贵金属白银也已成为行用于全国的主要货币了。

由于长途贩运贸易的发展，徽州商人的商业资本也以前所未有的势头膨胀起来。嘉靖时，歙人吴柯认为“士而成功也十一，贾而成功也十九”，遂弃儒服贾，果然“十致千金”[①]。经商致富的成功率虽未必如此之高，但当时商品流通的扩大为商人牟利生财提供了绝好机会则是事实。徽商潘侃说：“良贾急趋利而善逐时，非转贾四方不可。”[②]他的话可以说是道出了徽商致富的奥秘。徽商中绝大多数人都是在长途贩运活动中发家的。所谓“徽歙以富雄江左，而豪商大贾往往挟厚资驰千里，播弄黔

①《丰南志》第5册。
②《太函集》卷一四。

首，投机渔利，始可致富”[①]，这确是当时的实情。万历《歙志》中把“走贩”一行列为徽人经商的五大方式之首。他们如此重视贩运贸易，正是因为这种活动会给他们带来诱人的厚利。徽州邻近东南商品经济最发达的地区，徽人又有丰富的商业经验，这就使他们得领风气之先，较早地在商业活动中大显身手。他们利用运河、长江以及东南海运之便，把五府地区的丝绸、棉布，扬州的食盐，景德镇的瓷器以及徽州当地所产的竹、木、茶、漆、纸、墨、砚等等运销全国各地，又把华北的棉花、大豆，江西、湖广的稻米，长江中上游的木材，等等运销苏浙，在贩运贸易中大获厚利。这就使徽人中迅速地涌现出一大批手握巨资的富商大贾。如休宁的商山吴氏则“家多素封”[②]，艳草孙氏则“比屋素封”[③]，凤湖汪氏则“连檐比屋，皆称素封”[④]，歙县的竦塘黄氏则几乎全是“富等千户侯，名重素封”的大贾[⑤]。其他家族中经商致富者也不胜枚举，以故当时的徽州有“富甲天下”之称[⑥]。事实表明，在明朝中叶，徽州的富商大贾已经不是少数人，而是一大批人。徽州商帮正是以这一大批富商大贾为其中坚而发展起来的。而当徽商崛起之际，晋、陕、闽、粤等地的商人也都在长途贩运贸易中发展起来，在全国各地的市场上成为徽商强劲的竞争对手。为适应剧烈的竞争形势，他们各自都有结帮的必要。于是商帮便作为商人组合的一种形式应运而生了。王士性说：徽人“商贾在外，遇乡里之讼，不啻身尝之，醵金出死力，则又以众帮众，无非亦为己身地也。近江右人出外，亦多效之”[⑦]。这表明徽商结帮确是出自竞争的需要。在那个时代，商人只有利用他们天然的宗族、乡里关系联合起来，互相支持，才能在竞争中维护自己的利益。徽商如此，其他商人也莫不如此，连起步较晚的江西商人也起而效尤了。足见商帮是一个时代的产物，徽州商帮是同比较早出现的商帮几乎同时形成的。

① 歙县《许氏世谱》卷六。
②《金太史集》卷七。
③《太函集》卷五二。
④《新安休宁名族志》卷一。
⑤ 歙县《竦塘黄氏宗谱》卷五。
⑥ 顾炎武:《肇域志》第3册。
⑦《广志绎》卷三。

二

徽州商帮形成的标志主要表现在下述几个方面：

（一）徽人从商风习的形成。只有为数众多的徽人呼亲唤友四出经商，他们才可能在各地市场上形成帮伙。徽人从商风习究竟始于何时？人们的看法也不尽相同。万历《歙志》称，正德以前，民间还是“妇人纺织，男子桑蓬，臧获服劳”的局面。正德末嘉靖初，从商之风始盛：“出贾既多，土田不重，操资交捷，起落不常”。老于徽州掌故的许承尧对这段记载曾提出过异议。他说：“吾许族家谱载，吾祖于正统时已出居庸关运茶行贾，似出贾风习已久，志（指《歙志》）言殆举其概略耳”[①]。许氏之说是很有道理的，因为在正德以前徽人外出经商的事迹确已大量见于记载。据我们的考察，徽人出贾之风大约始于成化弘治之际。《溪南江氏族谱》载，江才早年立志经商，而苦于资金不足。其妻郑氏鼓励他说：“吾乡贾者十九，君宁以家薄废贾耶？”江才生于成化十年，成年后奔赴华北，经商致富。如果郑氏劝夫的一席话是在江才20岁左右时说的，那么早在弘治初年，歙县溪南一带出贾之风已经很盛了。歙县竦塘人黄豹“少遭家啬，见邑中富商大贾，饰冠剑，连车骑，交守相，扬扬然，翊翊然，卑下仆役其乡人。喟然叹曰：‘彼之伙伙者，独非人耶？’”[②]遂立志经商，终致富有。豹生于成化二十二年。他的少年时代正当弘治之初。足见那时候竦塘一带的豪商巨贾们已经炫耀于乡里，而经营商业已经成为人们竞相趋赴的致富之门了。万历《歙志·序五》载：“长老称说，成弘以前，民间椎朴少文，甘恬退，重土著，勤穑事，敦愿让，崇节俭。而今则家弦户诵，夤缘进取，流寓五方，轻本重末，舞文珥笔，乘坚策肥。世变江河莫测底止”。就是说歙县先贤们是把当地风俗变化的关键时期放在成化弘治之际的。而成书于弘治初的《休宁县志》中也有“民鲜力田，而多货殖”的记载。看来，起码在休歙两县的一些

① 《歙事闲谭》第1册。
② 歙县《竦塘黄氏宗谱》卷五。

地方，民间出贾之风在成化弘治之际确已形成了。

（二）徽人结伙经商的现象已很普遍。嘉靖时，徽州大贾程某经商于两广，“门下受计出子钱者恒数千人。君为相度土宜，趣物候，人人受计不爽也。数奇则宽之，以务究其材；饶羡则廉取之，而归其赢。以故人乐为程君用，而自程君为大贾，其族之人无不沾濡者”[①]。可见当时徽人行贾，往往结成规模庞大的群体，其人数动以千计。这种群体是以宗族、乡里关系为纽带结合起来的。在群体中，首领对众商在财力上予以支持，在业务上予以指导；众商则听从首领指挥，协同行动。明中叶以来，类似这样的情形见于记载的很多。正如金声所说：休歙“两邑人以业贾故，挈其亲戚知交而与共事，以故一家得业，不独一家食焉而已。其大者能活千家百家，下亦至数十家数家”[②]。值得注意的是徽人的这种活动方式大约在成化弘治之际就已经开始了。据记载，徽人许赠贾于正阳二十余年，他“睦于亲旧，亲旧每因之起家，故正阳之市，因公而益盛”[③]。可知许赠贾于正阳时，已有一大批徽商在其卵翼之下。许赠生于景泰五年，弘治十七年卒于正阳。他在正阳为徽商首领的时间正是成化弘治之际。汪道昆的祖父汪玄仪曾北游燕代，贩盐行贾，“诸昆弟子姓十余曹皆受贾，凡出入必公决策然后行”[④]，他率领昆弟子姓北上行贾的时间也在弘治时期。

（三）“徽”“商”（或“徽”“贾”）二字已经相联成词，成为表达一个特定概念的名词而被时人广泛运用。明中叶以来，“徽商”“徽贾”等词已大量见于记载，当时人们使用“徽商”一词时，徽商单个人的特征并不重要，重要的是他们的共同特征，而徽商的共同特征又与其它商人不同，他们是一群特殊类型的商人。就是说，“徽商”既是从许多单个的徽州商人特征中抽象出来的普遍概念，又是从“商人”这个属概念中划分出来的种概念。尽管在当时“徽商”一词还没有被当作表达单独概念的专有名词使用，但由于徽商有其共同特征，共同利害，他们又往往结

①《弇州山人四部稿》卷六一。

②《金太史集》卷一。

③《许氏统宗世谱·处士孟洁公行状》。

④《太函副墨》卷一。

伙经商，共同行动，所以人们在实际生活中早已把徽商作为一个群体对待了。万历《嘉定县志》载：南翔镇“往多徽商侨寓，百货填集，甲于诸镇，比为无赖蚕食，稍稍徙避，而镇遂衰落”。在这里，徽商的去留是采取统一行动的；南翔镇的无赖们专门蚕食徽商而不殃及其它商人，对于徽商则统统蚕食之而不区别对待；《嘉定县志》的作者则把南翔镇盛衰的原因归结为徽商的聚散。他们都是把徽商作为一个群体对待的。从这个意义上说“徽商”一词已被赋予了徽籍商人群体的涵义，这正是徽商群体的形成在人们观念上的反映。有趣的是早在成化年间，“徽商”一词就已在松江一带流行了。《云间杂识》载：“成化末，有显宦满载归者，一老人踵门拜不已。宦骇问故，对曰：‘松民之财，多被徽商搬去，今赖君返之，敢不称谢’。”松江是徽商早年最活跃的地方，“徽商”一词首先在这里流行是合乎情理的。

（四）作为徽商骨干力量的徽州盐商已在两淮盐业中取得优势地位。明初行开中法，那时徽人虽有赴边纳粮，办引行盐者，但毕竟受到地理条件的限制，敌不过山、陕商人的竞争。及至成化末、弘治初，开中折色法逐渐推行，使盐商得免赴边纳粮之苦，从而为徽商经营盐业提供了便利条件。所以开中折色法推行之初，徽人便乘地利之便，大批涌向扬州把持盐利。这时山、陕商人虽也纷纷南下与徽人争利，但他们远离故土，力不从心，其势力也不得不屈居徽人之下了。万历《歙志》称：“今天所谓大贾者，莫甚于吾邑。虽秦晋间有来贾淮扬者，亦苦朋比而无多。”徽人在两淮盐业中的这种优势地位大约就是在成化、弘治之际开始形成的。歙县竦塘黄氏等族这时已在两淮盐业中称雄了。如黄崇德业盐扬州，“博览多通……及监司下询，则条陈利害，言论侃侃，监司辄可其议，下其法于淮之南北。夫淮海诸贾，多三晋关中人，好唾奇画策，见公言论，皆削稿敛衽从公，推公为纲”[①]。黄崇敬侨寓扬州业盐，“资大饶裕”，“卒之日，贾者罢市，垒拥哭公”[②]。他们二人都是在成弘之际发迹的。足见那时徽人在两淮盐商中声势煊赫，可以左右国家的盐业政策。

① 歙县《竦塘黄氏宗谱》卷五。
② 歙县《竦塘黄氏宗谱》卷五。

其势力之大已使山、陕商人难与抗衡。明代两淮的盐利最大，徽商在两淮盐业中取得优势后，便迅速扩充了财力。他们或在经营盐业的同时兼营其它商业，或支持其亲友同乡从事各种商业活动。这对徽州商帮的形成与发展具有十分重要的意义。

总之，徽州商帮应是成化、弘治之际形成的。这时徽州商帮形成的标志都已显现出来。

三

徽州商帮自形成至解体的四百余年中，其经营形态固然没有发生明显的变化，但就其势力的兴衰消长而论则经历了四个不同阶段。

（一）从成化、弘治之际到万历中叶的一百余年间是徽州商帮的发展阶段。它的发展主要表现在下述几个方面：

1. 徽人从商风习之盛。徽州山多田少，人口日增，经商谋生之路一旦打开，人们便蜂涌而出，求食于四方。徽州谚语谓“以贾为生意，不贾则无望”[①]，所以“人到十六就要出门做生意”[②]。徽州六县中除黟县、绩溪从商风习形成较晚以外，其它几县出贾之风在明中叶已经很盛。如歙县“业贾者什家而七”[③]，休宁“以货殖为恒产”[④]，祁门“服田者十三，贾十七”[⑤]，婺源贩运木材和茶叶已成为人们谋生的重要手段。从商风习之盛，反映在人们的价值观念上也有所变化。当时徽州“左儒右贾”之说颇为流行，而获利之多寡竟成为评量人物贤与不肖的主要依据。

2. 经营行业多。徽商经营的范围极广，“其货无所不居”。随着社会分工的扩大，人民生活所必需的盐、茶、木、粮、布、丝绸、瓷器等等工农业产品也越来越成为他们所经营的主要商品。由于商品货币经济的发展，徽商中开设当铺，从事货币经营的人也随之增多。在上述各行业

① 万历《歙志·货殖》。
②《豆棚闲话》第三回。
③《太函集》卷一六。
④ 万历《休宁县志·舆地志》。
⑤ 万历《祁门县志》卷四。

中，徽商人数之多，经营规模之大都是前所未有的。尤其是盐、典、茶、木四大行业之盛更为当时其它商帮望尘莫及。还有许多徽商并无固定行业。他们或一人身兼数业，或随时间地点的不同而变换其经营内容，以机动灵活的方式牟取更高的利润。这种做法固然与市场发展的不充分有关，但也从一个侧面反映了徽商的活跃。

3.活动范围广。由于商运路线的增辟和延长，市场网络的进一步发展，徽商的活动范围也随之不断扩大，其“足迹几遍天下”。他们或沿运河北上，奔走于华北各地；或沿长江一线，往来于川楚吴越之间；或经赣江，越大庾岭，入广东；或扬帆海上，贸贩于沿海各地。不但南北二京及各省都会都是徽商辏集之地，而且“山陬海堧，孤村僻壤”也不乏他们的身影。故时有“钻天洞庭遍地徽”之谚[1]。

4.财力雄厚。徽商中出身于阀阅之家者固不乏人，但为数更多的则是为生计所迫，外出谋生的小商小贩。这些小商贩虽然资本无多，但却富于商业经验和艰苦创业的精神，而当时商品经济的发展又为他们牟利生财提供了极好的机会，所以他们之中“挟一缗而起巨万”者比比皆是。这就使整个徽州商帮的实力得以迅速增强。万历时，徽商已是与晋商齐名而称雄于全国的重要商帮了。谢肇淛说：“富室之称雄者，江南则推新安，江北则推山右。新安大贾鱼盐为业，藏镪有至百万者，其它二三十万则中贾耳”[2]。徽商财力之雄厚于此可见一斑。

（二）从万历后期到康熙初年的近百年间是徽商发展遭受挫折的阶段。这一阶段，徽商遭到来自下述几个方面的打击，实力大为削弱：

1.封建政权的横征暴敛。万历时，矿监税使四出搜刮，徽商罹祸尤惨。大凡矿监税使肆虐最甚之处，都是徽商辏集之地。徽商自然成为他们勒索的主要对象。宦官陈增等，在大江南北及浙江一带“大作奸弊”，使许多徽商倾家荡产。李维桢说：“中贵人以榷税出，毒痡四海，而诛求新安倍虐[3]，这是实在情形。天启时，魏忠贤又发黄山旧案，派遣吕下问

①《古今奇闻》卷三。

②《五杂俎》卷四。

③《大泌山房集》卷六九。

专敕驻歙，“搜通邑殷实之户毒而刑之”[1]，其祸“延及于淮、扬、天津、祥符、德兴、仁（和）、钱（塘）等县”[2]，在这场大狱中，徽商财力的消耗是难以估量的。

2. 明末农民起义军对徽商的打击。李自成领导的农民军虽然实行“平买平卖”，保护商人的政策，但对为富不仁的豪商巨贾则坚决予以打击。而徽商处处与农民军为敌的态度，更增添了农民军对他们的仇恨。故农民军所到之处，必以徽商为追赃助饷对象。大顺军攻克北京后，“谓徽人多挟重资，掠之尤酷，死者千人”[3]，徽州巨商汪箕就是在这场追比之下丧命的。还有一些徽商迫于农民反抗的威力，以“多藏贾祸”为戒，因而焚债券，散资财，落得个囊空如洗，停止了商业活动[4]。

3. 明清战争的破坏。清兵南下时，苏浙、湖广遭受战祸最为严重，而这两个地区恰恰是徽商最为集中的地区，他们受祸之惨是不难想见的。弘光政权建立之初，镇将高杰纵兵围扬州，“城外庐舍焚掠殆尽”[5]，使许多徽商的林园别墅、化为灰烬。多铎率兵攻扬州时，徽商汪文德献银30万两，乞求清兵“勿杀无辜”，结果却换得个“扬州十日”的惨祸。顺治初年，清兵镇压东南城市人民的反薙发斗争，又使一大批徽商惨遭财毁人亡的厄运。湖广地区是明清争夺的主要战场。该地人民“死亡过半”，“千里无烟”。南明的军阀们又以筹饷为名：“募奸人告密，讦殷富罚饷，倾其产，分诸营坐饷”[6]，百劫余生的徽商自然也是罚饷的主要对象。明清之际兵连祸接，生产受到破坏，社会购买力下降，商运路线不通，凡此种种无一不严重影响着徽商的商业活动。金声说：新安商人“足迹常遍天下，天下有不幸遭虔刘之处，则新安人必与俱。以故十年来天下大半残，新安人亦大半残”[7]。赵吉士也说：“明末徽最富厚，遭兵

---

①《岩镇志草》。
②《丰南志》第10册。
③《平寇志》卷一〇。
④ 黟县《南屏叶氏族谱》卷一〇。
⑤《明季南略》卷二三。
⑥《永历实录》卷七。
⑦《金太史集》卷八。

火之余，渐遂萧条，今乃不及前之十一矣”[①]。他们的话都概括地道出了明清之际徽商受挫的总形势。

（三）从康熙中叶到嘉、道之际的一百数十年是徽商的兴盛阶段。这一时期，随着生产的恢复与发展，社会的安定，徽商也重新活跃起来。他们的实力不但得到恢复，而且在许多方面超过了明代：

1.徽人从商风习更为普遍。清代的徽州，不但休、歙、祁门、婺源从商风习更盛，而且黟县、绩溪两县人也已经从商成风了。明代的黟县“民尚朴实，读书力田，不事商贾”，入清以后则“始学远游，亦知权低昂，时取予，多收贾息”[②]，以资衣食。绩溪人直到乾隆初还是“惟守农业，罔事商贾”[③]，但自乾隆中叶以后，其外出经商者日益增多，他们的足迹遍于全国。胡适认为绩溪人的移徙经商构成了绩溪疆界以外的“大绩溪”，“若无那大绩溪，小绩溪早已不成局面”[④]了。绩溪是胡适的故乡，他的这个说法是可信的。徽州六县普遍盛行从商风习，自必扩大了徽商的队伍，增强了徽州商帮的实力。

2.徽州盐商势力的发展。万历末始行纲盐法，虽使徽州盐商累世享有行盐的专利权，然而行之未久，就遇到明清之际的大动乱，盐商聚集的扬州更惨遭浩劫。所以当时的徽商并未能因纲法的推行而真正受到实惠。康、雍、乾时期，由于生产的恢复，人口的增加，引盐的销量亦随之而大增，加之清廷又采取了一些“恤商裕课”的措施，于是经营盐业遂有大利可图。许多手握巨资的徽州富商纷纷占窝行盐，把持盐利。在扬州声势显赫的盐业世家大部分都是徽人。“两淮八总商，邑（歙）人恒占其四”[⑤]。徽州盐商在官府的支持下，坐享高额的垄断利润，财力猛增。乾隆时，他们的资本有多达一千万两者。如果把白银购买力降低的因素计算在内，那么他们的资本也比明代扩大了四、五倍。

3.徽商在长江一线商业活动的扩大。明代国内贩运贸易的绝大部分

① 康熙《徽州府志》卷二。
② 康熙《黟县志》卷一。
③ 乾隆《绩溪县志·赋役》。
④《绩溪县志馆第一次报告书》。
⑤ 民国《歙县志》卷一。

还集中在沿运河一线的南北贸易上。及至清代，则不但南北贸易继续扩大，而且沿江一线的东西贸易也迅速发展起来。明代全国共置八个钞关，其中七个都设在运河沿线，而长江一线仅有九江一关。万历时，九江关岁收关税银不过2.5万两，仅相当于沿河七关岁入的8%[①]。而清代，据乾隆时修撰的《清朝通典》所载，在长江流域设置的常关共有芜湖关、九江关、赣关、武昌关、荆关、夔关等六处，岁岁收关税银近百万两，约相当于沿河诸关岁入的85%[②]。长江流域关税的猛增，表明东西贸易规模的迅速扩大。长江流域正是徽商称雄的地方，沿江贸易很大一部分都操于徽商之手。沿江贸易的扩大与徽商实力的增强是分不开的。

4.徽州会馆的普遍建立。明朝嘉靖万历时，徽人虽在北京先后建立了歙县会馆和休宁会馆。但二者都是“专为公车及应试京兆而设”，并不许商人使用[③]。始建于明代的常熟县梅园公所虽可以说是由徽商所建而为徽商所用的场所，但其房舍无多，仅可作厝棺停柩之用。即便像上述类型的徽州会馆在明代已是罕见的了。入清以后，则全国大小商业都会中几无不有徽州会馆，其中绝大部分都成了徽商的活动中心。南京上新河、江西景德镇等地徽人所建的会馆则径被称作“徽商会馆”，表明徽商在会馆中占有支配地位[④]。有些会馆不但规模宏大，而且还附设新安码头、义学讲堂等以供徽商运货及培养子弟读书之用。徽州会馆的普遍建立对于加强徽州商帮的凝聚力发挥着十分重要的作用。

5.徽商与封建政治势力的关系更为密切。明中叶以来，徽商结交权贵，贿通官府已是司空见惯的现象。入清以后，官商之间的结合更进一步加强。一则清代大兴捐纳之例，为徽商猎取爵衔开了方便之门。当时不但富商巨贾荣膺高位者比比皆是，即便是中等之家也往往通过捐纳而列名于缙绅。再则随着徽商财力的增强，他们通过“急功议叙”的途径获取官爵的人也越来越多。清政府为奖励两淮盐商“捐输报效”之功，对他们频频加官晋秩，两淮盐商中几乎无一不被“恩泽”。歙商江春竟被

①《续文献通考》卷一八。
②《清朝通典》卷八。
③《道光重续歙县会馆志·续录后集》。
④ 光绪《婺源县志》卷三三、卷三五。

加授布政使衔，荐至一品，并“以布衣上交天子”[①]。这表明徽商与封建政治势力的结合已达登峰造极的地步。

（四）从道光中叶至清末的近百年间，是徽州商帮的衰落与解体阶段。徽州商帮的衰落是从徽州盐商的失势开始的。道光十二年，清廷废除纲法，改行票法，徽商从此丧失了他们世袭的行盐专利权。而清政府迫于财政困难，又严追他们历年积欠的盐课，更使许多徽州盐商因之而破产。徽州盐商向来是徽州商帮的中坚力量，徽州盐商的失势使整个徽州商帮的势力大为削弱。太平天国革命期间，徽商的损失又极为惨重。当时长江中下游成了主要的战场，由于长江运道受阻，沿江贸易不能正常进行，致使“向之商贾今变而为穷民，向之小贩今变而为乞丐”[②]，在这些商贾小贩中有许多就是徽人。徽州向来是鲜遭战祸的地区，但这时却成了太平军同清兵激烈争夺的地带。许多徽州富商聚居的村落、城镇遭受战火的洗礼。曾国藩驻师祁门时，更“纵兵大掠，而全郡窖藏为之一空”[③]。徽州经此浩劫，“男丁百无一二，有妇女、随人，不计一钱而任人选择者”[④]，徽商受祸之惨可见一斑。西方列强的侵略给予徽商的打击尤为沉重。由于洋纱、洋布、洋颜料以及南洋木材的进口日增，使徽州布商、木商的生意大受影响。钱庄、银行业的兴起又使徽州典商丧失了在金融业中原有地位。于是徽商所赖以支撑残局者只有茶商和丝绸商两个主要行业。五口通商后，丝、茶的外销量大增，成为主要的出口商品。徽商在经营徽茶、湖丝的贸易中向有坚实基础，而当时的上海已取代了广州，成为丝茶外销的主要港口，给徽商就近经营提供了方便，因此徽州茶商和丝商的生意一度兴旺起来。然而为时不久，由于捐厘课税的不断增加，削弱了我国茶叶和生丝在国际市场上的竞争力。洋商又乘机操纵市场，压价收货，致使华商“连年折阅”，形成“十商九困”的局面[⑤]。光绪中叶，徽州茶商和丝商都已亏本折利而难以支撑了。为了适应

① 民国《歙县志》卷九。
② 《新增经世文续编》卷四三。
③ 《五石脂》。
④ 《清稗类钞》第十五册，《婚姻类》。
⑤ 《曾文襄公奏议》卷二五。

经济形势的变化，有些徽商毅然改变传统的经营方式，走上了兴办实业的道路。他们在制茶、缫丝、棉纺、瓷土开采、制瓷等业中都作过一些尝试。但在帝国主义和封建势力的压迫下，他们的努力收效甚微，并未能使徽商摆脱困境。当徽商日趋衰落的时候，我国商人组合的形式也在逐渐变化。道光以后，按行业组成的商人公所日渐增多。清末民初，商人公所又进而演化为同业公会，并在这个基础上组成了商会。同行关系日益淡化着同乡关系，于是以乡族关系为纽带而结成的徽州商帮逐渐趋于解体。此后，徽人之经商者虽在各行各业中犹不乏人，然而徽州商帮则成了历史上的名词，其兴衰演变之迹遂成为史家们详加研究的课题。

纵观徽州商帮的历史，不难发现，其兴起、发展、衰落的轨迹恰与明清两朝的政治经济形势的演变相一致。徽州商帮是我国封建社会晚期商品经济发展到一定阶段上的产物。它的发展曾对当时商品经济的发展和市场的繁荣发挥过积极作用。然而它毕竟是以封建的乡族关系为纽带而结成的商人群体，其资本又主要是在流通领域中凭藉封建政治权力积累起来的，因而它始终只是封建政治势力的附庸而没有走上独立发展的道路，其势力的消长也不得不受到政治形势的极大影响。当我国社会性质发生根本变化时，它也不可避免地随着封建制度的衰落而趋于解体。

（原文载《中国史研究》1995年第3期）

徽州商人的小本起家

在考察徽州商业资本形成的问题上，有的学者强调徽州佃仆制度与商业资本的联系，认为榨取佃仆的剩余劳动是徽州商业资本的一个重要来源。在他们看来，徽州商人当其经商之初，似乎已经是手握巨资的富商大贾了。他们之所以形成这种看法不是没有原因的。徽州向有“阀阅之家，不惮为贾”之说。徽州大贾出自缙绅之门者并不罕见。这种商人当然可以把他们的封建剥削收入转化为商业资本，并在商业活动中使用佃仆劳动。这种情况对于徽商资本的形成与发展自然会起到某种程度的作用。然而对于这种作用似不宜估计过高。如果把徽商资本形成与发展的主要因素归结于此，那就未必符合实际了。据我们的考察，徽商中出自地主缙绅之门者只是少数人，而出身于贫下之家者则占绝大多数。后者都是迫于生计而不得不出外经商的小商小贩，他们虽然资本无多，但却能以小本起家，在商业活动中逐渐发财致富。徽州的豪商巨贾往往出自他们之中。就这些商人而论，他们资本的来源和积累都是同剥削佃仆的制度没有关系的。

据记载，明朝中叶徽州的休、歙、祁门等县已是“服田者十三，贾十七”，“十三本业，十七化居”了①。这些记载虽不免有所夸张，但当时徽人经商者已占当地人口很大一部分则是事实。在这样多的经商人口中出自地主缙绅之家者显然只能占少数。金声说：“歙、休两邑，民皆无田，而贾遍天下。”②顾炎武也说：徽人“中家而下，皆无田业，徽人多

① 万历《祁门志》卷四；《太函集》卷五二。

②《金太史集》卷四。

商贾，盖其势然也”[①]。足见徽商中的大多数人都是出自“无田业”的贫下之家，他们在其经商之前并无佃仆可供剥削，当其经商之后亦无佃仆可供役使，他们都是从小本生意做起的商人。清人洪玉图在其《歙问》中写道：

> 歙山多而田少，况其地瘠，其土骍刚，其产薄，其种不宜稷粱，是以其粟不支而转输于他郡，则是无常业而多商贾，亦其势然也。矧近者比岁不登，鲜不益窘矣。兵燹之余，日不能给矣，而又重之以徭役，愈不能安矣，又安能不以货殖为恒产乎？是商以求富厚，非实富厚也。

他的话可以说是如实地道出了徽人经商的缘由：就大多数徽人而言，他们是借经商以求富，并非恃其富有而经商的。徽人之所以汲汲于求富，说到底就是因为他们太穷了。徽州山多田少，耕地瘠薄，粮食不足自给，人民的生活本来就很困难，加之赋役繁重，社会动乱，灾荒迭作，又无不加深徽人的灾难。而明中叶以来，徽州邻近地区如苏浙等处商品经济的发展，又恰恰为徽人开辟了一条经商谋生之路，于是徽人遂相率“以货殖为恒产”，而辗转谋食于四方了。万历《歙志》称：“谚语以贾为生意，不贾则无望，奈何不亟亟也。以贾为生，则何必子皮其人而后为贾哉！人人皆欲有生，人人不可无贾矣。”[②]在徽州，经商已成为人们谋生的重要手段，几乎人人都要参与其事，并非只有富若子皮的地主老财们才热衷于此道。这确是当时的实在情形。

徽商中的大多数人虽然出身寒微，在其经商之初只能从小本生意做起，但他们却有一套赚钱的本领和艰苦创业的精神，其中许多人都能在商品经济日趋发展的条件下，把生意越做越活，使资本越积越多，终于挤进富商大贾的行列。这批商人，人数众多，经营范围极广，是徽州商帮中最活跃的力量，如果没有他们的发财致富，那么，徽州商帮的兴旺

---

①《天下郡国利病书·江南二十》。

② 万历《歙志·货殖》。

是不可能的。所以在考察徽商资本形成和发展的问题时，许多徽商以小本起家而发财致富的事实是不应该被忽略的。

明清时期，徽州商人以小本起家而发财致富的事迹史不绝书。明朝成化、弘治年间，歙人江才三岁丧父，家道中落，无以为生，十三岁时不得不与其兄“屠酤里中”，后来兄弟二人奔赴杭州，开了一个小铺子，零星出售盐米杂物。二人尽管省吃俭用，努力经营，但终因本小利薄，所获不足以奉亲。江才遂发奋远游，决心在商业上闯开一条致富之路。他奔走于青齐梁宋之间，贩运商品，牟取厚利，果然使资本越积越多。当他四十岁时，居然成了腰缠万贯的大贾了。江才发迹后，荣归故里，广置田园，大兴宅第，其季子江珍还考中了进士，跻身于官宦之林。江家遂由一个破落户一跃而为有钱有势的大财主①。明朝中叶，歙人吴荣让八岁丧父，家中只有薄田三四亩，祖父、祖母年事已高，唯母一人独任劳作，全家老幼食不果腹。官吏们又屡屡登门逼索赋税，更使他们难以支应。荣让自幼就为生计所迫，不得不上山砍柴，艰苦度日。16岁时，他便跟随亲友远赴松江经营小本生意，起初他的资本少得可怜，但经过数年的努力，终于赚得了一笔资金。荣让致富后，便在浙江桐庐县购置了大片荒山野地，招徕农民前往垦植，种植茶、漆、栌、栗等经济作物，获利甚厚。为时不久，荣让竟成为家产巨万的富翁，其宗族子弟前去投奔者不下数十人②。歙人阮弼虽是出身于殷实之家，但他的父亲以助人为乐，甚至不惜借贷钱物接济他人。天长日久，不但耗尽了家财，还背上了数百两银子的债务。阮弼幼时就塾读书，后因无力交纳学费，不得不改业学医，可是当地习医者比比皆是，而求医问病者反倒寥寥无几。眼看借行医以求温饱也是难以实现的梦想。在百般无奈的情况下，他被迫走上了经商谋生之路。阮弼在芜湖经营色布贸易。为时不久，他就从一个小牙侩发展成作坊主。他的产品销路甚广。一时间，许多通都大邑都出现了他所设立的分局。阮弼的生意越做越大，终于为芜湖商界的头面

① 歙县《溪南江氏族谱·处士终慕江翁行状》。

②《太函集》卷四七。

人物[1]。明人蔡羽在《辽阳海神传》中，曾描写徽人程宰经商致富的曲折经历：正德年间，程宰远赴辽阳经商，不幸生意失利，蚀尽了本钱，不得不受雇于人，在一家商号里充当掌计。后来他得到辽阳海神的启示，竟以十余两银子的佣值作本，在药材、棉布、彩缎等商品的贸易中，屡屡获利。仅仅四五年的时间，他就赚得白银数万两。清代小说《儒林外史》中还有一段奴仆经商致富的故事：徽商万雪斋原是徽州盐商程明卿的家奴。他从小充当明卿的书童，十八九岁时，被程家用作"小司客"，专替主子到衙门中去跑腿学舌，办理些锁碎事务。雪斋利用当小司客之便，每年都攒了几两银子作本钱，先带小货，后弄窝子，几年工夫就赚得四五万两银子。他用这笔钱，从主子家赎回了卖身契，买了房子，自己行盐，成了独立经营的盐商。后来，他竟发展为拥资十数万的大贾，还娶了个翰林的女儿为媳[2]。程宰和万雪斋的故事虽是出自小说家的手笔，但都是现实生活的真实反映，它表明当时社会上类似的现象并不是罕见的。从上列数例中可以看出，徽州的富商大贾往往出自贫下之家，他们或来自农民，或来自雇员，或出身于为人役使的奴仆，或出身于家境清寒仕途无望的士子。他们都是以小本起家，逐渐发展而为大贾的。此外在徽州的下层人物中，如佣工、缝工、船夫、打柴的、放牛的乃至乞丐等等也往往有经商而致富的。为了节省篇幅，这里姑且列表以示其例。

姓名	籍贯	经商前境遇	致富后简况	资料来源
江应萃	婺源	家贫往浮梁为佣	积累资金自开瓷窑	光绪《婺源县志》卷二八
李士葆	婺源	家贫佣工芜湖	贷本经商，家道隆起，捐银千两建造会馆	光绪《婺源县志》卷三四
王学炜	婺源	少贫为人佣工	业木于泰州致富，捐资修桥筑路赈灾"不惜巨资"	光绪《婺源县志》卷三四
程鸣岐	婺源	幼时极贫，佣趁木簰	贷资贩木，渐致饶裕捐银兴义举，动以千百两计	光绪《婺源县志》卷三五
汪光球	婺源	初家贫，习缝工	业木苏州，积资二万两	光绪《婺源县志》卷三五

①《太函集》卷三五。
②《儒林外史》第二三回。

续 表

姓名	籍贯	经商前境遇	致富后简况	资料来源
倪尚荣	祁门	家贫，采薪以奉亲，嗣习操舟业	贾于鄱湖阊水间，家道日隆。后以五品衔授奉直大夫	《祁门倪氏族谱》续卷
佚名	休宁	家贫，行乞度日	得同邑人资助经商致富，累资二千余金	康熙《徽州府志》卷一五
章定春	绩溪	幼极贫为人食牛	贾于孝丰，致富，捐资赈灾修路所费甚多	绩溪《西关章氏族谱》卷二四

上表所列的人物都是出身于社会的下层，他们在其经商以前几乎一无所有，而当其经商之后却能日趋富有。他们的财力虽未必已经达到了“上贾”的水平，但通往“上贾”之路毕竟已被他们闯开了。

徽人经商首重盐业。盐商获利甚厚，而所需的资本亦多，“非巨商贾不能任”[①]。所以徽商之富莫过于盐商。然而稍加考察便不难发现，徽州的大盐商也往往并非出自地主缙绅之门，而以小本起家的商人居多。明朝成化、嘉靖年间，歙人黄豹“少遭家啬”，后来出贾湖广，“堇堇物之所有，贸迁而数致困”。坎坷的经历使他认识到，如果久居荆襄经营小本生意，终难摆脱贫困的命运。遂毅然奔赴扬州，经营盐业。果然“一年给，二年足，三年大穰，为大贾”。后来，他的儿子黄锜继为盐商，每为众商推举，向官府呈述建议，多被采纳。看来黄锜已是两淮盐商中的头面人物了[②]。嘉靖年间，婺源人李大鸿，三岁而孤，家资丧尽，“族牟尽藐焉无依，如线之脉几危矣”。大鸿成年后，商于金陵，为下贾。但他不以贫困而气馁，“即囊橐不充，志存远大”。在他三十岁时竟能“业抗中贾”了。大鸿发财后，投资盐业，并在当涂开设两个当铺，“贾人咸西面事之为祭酒”，成为声势显赫的大盐商[③]。清代大盐商鲍志道虽是名门大族之后，但志道幼时家道中落，穷到“无以为生”的地步。他十一岁就为生计所迫，远赴鄱阳学习会计。后来辗转于金华、扬州以及湖广各地，未能找到出路。二十岁时，再赴扬州辅佐吴太守经营盐业，太守因以成富，而他自己也积累了业盐的经验。此后他遂“自居积，操奇赢，所进

①《松江梦语》卷之四。

② 歙县《竦塘黄氏宗谱》卷五。

③ 婺源《三田李氏统宗谱·恩授王府审理正碧泉李公行状》。

常过所期。久之大饶，遂自占商籍于淮南，不复佐人”。志道发迹后，以资重引多，办事干练，被推为两淮总商。他在任二十余年，名重江南。长子漱芳继为总商，深得朝廷信任，次子勋茂应召试，取列一等，授内阁中书，历官至通政使①。歙人鲍尚志的曾祖曾为盐商，家称素封，其后日渐败落，即至尚志出生时，则其家“窘甚矣”不得不靠祖母、母亲为人缝补衣裳维持生活，家中经常是两天才做一顿饭，其窘困的程度非同一般。尚志刚满12岁便在兰溪一家当铺内当学徒，起早睡晚，受尽折磨。店主每逢初一、十五才供徒工们一餐肉食。尚志得肉，必和以盐酱，封贮罐内，以便托人带回家中，孝敬祖母。尚志成人后，在会稽为一家盐商料理盐务，前后达十余年之久，依然穷困潦倒，两手空空。后来，他向亲友贷银二百两，以贱价押了东江盐场的倪茂芝盐灶，精心管理，颇获厚利，从此便开始了他的业盐生涯。其后，他的儿子直润继其业，一面经营盐灶，一面认江山口岸为引地，把盐的生产与运销结合起来，遂使利润大增，“拓业数倍”，成为大盐商。道光末年，直润以助饷有功，议叙盐课提举司提举衔，例授奉直大夫②。歙人闵世章少孤贫，九岁辍学。长大后发奋自学，粗通文史。一日读《史记·蔡泽传》，对蔡泽赤手而取富贵的事迹赞叹不绝，遂立志法其所为。世章只身奔赴扬州，为一家盐商管理账目。数年之间，他摸清了盐业的行情，于是自筹资金，独立行盐。后来他终于成为“累资巨万”的大盐商③。顾炎武说：徽州“大贾（资本）辄数十万，则有副手，而助耳目者数人……他日计子母息，大羡，副者始分身而自为贾”④。鲍志道、鲍尚志、闵世章等人大概就是从这种副手发展起来的。从上述数例中不难看出，经营盐业固然需要雄厚的财力，但也并非是出身清寒的人所不能问津的。许多小本起家的人，先从经营其他商品下手，逐渐积累资本，然后投资盐业，照样可以成为大盐商。还有一些大盐商的副手，尽管身无分文，但也可从大盐商手里分得红利，然后独立经营，发展成为大盐商。

---

① 歙县《棠樾鲍氏宣忠堂支谱》卷二一。

②《鲍氏诵先录》第5册；歙县《新馆鲍氏著存堂宗谱》卷二。

③《歙事闲谭》第28册。

④《肇域志·江南十一·徽州府》。

日本学者藤井宏把徽州商人商业资本形成的方法归纳为七个类型，即所谓共同资本、委托资本、婚姻资本、援助资本、遗产资本、官僚资本和劳动资本。并指出：劳动资本就是“依靠自己劳动，渐次积累的资本，这是商业资本最原始形态之一。上面所列举的七种资本，如追溯其渊源，其根源于劳动资本者居多。特别是共同资本在其合资前的各个零细资本，其属于劳动资本的情形，是相当的多”[①]。就是说，徽州商业资本的来源虽有多种渠道，但归根结底无非是来自个人劳动积累和封建剥削收入这样两个方面。在遗产资本、官僚资本以及其他类型的资本中，尽管有一部分可以追溯到地租和赋税，但它们毕竟不是徽商资本的主要来源。徽商资本主要还是来自个人劳动的积累。藤井宏先生的判断无疑是正确的。因为它如实地反映了一个事实：徽商中的绝大多数人都是出身于社会的下层。他们在其经商以前，并没有剥削收入可资凭藉，故其经商之初只能靠自己劳动积累起来的少量资金充作本钱。他们之所以能够发财致富，主要是因为他们善于在商业活动中牟利，而不是因为他们在经商之初就已经拥有财力上的优势。胡适曾说：“一般徽州商人多半是以小生意起家；刻苦耐劳，累积点基金，逐渐努力发展。有的就变成富商大贾了”[②]。胡适是徽州茶商的后裔，对其家乡人的商业活动当然了如指掌。胡适与藤井宏二先生之言同我们对这个问题的考察结果是完全一致的。

在我国封建社会里，“贫富无定势，田宅无定主”，人们的社会地位本来就是起落无常的。明清时期，由于商品经济的发展致使这种升降浮沉的变化更为剧烈，而在从商风习盛行的徽州这种情况显得尤为突出。万历《歙志》称，歙县自正德末嘉靖初风气大变：“出贾既多，土田不重，操资交捷，起落不常。能者方成，拙者乃毁。东家已富，西家自贫。高下失均，锱铢共竞。互相凌夺，各自张皇”[③]。嘉靖以后，则这种形势愈演愈烈。就是说，由于经商风习之盛，使徽州社会里贫者与富者的地

①《新安商人的研究》，见《徽商研究论文集》，安徽人民出版社1985年版。

②《胡适口述自传》，华文出版社1989年版。

③ 万历《歙志·风土》。

位都处于极不稳定的状态之中。贫者因经商获利而致富，富者因生意蚀本而败落的现象已是司空见惯的了。当时决定一个人或一个家庭兴衰成败的主要因素并不在于其原有家底的厚薄，而在于他本人是个“能者”还是“拙者”。在这里能者与拙者的差别主要在于是否善于经商。可见从商风习之盛对于徽州社会的影响是巨大的。然而这种影响并不能改变徽州社会的性质。因为徽州的富商大贾们虽然往往出自贫下之家，但当他们发财之后，并没有成为新的社会力量，他们总是热衷于买田置地，猎取爵衔，挤进官僚地主的队伍中去，从而为地主阶级补充了新的力量。马克思说：“一个统治阶级越是能把被统治阶级中的优秀分子吸收进来，它的统治就越是巩固，越是险恶。”[①]明清时期，在从商风习盛行的徽州，中世纪的古旧状态反而显得更为牢固。其所以如此，不能不说是与上述情况相联系的。

（原文载《首届国际徽学学术讨论会文集》，黄山书社1996年版）

①《资本论》第3卷，人民出版社1966年版，第704页。

论徽州商人的义利观

贾而好儒是明清时代徽商的一大特色，而崇尚儒家的义利观，则是这一特色的主要表现。徽商的经营思想及其商业道德，无不受到儒家义利观的支配，儒家的义利观对于徽州商人的发展曾起到正反两方面的影响。为探明徽商发展与演变的规律，有必要注意对徽商义利观的研究。

一

徽州商人崇尚儒家的义利观不是偶然的，而是由当时徽州商人的主客观条件决定的。所谓主观条件，就是指徽州商人的文化心理特质，所谓客观条件，就是指明清时代商品经济发展的客观需要。

徽州是朱熹的故乡，号称“东南邹鲁”。自朱熹以后，这里出现了许多著名的理学家、汉学家和达官显宦，可谓是名贤辈出之区。在这些儒学大师、官僚士大夫的倡导下，徽州的文教事业十分发达，成为“户诵家弦”“儒风独茂”的地区。在这种文化氛围的熏陶下，儒家的义利观，自然在徽州商人的脑海中打下了深深的印记。尤其值得注意的是徽州商人中有许多人本来就是读书人，他们或因家境清寒，或因科场失意，不得不弃儒服贾。这些人自幼饱读经史，对于儒家先义后利之说自然领悟更深。他们一心想走读书做官的道路，但客观条件使他们无法走下去，既已服贾经商，却不甘心与“贾竖为伍”，久而久之便产生了一种特殊的心理状态。他们认为“贾名而儒行”者谓之“儒贾”，“以儒饰贾者”谓之“贾儒”，“于其为贾儒，宁为儒贾”[①]。就是说，在他们的心目中，儒

①《太函集》卷六一、卷五二。

贾之分已不仅仅是职业的划分，而且还是道德品质的划分。后一种划分着眼于人的本质，所以显得更为重要。凡能以儒家的道德为立身行事之本者，职虽为贾，犹不失其儒者本色。这种人理应誉之为儒贾，而受到人们尊重。凡背离儒家道德行事者，即便谈经论史、舞文弄墨，也不过是一个用儒者外壳包装起来的市侩，这种人理应被斥为贾儒，而为人们所不齿。

这种儒贾与贾儒之说，虽不见于经传，但却与圣贤心法有其相通之处。孔夫子就曾教诲子夏说："汝为君子儒，无为小人儒"。既然儒中可以有君子小人之分，那么贾中为何不可有儒贾与奸商之别呢?

明末徽人汪献芝说："士商异术而同志，以雍行之艺，而崇士君子之行，又奚必缝章而后为士也!"[①]汪尚宁也说："业儒服贾，各随其矩，而事道亦相为通。人之自律其身，亦何限于业哉!"[②]他们的这些议论，都比较集中地道出了当时徽州商人的心态：人生在世，或经商、或业儒，虽然因其条件不同而异，不可强求，但恪守儒家的道德准则，却是不可动摇的，否则就成了自绝于名教的败类。许多徽州商人，在这种心理状态的支配下，虽置身于货利之场，却念念不忘恪守儒家的道德，力求跻身于儒贾之林。戴震曾说：徽州人"虽为贾者咸近士风"[③]，讲的就是这种现象。

徽商之所以崇尚儒家义利观，还是与当时商品经济发展的要求相适应的。明清时代由于社会分工的扩大，商品经济的发展，广大农民小生产者与市场的联系日趋密切，在市场上能否建立起公平交易的秩序，已经成为关系到千家万户生产与生活的大事。然而在前资本主义时代，商业资本到处都代表着一种"劫夺的制度"，"侵占和欺诈"的行为在市场上是司空见惯的。在商业资本盘剥之下，广大农民小生产者受害极深，他们无不痛心疾首地诅咒奸商。于是"无商不奸"之类的叫骂声响彻云霄。然而这一片叫骂之声却表明一个事实：讲求商业道德，建立公平交

①《汪氏统宗谱》卷一六八。
②《汪氏统宗谱》卷一一六。
③《戴震集》卷一二。

易的市场秩序，已经成为时代的迫切要求了。在这种形势下，徽州商人高举起先义后利、义中取利的旗帜，走进市场，自然能够博得广大生产者与消费者的欢迎，使他们在生意场中左右逢源，处处受益。徽州商人在尝到甜头之后，当然更加起劲地鼓吹“先义后利”的信条，于是崇尚儒家的义利观遂在徽州商人中成为一种经久不衰的风尚。

二

儒家学说认为，义者行之宜也。凡事都遵照儒家道德规范去做，而不计其利害得失，就算坚持了先义后利的原则。徽商鼓吹先义后利的义利观，固然有其虚伪性、欺骗性的一面，但也有其实实在在的身体力行的一面。就大多数徽商来说，后者还是主要的一面。这表现在他们经商的目的、经商的手段以及商业利润的用途上都贯彻着一个义字，就是说义字贯穿了徽人经商的各个环节。

徽人认为他们经商是为了义，而不是为了利，这是他们崇尚儒家义利观的第一个表现。万历《歙志》说，徽州山多田少，人口日增，粮食不足自给，故徽人不得不四出经商，藉以谋生。“谚语以贾为生意……人人皆欲有生，人人不可无贾矣”[①]。就是说，经商固然要图利，但图利只是一种手段，不是终极目的，最终目的是为了求生。所以把经商称为“做生意”。明末徽人金声也说：徽人为贾是为了“求食于四方”，“非贩而求利也”[②]。足见在徽人心目中，谋生与求利是有所区别的。“生意”一词不论是否由徽人所创，但它早已在徽人中广为流传了。这个词所带有的浓厚的理学气味是值得注意的。《易经》上说：“天地之大德曰生”[③]。所以后世儒家多以生释仁。程颢说：万物之生意最可观……斯所谓仁也”[④]。朱熹也说：“仁者，天地生物之心。”[⑤]可见抱着谋生之意而

① 万历《歙志·货殖》。
② 康熙《徽州府志》卷八。
③《周易·系辞下》。
④《河南程氏遗书》卷一一。
⑤《朱子大全·文集》卷四〇。

外出经商，这本身就是出自仁心的行为，自然也就合乎义了。

孔夫子说：“孝悌也者，其为仁之本欤”。在这个思想的支配下，徽州商人的所谓谋生，当然不仅仅是谋求个人的生存，而是为了满足其家庭及整个宗族群体的生活需要。故徽人经商的目的总是把赡养父母置于首位。明末徽人江潘，幼从其父在家乡做小生意，本小利薄，不足供养年事已高的祖母。他遂与父商量道：“大人幸无恙，儿何不东走吴，西走越，北走淮泗，取四方甘毳佐大人一日养，而坐令自苦为”。于是外出经商，按时送钱回家孝敬祖母与父母。后来他发财致富成了大贾，忽又想到“古人不以三公易一日养”，与其逐利于四方，不如回家侍奉先人。于是放弃外地的大生意不做，回到家乡开个小店[①]。他的经商活动完全围绕着一个孝字。这种出自孝心而服贾的行为当然是合乎义了。徽人服贾以养亲的现象极为普遍，如“服贾以奉父母”，“负贩孝养”，“服贾牵车，用孝养厥父母”，“吾所以远服贾者，为养母也”，诸如此类的记载不胜枚举。

徽州商人既把儒家的孝悌之道奉为信条，所以在赡养父母之外又把扶养兄弟子侄视为经商的目的之一，徽商中有许多人，与其昆弟子侄共居一堂，而由自己独力承担生活费用，维持着大家庭的生活。有些人则经商获利之后与其兄弟均分共享，毫无所私。还有一些人宁愿自己节衣缩食，奔波劳碌，把经商赚来的钱，用于聘请名师教育诸弟，使他们悠闲自在地读书求学。清代大学者俞正燮出身于黟县的一个商人家庭。他与三弟正禧都是埋头于书本不问家事的人，一家生活全靠二弟正馥一人独立支撑。正馥为贾于江西，“拮据经营，上事老母，下植弟侄，举家若忘其贫”[②]。正燮长年在外以教学为生，也经常得到正馥的接济。徽商中这类事例是很多的。

在儒家思想的支配下，徽人的宗族观念极重。因此泽及九族，加惠乡里，被他们视为人所应尽的天职。徽人外出经商自然也带有这一宗旨。明末人金声说：徽州商人大多“挈其亲戚知交而与共事。以故一家得业，

① 歙县《溪南江氏族谱·明故处士前塘江公行状》。
② 同治《黟县三志》卷六下。

不独一家食焉而已，其大者能活千家百家，下亦至数十家数家”[①]。清代绩溪商人章策临终时犹念念不忘加惠族人乡里。他嘱咐其子说：“吾有遗恨二，吾族贫且众，欲仿古立义田、置义塾为经久计。吾乡多溺女，欲广为倡捐，俾生女者得给费以变其俗。汝无忘父志”[②]。在徽州商人中像章策这样的人是屡见不鲜的。

在商业活动中注重商业道德，主张义中取利，这是徽商崇尚儒家义利观的第二个表现。“财自道生，利缘义取”的格言已经成为许多徽州商人的共同的信条。他们认为，商人“职虽为利，非义不可取也”[③]。因此，在他们的经营活动中，十分讲求货真价实，童叟无欺，奉公守法，坚守信用，互惠互利，拾金不昧等美德，反对投机取巧，坑蒙拐骗等不义的行为。清道光年间，婺源人朱文炽贩茶入粤。因茶叶过了期限，便在交易茶叶的文约上特意注明陈茶二字。宁愿亏折数万两本银，也不用伪劣商品欺骗顾客[④]。清休宁商人吴鹏翔在汉口买了八百斛胡椒。后来验明这批胡椒有毒，原主唯恐奸情败露，央求退货还钱，鹏翔为防止原主将有毒胡椒转卖别人，竟将这批胡椒全数买下，尽行销毁。宁愿蒙受巨大损失，也不使消费者受害[⑤]。明祁门人马禄，经商至常州，住于客店，为友人保管白银400两。不幸银子被窃。马禄对此事秘而不宣。暗自变卖自己的全部货物，凑足银子交还原主。后来窃案被侦破。友人深为马禄坚守信用的精神所感动[⑥]。清婺源人詹谷在崇明岛受人委托，经营商业，业主年老返回徽州养病，不久病死。当时正值太平天国革命期间，江南战火四起，崇明与内地交通中断近十年之久。詹谷不避艰险，努力经营，使商店不断扩大。原主的儿子长大后，来到崇明，詹谷遂将店业如数交给少东家，自己分文不沾。詹谷这种一诺千金的道德风范，深受人们的称道[⑦]。上述事例无不表明许多徽州商人都把信义看得比金钱更为重要。

---

①《金太史集》卷四。
② 绩溪《西关章氏族谱》卷二六。
③《汪氏统宗谱》卷三。
④ 光绪《婺源县志》卷三三。
⑤ 嘉庆《休宁县志》卷一五。
⑥ 康熙《徽州府志》卷一五。
⑦ 光绪《婺源县志》卷三五。

值得注意的是，当时徽州商人对于先义后利的原则已有相当深的认识。明末大盐商黄鉴在扬州行盐，对那些投机取巧的商人深为不满。他说："此辈卑卑取富，益目前耳。大贾顾若是耶！当种德也。德者，人物之谓也"[①]。就是说，占小便宜，图眼前利，只是一种小市侩的做法，是不足取的。善于经商的人，不应见物不见人，只有恩德在人，才能取得人们的信任与支持，使自己的生意越做越兴旺。清代徽州大盐商鲍直润，与人交易从来不争小利，人多不解其意。他说："利者人所同欲，必使彼无利可图，虽招之不来矣，缓急无所恃，所失滋多，非善贾之道也"[②]。他的说法，还是看重人的因素，认识到只有讲求互惠互利原则，才能获得丰厚的回报。清代歙商吴炳告诫其子弟说："我祖宗七世温饱，惟食此心田之报"，并以十二字留给子孙："存好心，行好事，说好话，亲好人"。又说他自己活到老学到老，犹深感"厚之一字，一生学不尽，亦做不尽也"[③]。他们的这些议论，表明当时的徽商已经认识到，商业道德有其实际的利益基础。即讲求商业道德不但于人有利而且于己有利。只有讲求商业道德，提高商业信誉，才能取得人们的信任与支持，从而取得丰厚的回报。关于讲求商业道德必得厚报的现象，早已被人们察觉到了。《史记·货殖列传》称："廉贾归富……贪贾三之，廉贾五之"。但这里讲得很抽象，没有说明其原因。刘宋时裴骃说："贪贾未当卖而卖，未当买而买，故得利少，而十得三。廉贾贵而卖，贱乃买，故十得五"[④]。这种说法难以令人信服。为什么贪贾偏偏不能买贱卖贵呢？等到商品经济比较发达的明清之际，人们对此才有了进一步的认识。明末思想家顾炎武说：贪贾"放于利而行多怨"，故得利少；廉贾"义然后取，人不厌其取，是以取之虽少，而久久更富"[⑤]，顾氏之说是合乎实际的。他认识到在交换过程中，商品与货币关系的背后是人与人的关系，只有讲求商业道德，处理好这种关系，才能使生意越做越活，带来更大的利益。前述

① 歙县《竦塘黄氏宗谱》卷五。
② 歙县《新馆鲍氏著存堂宗谱》卷二。
③《丰南志》第5册。
④《史记·货殖列传》，裴骃集解。
⑤ 顾炎武：《日知录》卷二七。

徽州商人的几段言论，表明他们的看法是与顾氏完全一致的。

坚持因义而用财是徽商崇尚儒家义利观的第三个表现。徽商获取利润之后，往往不惜巨资用于义举。如赈灾济贫、兴修水利、修筑道路、捐资助饷、兴建书院祠堂、设置祠田、义田等。这些做法，或有利于国家，或造福于地方，或加惠于宗族乡里，无一不合乎儒家道德的要求，故统称之为“义举”。徽商之所以能够坚持“因义而用财”并成为经久不衰的风尚，主要是因为他们对此有一个比较深刻的认识。明歙人许尚质，自幼家贫，服贾养亲，远赴四川云南各地经商，历尽千难万险终成巨富。他仗义疏财不惜巨资，而自奉俭朴。戒其子曰：“夫人所为欲富厚者，谓礼义由之生，且有以用之也。既不能用，则雇反为财用耳”[①]。就是说，人要善于支配财富，而不被财富所支配。将财富用于礼义即是善于用财，故因义而用财不当吝啬。清徽州盐商鲍士臣说：“傥来之物，侈用之是谓暴天，吝用之亦为违天，惟其当而矣”[②]。如何才能“惟其当”？答曰：“用于义，故其生平义举甚多”。清代徽商章策也说：“造物之厚人也，使贵者治贱、贤者教愚、富者赡贫，不然则私其所厚而自绝于天，天必夺之”[③]。他们都认为因义用财，造福众生，是天经地义的事。但为何要这样做？他们还是归结为天意，带有神秘主义的色彩。清道光年间，徽商舒遵刚对这个问题有了进一步的认识。他完全摆脱了神秘主义的影响，从人的社会关系出发，论证了因义用财的必要性。他说：“生财有大道，以义为利，不以利为利。……不知财之大小，视乎生财之大小也。”即愈是因义而用财，愈能带来更多的财富。他又说：“钱，泉也。如流泉然。有源斯有流。今之以狡诈求生财者，自塞其源也。今之吝惜而不肯用财者，与夫奢侈而滥于用财者，皆自竭其流也。人但知奢侈者之过，而不知吝惜者之为过，皆不明于源流之说也。圣人言，以义为利，又言见义不为无勇。则因义而用财，岂徒不竭其流而已，抑且有以裕其源，即所谓之大道也。”[④]就是说因义而用财，能使商人树立良好形象，有利于开

① 歙县《许氏世谱·朴翁传》。
② 歙县《棠樾鲍氏宣忠堂支谱》卷二一。
③ 绩溪《西关章氏族谱》卷二六。
④《黟县三志》卷一五。

辟更大的财源。奢侈浪费固然损失了有形的财富；但吝于用财，见义而不为，坐失开辟财源的大好机会，所损失的则是无形的财富。后者之危害同样是不可低估的。

从上述三个方面考察，可以说徽商崇尚儒家的义利观，是毋庸置疑的事实了。

三

道德观念是人类社会关系的一种反映，而这种道德观念一旦形成，又必然会对社会产生一定的反作用。那么儒家的义利观对徽商的发展究竟产生了怎样的作用呢？我们认为这种作用既有其积极的一面，也有其消极的一面。儒家的义利观，是一种封建的道德观念，它对于封建性的徽州商帮的发展，确曾起到明显的积极作用；然而对于徽州商人向近代商人演变，则起着极大阻碍作用。

儒家义利观对徽商发展的积极作用，首先表现在它提高了徽商的信誉，使他们在竞争中取得有利地位。许多徽人"好行其义，不持利权，数年，赀益起"，"不罔利业益振"，"临财廉，取予义"，为时不久便"致数万金""诚笃不欺，利反三倍"，这类事例比比皆是。徽商吴南坡抱定一个道德准则，"人宁贸诈，吾宁贸信"，他在交易中坚持货真价实，童叟无欺原则，久而久之取得顾客信任，在市场上人们看到他的货便争相购买，不必担心受骗上当，为时不久，南坡终成大贾[①]。清歙人鲍士臣，自幼家贫，在一家旅店打工，因拾金不昧，而名声大著，人多贷给资本，薄取利息，士臣遂以贾起家[②]。明末徽人汪通保在上海开当铺。为了方便顾客，他的当铺四面开门，接待顾客。规定店员们：贷出的银子要成色好，重量足，收回银子时不得多取，不得借口超过了期限多取利钱。他的做法赢得顾客欢迎，远处顾客，舍近趋远争来当物，"归之如流"。汪

①《古歙岩镇镇东磡头吴氏族谱·吴南坡公行状》。

② 歙县《棠樾鲍氏宣忠堂支谱》卷二一。

氏遂成巨富[①]。清婺源茶商俞镇璋，贩茶入广州，经常通过一家茶行卖茶给洋商。后来该茶行欠洋商债务过多，其他茶商恐受连累，另投别行售茶。俞镇璋不愿背弃故交，仍投该行售茶。恰逢洋商更换了总商事，新任的总商事与该茶行主人交情颇深，令洋人不得催债，并优先从该行购茶。其他茶商探得该茶行时来运转的消息，纷纷争来投行。茶行主人对这些见风使舵的人，十分鄙视，唯独尊重俞镇璋，处处给予方便。镇璋很快便成了巨贾[②]。

其次儒家义利观，巩固了徽州商帮内部的团结，有利于徽州商帮的发展。徽州商帮是一个以血缘地缘关系为纽带结合起来的商人群体。在商帮内部大商扶植小商，小商支持大商，互相维系谋求共同发展。大商对小商或贷给资本而薄取利息，或指点经商之道为小商提供获利的机会。小商对大商或通报信息，或为大商制造声誉。他们之间全靠一个义字联合起来，形成帮派，在市场上巩固自己的地位。明代徽人王子承入蜀经商，“诸弟诸子从之游，分授刀布，左提右挈，咸愿与之代兴，各致千万有差，无德色。……诸下贾至自新都，总已而听子承如祭酒。市迟则代居以市，归急则代价以归”[③]。阮弼在芜湖经商，“诸宗族亲戚闾右交游至者，辄推赤心而纳之交。业儒，则佐之儒；材可贾，则导之贾；能独立，则授资而薄其息；能从游，则授糈而冀其成。有过则规，有善则劝，有难则赴，有急则周，有违言则解纷，讼则为之平”[④]。徽人程某，在两广经商，“门下受计出子钱者恒数千人，君为相度土宜，趣物候，人人受计不爽也。数奇则宽之，以务究其材；饶羡则廉取之，而归其赢。以故人乐为程君用。而自程君为大贾，其族人无不沾濡者”[⑤]。上述事例无不说明，先义后利的原则，对于巩固徽州商帮具有重要意义。可以说徽州商帮结合的纽带，除了血缘地缘之外，还有个精神上的纽带，这个精神纽带就一个“义”字。

---

①《太函副墨》卷四。
② 光绪《婺源县志》卷三五。
③《太函集》卷一七。
④《太函集》卷三五。
⑤《弇州山人四部稿》卷六一。

第三，儒家的义利观促进了徽商与封建势力的结合。徽商借助贾而好儒的特色，攀附封建政治势力，这是人所共知的事实。但徽州商人在文化上不如官僚士大夫。固然在他们之中，也有不少人吟诗作赋，附庸风雅，然而他们这一手，毕竟比官僚士大夫略逊一筹，要想以诗赋取胜，博得士大夫的尊重是困难的。徽商之所以能够借助贾而好儒的特色，攀附封建政治势力，主要还是靠着他们崇尚儒家的义利观。他们手握巨资，财力雄厚，只要能在助赈、助饷等方面慷慨解囊，以佐公家之急，便可以博得急公好义的美名，成为人所崇敬的“儒贾”。徽州盐商与官僚士大夫交往最为密切，封建政治势力对他们的支持也最为得力。考察他们的事迹，便不难发现，在他们之中，几乎无一不是通过疏财仗义的行为，而博得封建统治者青睐的。徽州盐商是徽州商人的中坚力量，他们赢得封建政治势力的支持，得以把持两淮两浙的盐利，这对于徽州商帮的发展，具有特别重要的意义。

然而儒家的义利观毕竟是一种封建的道德观念。徽商之所以崇尚儒家的义利观，恰恰是徽州商帮的封建性质所决定的。儒家的义利观，只能促进徽商沿着封建商帮的轨迹发展，而不允许它越过雷池一步，这种道德观念对于徽州商人向近代商人转变是极为不利的。

首先，儒家的义利观不利于徽州商业资本的积累及其投向产业。徽商在儒家义利观的影响下，其经商的指导思想就是为了谋生而不是为了求利，这就限制了他们不断追求利润的精神。这种状态是与资本主义精神不相适应的。马克斯·韦伯说：资本主义精神就是“以合理而系统的方式追求利润的态度”，是“连续不断的追求利润的希望”①。以谋生为宗旨的徽商，恰恰缺乏这种精神，他们在经商获利后，往往在儒家道德观念的支配下，半途而废。

在儒家道德观念的影响下，徽商注重“孝悌”之道。当商业活动与这种道德观念发生冲突的时候，他们往往毫不犹豫地放弃商业利益，以遵循孝悌之道。前文所述的江潘就是为了遵循“父母在不远游”的古训，而由行商改为坐贾的。从商业经营的角度看，不能不说是一个大倒退。

① 马克斯·韦伯：《新教伦理与资本主义精神》，四川人民出版社1986年版，第38页。

明末徽人朱云沾与其兄在福建雇工开矿冶铁，因善于经营，铁冶发展很快。后来，其兄突然患病。云沾把孝悌之道看得比金钱更为重要，他说："钱易得耳，终不以此后兄归。"遂置铁冶于不顾，亲自护送哥哥回家养病。其兄病死之后，母亲又以忧劳成疾而辞世。云沾为治丧守孝忙了好几年。事后有人劝他恢复铁冶。他竟无动于衷，把残留的资金交给侄子做生意去了①。如果说朱云沾的铁冶已经采用了资本主义的经营方式，那么这件事恰恰是儒家义利观绞杀资本主义萌芽的一例。

徽州商人在儒家道德观念的支配下，把奉行遗产均分的制度视为美德，许多徽商经过数十年的努力，积累起数量可观的资本之后，便将其资产均分给诸子。还有些徽人在与兄弟分家之前，便外出经商，当其发财致富之后，将其产业与弟侄们均分之。他们这样做，使刚刚集中起来的商业资本重归于分散，并使之操于不谙经商的兄弟子侄之手，这对商业资本的积累是十分不利的。明末徽人程份与其父兄在浙经商。两位兄长不听父戒，分出资本，远赴福建经商。程份侍父留浙经商，因善于经营使资本迅速扩大。不久，二兄长亏本折利回到浙江，要求与程份"复合如故"。程份念及手足之情，力劝其父同意了二兄长的要求②。按照遗产均分制的原则，兄弟三人"复合"之后，如果发了财，自然还是要再行瓜分的。

汪道昆虽然说过，徽州风习"左儒而右贾"，但此语不过是极言当地从商风气之盛而已。其实，在徽州商人心灵深处，仍然把业儒看得比经商更为高贵。其所以如此，固然有很多原因，但与儒家道德观念的影响也是不无关系的。因为业儒就可以走上"学而优则仕"的道路，一旦科举得中，踏上仕途，不但可以报国家，安黎庶以尽忠，而且可以显亲扬名，光宗耀祖以尽孝。亦忠亦孝是儒家标榜的美德。业儒既是通向这个崇高境界的最佳途径，徽州商人对此又怎能不心向往之呢？所以许多徽人虽由于条件限制，不得不经商服贾，但总是念念不忘业儒的初衷，而把经商看作是暂时的权宜之计。其中，有的人身虽服贾"而心否计然之

①《太函集》卷一七。

②《太函集》卷四〇。

术”，有的人“隐于贾，而不沦于贾”，有的人认为“士不得已而贾，寄耳。”他们既然以三心二意的态度去经商，又怎能“连续不断的追求利润呢”？尤其是许多徽州商人，当其积有余资，使一家温饱有了保障以后，往往撤业而归，或自身“弃贾归儒”，或延名师督课子弟业儒，以了平生之愿，使本来很有发展前途的商业经营，转瞬之间化为乌有。这种现象不能不说是儒家义利观对徽商资本积累的又一个负面影响。

孔夫子说：“不患寡而患不均”，又说“均无贫”。因此平均主义思想在儒学中具有相当重要的地位。徽商在这种观念的支配下，多以“积而能散”为美德。明末有个自命为儒贾的徽商吴柯，曾“十致千金，随积随散”，他的事迹竟被传为佳话①。所谓积而能散，就是指把商业利润用于扶困济贫的义举。从人道主义出发看问题，这种义举当然是无可非议的。然而徽商为此消耗了大量的资金，影响了商业资本的积累，及其向产业资本转化的进程，这对于社会发展是不利的。在社会不能进步，生产不能发展的情况下，无论采取什么样的扶贫济困措施，也不可能使为数众多的穷苦人民，从根本上摆脱贫困。

另外，徽商为了标榜“急公好义”的美德而捐资助饷，为讲求“亲亲之谊”而修祠堂、置祠田，凡此等等，无不消耗了大量的资金，不但影响了商业资本的积累，而且加强了封建国家机器，巩固了封建宗族制度，其危害更是不可估量的。

总之，徽商商业利润的封建化，几乎无一不是与儒家的义利观相联系的。

其次，儒家的义利观使徽商始终处于封建政治势力的附庸地位，而不能演变为独立的政治力量。他们把忠君亲上的信条视为最高的道德标准，不敢稍存反封建的念头。当封建政治势力侵害了他们利益的时候，他们仅仅是敲几声登闻鼓，喊冤叫屈，指望皇帝开恩而已。在葛贤反孙隆的斗争中，苏州为数众多的徽商，绝少参与其事，只有一个徽商在葛贤出狱后，送给他一个女子，劝其纳妾，借以表示对葛贤的同情②。然而

①《丰南志》第5册。

②《明清苏州工商业碑刻资料》，江苏人民出版社1981年版，第383页。

当明末农民起义，太平天国革命爆发之后，徽商却坚决站在封建政治势力一边，凶相毕露地杀向起义队伍，他们的"忠义"之心表现得十分突出。

明清时期，徽州商人在政治上的表现同欧洲市民大不相同。在欧洲中世纪后期，作为资产阶级前身的市民，已逐渐形成一支独立的政治力量。他们在争取城市自治的问题上已经同封建势力展开了针锋相对的斗争。而徽州商人则始终是封建势力的维护者，这与徽商崇尚儒家义利观是分不开的。

当我国逐步进入近代社会以后，沿海一带的商人，如洞庭商人、宁绍商人、闽商、粤商等，都先后投资近代产业，参与近代金融业活动，逐渐向近代商人转变，而徽商则随着封建势力的衰落而衰落。造成这种现象的原因固然很多，但徽商背负着更为沉重的封建包袱则是其中的一个因素。儒家的义利观正是这个封建包袱的重要组成部分。

（原文载《安徽师大学报（哲学社会科学版）》1998年第4期）

徽商从业人员的组合方式

徽州商人，除小商小贩单凭个人及其家属之力从事商业活动之外，其经营规模较大者，一般都要使用大批人手为其从事商品的收购、管理、运输和销售。这些从业人员究竟是怎样组合起来的？他们的职责如何？身份地位如何？与业主的关系如何？对于这些问题的考察，应该是探讨徽商经营方式所不容忽视的一个方面。但有关资料对于这些问题的记载，每多语焉不详，令人难以深究。这里姑将有关资料汇集起来，结合个人的初步体会作些说明，联缀成篇，以便就教于方家。

伙　计

明朝人陆容说："客商同财共聚者名伙计……盖伙伴之伙，非水火之火也，俗以伙计为夥计者妄矣。"[①]就是说，商人之合资合力共同经营者，互称伙计。二者结为伙伴，故在人格上是平等的。但商人的财力有大小，能力有强弱，当他们合伙经营时，各自付出的财力、人力往往有多寡之不同。因此商人中有钱者出钱，有力者出力，也能合伙经营，结成伙计关系。于是"伙计"一词便逐渐演变成专指替财东效力，从事经营活动的人。顾炎武说：新安"大贾辄数十万，则有副手，而助耳目者数人。其人皆铢两不私，故能以身得幸于大贾而无疑。他日计子母息，大羡，副者始分身而自为贾。故大贾非一人一手足之力也。"[②]这种副手，实际上就是伙计。清朝乾隆五十七年（1792）上谕称：两淮盐商中，"其籍隶

①《菽园杂记》卷十一。

②《肇域志·江南十一·徽州府》。

山西、陕西、安徽等省之商人，所有营运等事系交商夥代办，本商多在原籍居住”，故其“应纳钱粮俱系商夥在扬州代为交兑”[①]。所谓“商夥”，也就是伙计。清初小说《豆棚闲话》中有一则描写徽商汪彦的故事称：汪彦自幼刻苦经商，“到了五旬前后，把家资打点盘算，不觉有了二十余万，大小伙计，就有百十余人”[②]。这虽是小说家之言，但却反映出，明清时期徽商使用伙计是极为常见的现象。

伙计中最重要的角色就是掌计。掌计又称“掌事”或“掌权大夥计”。《至正直记》称：“人家出纳财货者，谓之掌事，盖佣工受雇之役也。”又云：“人家掌事，必记账目，盖惧其有更变，人有死亡，则笔记分明，虽百年犹可考也。”[③]（按，古时记账之簿册谓之“计簿”。）掌计这个称呼大概就是因为这类人员都有掌管计簿的职责。《竦塘黄氏义规记》记载，黄氏置有族产以济族众，“择掌计者，俾籍而出纳之”[④]。在这里，“籍”就是登记入册的意思。可见掌计者的职责就是管理财物，司其出纳，并记有账目，以备考查。徽人在商业活动中，使用掌计的现象更为普遍。掌计的职责也有所扩大，几乎相当于后世经理的职责。明末徽人孙从理在浙江吴兴一带经营典业，他“慎择掌计若干曹，分部而治”。由于生意做得顺利，数年之内就先后设立了上百个分铺[⑤]。歙人蒋振民开当于南京，他“属诸掌计者，各事事第质成”[⑥]。歙人吴正宗行贾淮海，“诸掌计者受成，故无适主。客至或问盐策，若度支，若徒属短长，若子母出入，太公（指正宗）瞪目张口，毕谢不知”[⑦]。歙商吴时英“举资斧授诸掌计者，坐而受成”。掌计中有人侵用资金，盗用时英的名义向他商贷款1.6万缗，弥补亏欠。事发之后，时英并不推委，悉数偿还债务[⑧]。从上述数例中可以看出，掌计之职十分重要。他们或替财东综理

①《清高宗实录》卷一四一九。
②《豆棚闲话》第三则。
③《至正直记》卷三。
④《太函集》卷七十二。
⑤《太函集》卷五十二。
⑥《太函集》卷十九。
⑦《太函集》卷五十七。
⑧《太函集》卷三十七。

全局，或替财东分管一店，仅在原则上接受财东的指点，具体经营活动全由自己处理，甚至有权以财东之名同其他商人发生巨额资金的借贷关系。正因为掌计之权重，所以徽商总是强调要“慎择掌计”，把掌计之优劣视为商业成败的关键。

徽商使用的伙计不外有两个来源，其一是以本宗族的人为伙计，谓之“宗族子弟”；其二是以外姓他乡的人为伙计，谓之“门下客”或“宾客”。明末人金声说：歙县、休宁“两邑之人以业贾故，挈其亲戚知交而与共事，以故一家得业，不独一家食焉而已，其大者能活千家百家，下亦至数十家数家”①。这里所说的“亲戚知交”，主要指的是同一宗族的人。他们的“共事”关系无非有两种，或为各自经营联合行动；或为“同财共聚”合伙经营。后者就是伙计的关系。徽人阮弼在芜湖经商致富。“诸宗族亲戚闾右交游至者，辄推赤心而纳之交……能独立，则授资而薄其息；能从游，则授糈而冀其成。”②所谓“从游”，就是跟随阮弼经商，充当助手。这种角色当然也是伙计。徽商汪通保在上海经营典业。他“与诸子弟约，居他县毋操利权；出母钱毋以苦杂良；毋短少；收子钱毋入奇羡；毋以日计取盈。于是人人归市如流，旁郡邑皆至”③。这些在他州别县为通保掌管分店的宗族子弟，显然就是伙计。休宁人汪福光“贾盐江淮间，艘至千只，率子弟贸易往来，如履平地”④。歙人汪显业盐两淮，“属宗人国宾掌计……”⑤歙人吴荣让在浙江桐庐经营商业性农业。他“召门内贫子弟，悉授之事而食之。诸子弟若诸舍人，无虑数十百指，朔望旅揖诸子弟，举《颜氏家训》徇庭中，诸舍人皆著从事衫，待命庭下”⑥。上述数例中的“宗人”“子弟”都应当属于伙计一类。徽州风俗，商人致富后，都有提携宗族子弟之义务，而宗族子弟们又在族规的约束下必须忠诚地为本族的财东效力。因此，徽州商人总是把宗族

①《金太史集》卷四。
②《太函集》卷三十五。
③《太函副墨》卷四。
④《休宁西门汪氏宗谱》。
⑤《太函集》卷五十六。
⑥《太函集》卷四十七。

子弟视为心腹，乐于使用本族人为伙计。徽商以外姓他乡之人为伙计的现象也是常见的。休宁人程锁经营典业致富后，“乃部署门下客，分地而居息吴越间”[①]。这些“门下客”就是由外姓他乡人充当的伙计。明末小说《石点头》中有一则描写徽商聘用外乡人为其管账的故事：有位洪州（南昌）人氏姓周名迪，经商于襄阳，不幸资本被窃，无以为生。恰逢汪朝奉也在襄阳收讨账目。二人一见如故，情投志合。汪朝奉向周迪说：“小的原是徽州姓汪，在扬州开店做盐……正要寻个能写能算的管账。老哥若不嫌淡泊，同到扬州，权与我照管账目，胡乱一二年，然后送归洪州府如何?”周迪依言，与汪朝奉同到扬州。不料扬州发生战乱，盐店不能营业。汪朝奉只得送给周迪20两银子作路费，匆匆作别，各自逃难去了[②]。这则故事反映了当时徽商聘用外姓他乡人为伙计已是司空见惯的现象了。同样，徽州人或因家境贫寒，缺乏资本，或因生意失利，资本蚀尽，也往往被聘为他人的伙计。如鲍志道早年在扬州“佐人业盐”[③]，鲍尚志“为同邑人江静澜司鹾务”[④]，闵世章“走扬州，赤手为乡人掌计簿”[⑤]等等。《辽阳海神传》中还描写了徽商程宰的故事：程宰兄弟二人经商辽阳，不幸生意失利，耗尽了本钱，“遂受佣于他商，为之掌计以糊口”[⑥]。总之，徽商使用的伙计虽以本族人为主，但并不仅限于本宗族的人，他们中既有以外姓他乡人为伙计者，也有为外姓他乡人充当伙计者。伙计是财东聘用的商业管理人员，他们以其经营能力受聘于财东，享有较为优厚的待遇，在人格上也与财东处于平等的地位。《松溪文集》中记载歙人喻瑾尚的事迹：瑾尚康熙乾隆间人，家境贫寒，“无以为俯仰之计，乃因郑景阳之资为逐时废贮，而景阳家愈益富。景阳者世姻也，凡所为皆恃大父（指瑾尚），大父至老死亦黾勉不休。府君（指瑾尚之子起钟）随先大父居景阳之肆既五年，先大父乃罄平生蓄藏白金十镒予府

①《太函集》卷六十一。
②《石点头》卷十一。
③《棠樾鲍氏宣忠堂支谱》卷二十一。
④ 歙县《新馆鲍氏著存堂宗谱》卷二。
⑤《歙事闲谭》第28册。
⑥ 蔡羽:《辽阳海神传》,丛书集成初编本。

君”。起钟遂持此为资本，独立经营粮食贸易，渐至富有[1]。喻、郑两家既为“世姻”，互相间的关系当然是平等的。喻瑾尚为郑家料理商务，实际上承担着掌计的职责，当然是伙计。喻瑾尚为郑家立下了汗马功劳，而所获报酬也是优厚的。古人以24两为镒。所谓“白金十镒”，就是240两银子。这是瑾尚在养家糊口之外，节余下来的俸金。按当时的价格，这笔资金足够买得稻米3万～4万斤。难怪他的儿子喻起钟可使用这笔资金，独立经商逐渐致富。顾炎武说，徽州大贾的副手，往往可以“分身而自为贾”，讲的就是这种情形。清朝嘉道年间，歙商许某家有典铺40余所，分布江浙间，其子弟们屡屡从各典铺中提取巨款，纵情挥霍。许某不能制。于是遍告诸肆，同日停业。“已而肆中之客皆大哗曰：‘主人所不足者，非财也，何为悉罢诸肆！主人自为计则得矣，如吾曹何？’许翁闻之曰：‘诚如公等言。’乃命自管事者以下，悉有所赠。管事者或与之千金，或二千金，观肆之大小，自是递降，至厮役扈养皆有分也，最下亦与钱十万。”结果许某的几十个典铺，数百万资金，一下子全被分光，自己落得个一贫如洗[2]。在这里“肆中之客”“管事者”显然都是伙计。许某称他们为“公等”，足见他们的身份并不低贱。他们之所以有资格反对停罢诸肆，是因为他们曾在创业时作过贡献，各典铺中都有他们的一份功劳。许某虽是财东，但也不能否认他们的贡献，故不得不发给他们优厚的遣散费，使他们有可能“分身而自为贾”。明清时期，山西商人中有实行股份制者，不论出资的“银股”还是出力的“身股”，皆得按股分利。许某的管事们与这种出力营运的身股十分相似。康熙时，徽商汪元长、谢胪一在汉口开设的两家绸布店联合聘用谢占武为他们办货。在聘用合同中载明：“今两家情同志合，议请谢占武兄坐庄苏州，置买绸布等货。”并议定“谢占武兄俸金九五色银三十两”[3]。看来谢占武这位专司办货的伙计不但人身受到尊重，而且享有的待遇也是相当优厚的。上述三例虽然都是出自清人的记述，但从某些小说中所反映的情况看，明代

①《松溪文集·代喻集美作先人行略》。
②《歙事闲谭》第17册。
③ 该合同原件藏于安徽大学徽学研究中心刘伯山先生处。

徽商对伙计也是以礼相待，并给予优厚待遇的。前文所述的汪朝奉聘用周迪为他管账，汪、周二人互以兄弟相称。周迪并未履行管账的义务，汪朝奉尚且赠送周迪20两银子，其待遇可谓不薄了。程宰为人掌计，虽不如独立经商时那样得意，但数年之内也能积有“佣值银十余两”，并以此作本，重整旗鼓，再度成为富商。这些故事都在一定程度上反映了当时社会的实际。

商业上的竞争，从来就包含着在人才方面的竞争。徽商一向注意“择人任时”的原则。而“择人”的一个重要内容就是要把经营能力强，又肯实心任事的伙计延揽过来，为自己效力。因此，一些聪明的徽商都十分注意善待伙计，并发挥他们的才干。乾隆时，两淮盐商鲍志道早年曾为伙计“佐人业盐”。亲身的经历使他深知善待伙计的重要。据记载：“先是商家宾客奴仆，薪俸公食之数甚微，而凡有利之事，必次第使之，不计贤否。诚一（即鲍志道）每用一客，必等其家一岁所费而多与之，果贤则重委以事，否则终年闲食也。”[①]商家“宾客”指的就是伙计。鲍志道对他们多给薪俸，察其优劣，择优使用，委以重任，充分发挥其才干。这些做法确是他的高明之处。清代流行的《贸易须知》，是介绍商业经验的一部专书。其中对主夥关系作过论述，“用夥计者必须要安他之心，他才有心掌（事?）替你做生意……东家要察夥计家道盈乏，他有什么心事你亦要替他揣谋（摩?）。自此合而为一，宾主相投，自然越交越厚，遂可以（有?）协力同心之象也”[②]。善于经营的徽州商人当然是熟谙此道的。

雇工和学徒

计工受值之人谓之雇工。徽商役使下的所谓“佣工”“佣奴”“家人”“家丁”“厮役扈养”等等多半属于雇工。他们主要被用于搬运货物、加工商品、充当侍仆以及其他杂役。前文所述，聘用周迪的那位汪朝奉，

---

①《扬州画舫录》卷六。

②《贸易须知》上下两卷，抄本，藏于中国社科院历史研究所。

由于扬州发生战乱，遂将其店中贵重物品收拾起来，令“家人、伴当们分开背负”出城逃难[①]。乾隆五十七年（1792）年上谕称：两淮盐商“上纳钱粮，或用商夥，或用家人，赴库兑交，本商并不亲到。”[②]歙商许某决定将其40余所典铺同日关闭。各铺“自管事者以下，悉有所赠……至斯役扈养皆有分也”[③]。这些所谓“家人”“斯役扈养”都是指的雇工。徽州木商为了拼山伐木、搬运木材，使用的雇工最多。明朝婺源人李迪，在江西广信府，广买山材，“佣工无虑数十人”[④]。清朝婺源人俞日昇“常贩木筏，不戒于火，巨资在烬，佣工百数十人，行李全毁，昇每人给银二两为衣服资。”[⑤]汪溶“佣于木商，跋涉江湖，远及苗洞。”[⑥]湖南常德的德山是徽商深入湘黔边区贩木的必经之地，平日逗留在这里的簰夫不下数千人[⑦]。他们大多是像汪溶那样的佣工。徽商为了开矿冶铁，也多使用雇工。明末汪以振，商于芜湖，“大募工治铁冶，挥指百人”[⑧]。朱云沾兄弟二人在福建“课铁冶山中，诸佣人率多处士长者，争力作以称处士”[⑨]。表明徽商使用雇工的情况相当普遍。

明清时期，雇工人与雇主的法律地位是不平等的。法律规定雇工人与雇主及其亲属相互殴斗以致伤、残、死亡者，判刑时，雇工人罪加一等，雇主及其亲属则罪减一等[⑩]。然而计工受值的雇工并非全部属于法律所规定的“雇工人”范畴。明清两朝对“雇工人”的法律界定进行过多次修改。万历十六年（1588），明廷规定：“今后官民之家，凡雇请工作之人，立有文券，议有年限者，以雇工人论；止是短雇日月，受值不多者，依凡论。”[⑪]按此规定，则雇工的法律地位，以其受雇期限的长短而

①《石点头》卷十一。
②《清高宗实录》卷一四一九。
③《歙事闲谭》第17册。
④ 婺源《三田李氏统宗谱》。
⑤ 光绪《婺源县志》卷三十二。
⑥《婺源县采辑·义兴》。
⑦ 光绪《婺源县志》卷三十五。
⑧ 休宁《汪氏统宗谱》卷一一六。
⑨《太函集》卷四十七。
⑩ 见《唐明律合编》卷二十二至二十六；《大清律例增修统纂集成》卷二十七。
⑪《明律集解》卷二十。

不同。长期受雇者才算“雇工人”，“短雇日月，受值无多者”就不算“雇工人”，后者在法律上与雇主依然处于平等的地位。明末徽商阮弼在芜湖发财致富后，买田置地，大建宅第，“中外佣奴各千指，部署之悉中刑名”[①]。佣奴二字联用，表明这些役力受值的佣工，处于准奴婢的地位，故阮弼对他们管束甚严，动以刑罚威胁之。这些“佣奴”应该就是长期受雇的“雇工人”。然而在大多数情况下，徽商雇用工人都采取短期雇用的形式。明末人吕希绍在《新刻徽郡补释士民便读通考》中所拟定的雇工合同格式如下：

立雇约人某，今雇到某人男某，挈身在外，做取某艺。议定每月工银若干，不致欠少。如抽拔工夫，照数扣算。凭此为照。[②]

在当时，无论朝廷命官还是私人聘用的伙计，其俸资都是按年计算的，而吕氏所拟雇工合同却偏偏载明按月计算工银，其用意十分明显：利用这种契约形式，表明受雇者是干一个月活，领一个月工钱的短工。这种主雇关系无论维持多久，受雇者都不算雇工人。应该说这样的合同格式是为适应徽州主雇双方的需要而拟定的，它反映了徽州主雇关系的实际。乾隆五十三年（1788），清廷又规定：“……若农民、佃户雇请耕种工作之人，并店铺小郎之类，平日共坐共食，彼此平等相称，不为使唤服役，素无主仆名分者，亦无论其有无文契年限，俱依凡人论断。”[③]这样一来，雇工人的范围进一步缩小了，不但短工不算雇工人，即使是长期受雇者，只要与雇主没有主仆名分，就不算雇工人。这就使许多徽州商人之家的雇工享有同雇主平等的法律地位。他们的劳作固然辛苦，工价也十分低廉，但却有不少人能在人身相对自由的条件下，经过长期奋斗，积累起少量资本，走上独立经商之路。光绪《婺源县志》中就记

①《太函集》卷三十五。
② 谢国桢：《明代社会经济史料选编》中册，福建人民出版社1981年版，第220页。
③《大清律例》卷二十八。

载不少由佣工变成商人的事例。如江应萃“因贫，往浮镇（即景德镇）为佣。积累有资，自开磁窑”。汪启逊“十二岁往海阳（即休宁）佣于商家。每语人曰：‘食人之食，当终其事。’竭蹶操作，无刻偷安”。后来他“与程某共贾”成为合资经商的股东之一[①]。事实表明，受雇于徽商的雇工，其人身是比较自由的。

徽人中学徒制度极为盛行。当地谚语云：“前世不修，生在徽州，十三四岁，往外一丢。”他们的主要出路就是在亲友的介绍下，到商店中去拜师学徒。学徒期限一般都是三年。三年之内不许回家，每天都要起早贪黑，打扫店堂，整理货架，承担店中一切杂活，还要细心侍候师傅、师娘。师傅同顾客洽谈生意时，徒弟必须为顾客上茶递烟，站立一旁留心学习，领悟经商之道。稍有闲暇，则在师傅指点下学习珠算、写字、记账等技能。学徒期间，店家只供饭食，不给工钱，偶尔赏给少量零用钱，作为剃头洗澡之用。学徒期间若有作风不正，行为不端，贪吃贪玩，不听使唤等不良表现，轻则挨打受骂，重则被逐出店门，遣还乡里。学徒者一旦被遣送还乡，便被讥为“茴香萝卜枣”[②]，而为乡里所不齿，其前途大受影响。学徒三年出师后，或被留在本店当伙计，或在亲友推荐下另投别店，逐渐挤进商人的行列。清末徽州流行的《桃源俗语劝世词》中有一段教人安心学徒的劝词。要求学徒者“朝早起，夜迟眠，忍心耐守做几年，嬉戏供鸟一切事，都要丢在那旁边”。又说：“生意人，听我劝，第一学生不要变。最怕做得店官时，贪东恋西听人骗，争工食，要出店，痴心妄想无主见，这山望见那山高，翻身硬把生意歇。生意歇，不妥贴，归家难见爹娘面，衣裳铺盖都搅完，一身弄得穿破片。穿破片，可怜见，四处亲友去移借。到不如，听我劝，从此收心不要变，托个相好来提携，或是转变或另荐。又不痴，又不呆，放出工夫擂柜台，店官果然武艺好，老板自然看出来。看出来，将你抬，超升管事掌钱财，吾纵无心求富贵，富贵自然逼人来。”这些劝词表明，能否通过学徒这一关，是关系到一生前途和命运的大事。因此学徒们总是默默地承受着三

① 光绪《婺源县志》卷二十八。

② “茴香”与“回乡”谐音，“萝卜枣”意为小孩子。

年学徒生活的痛苦磨炼，指望出徒之后会有一个锦绣前程。乾隆道光年间，两浙盐商鲍尚志、鲍直润父子都曾当过学徒。谱牒中对他们的经历记载颇详，从中可以了解当时学徒的一些具体情形。鲍尚志幼年丧父，家中一贫如洗，全靠祖母和母亲为人做针线活维持生计，经常两天才做一顿饭，忍饥挨饿，艰难度日。尚志12岁时，被送到浙江兰溪一家商店去学徒。他为了起早干活，央求师兄们每晨天不亮就喊他起床。由于他年纪小，瞌睡大，加之活计重，身体乏，一旦睡熟，便难以叫醒。为了不误时辰，影响工作，他就恳求师兄们每晨向他猛击数掌，把他从睡梦中打醒。师兄们办事出了差错，师傅有时错怪于他，他也从不辩解，代受责罚。有人问他，为什么要代人受过？他说："自己年幼，挨打受骂是应该的。况且，我替师兄挨打，既保住了师兄的面子，又换得了师兄对我的关心和指点，使我长进更快，这岂不是一举两得的好事。"店里生意繁忙，白天无暇学习文化，尚志就捡了一只破瓦罐，每当夜深人静时，悄悄在罐中点起灯火，借助破罐缺口处露出的一丝微弱灯光，苦心读书，练习写字。后来他向人介绍经验说，这是穷孩子奋发图强的好办法。店里平时供应学徒们的饮食都是粗茶淡饭，仅能充饥裹腹，每月初一、十五才有点荤菜。尚志每遇肉食，必和以盐酱，封贮罐内，托人带回家乡，孝敬祖母和母亲。三年的学徒生活，使他磨炼了意志，增长了才干，后来终于成了著名的大盐商①。直润年幼时，家境尚不富裕。14岁时在杭州一家商店当学徒。师傅每天只是使唤他打水、扫地、抹桌子，干的全是粗活，从不教他经商的本领。过了半年不见长进，直润心急如焚，又不敢吭声，便同他的师兄弟们私下商量道："我等来此学徒，谁不指望奔个美好前程！从今以后，不论何人，学得一丝半点的本事，都要互相交流，决不保密。"这样一来，一天必有几天的收获。师傅得知此事后，非常欣慰，遂将自己的商业知识和经验全部教给徒弟，后来直润终于成为父亲的得力助手，并将生意越做越大②。总之学徒制度虽是一种极其野蛮的教育制度，但在当时尚不失为培养人才的一个有效途径。

---

①《大清律例》卷二十八。

② 歙县《新馆鲍氏著存堂宗谱》卷二。

奴　仆

明清时期，徽州盛行佃仆制度。佃仆是受封建压迫最重的一种贱民。主人虽不可随意杀害奴仆，但奴仆的法律地位极低。法律规定，主人责罚奴仆以致伤、残、死亡者，减二等治罪。所以主人虐待佃仆是极为普遍的现象。从严格的意义上讲，徽州的佃仆实际上是封建依附关系极强的农奴。徽州佃仆制的盛行是与当地牢固的宗族制度分不开的。“父老尝谓新安有数种风俗胜于他邑：千年之冢，不动一抔；千丁之族，未尝散处；千载谱系，丝毫不紊；主仆之严，历数十世不改，而宵小不敢肆焉。”[①]“脱有稍紊主仆之分，则一人争之，一家争之，一族争之，并通国之人争之，不直不已。”[②]足见宗族制度是联合族人压制奴仆的得力工具。

徽人在其商业活动中，往往有使用奴仆的现象。《虫鸣漫录》载：“徽州汪吴、桐城姚张左马等大姓，买仆或令营运，或使耕菑。”所谓“营运”就是经商。明朝祁门李氏在其分家文约中规定，将其役使下的20余户火佃留作各房公产，“除各房婚姻丧祭急切重事，仍听量情使唤，其远行下县往州，装簰放木、讨柴等事，毋得互相使唤”[③]。这表明，役使佃仆，运送木材，远赴他州别县去贩卖，乃是李氏一贯的做法，只因分家之后，佃仆们成了各房的公产，才不许各房私自使用罢了。明朝嘉靖万历时，休宁人程事心“课僮奴数十人，行贾四方，指画意授，各尽其材”，获利颇厚[④]。歙人吴敬仲“课诸臧获，贾于楚，于泗，于广陵之间”[⑤]。休宁人吴琨“贩赫蹄西楚，奴友富从”[⑥]。奴仆不仅被用于伐木、撑簰、搬运货物等笨重劳动，而且往往被授以巨资，委以重任。明末徽人孙文林贾于湖州，“所部署多纪纲之仆，毋能试一狎语”[⑦]。这里所谓

① 《寄园寄所寄》卷十一。
② 康熙《徽州府志》卷二。
③ 傅依凌：《明清农村社会经济》，生活·读书·新知三联书店1961年版，第15页。
④ 《从野堂存稿》卷三。
⑤ 《丰南志》第5册。
⑥ 《休宁碎事》卷三。
⑦ 《大泌山房集》卷七十二。

的“纪纲之仆”，就是综理商务的奴仆。《太函集》载歙人黄钟以“竖子严资主质剂，据东瓯（指温州），席卷而逋闽海”。又以另一竖子鲍秋“亦主质剂据金陵。秋犯帷簿焚邸舍而亡，其没不赀，视资为甚。”[①]严资、鲍秋二人虽为奴仆的身份，但却可以被派往远处掌管典铺。二人携资潜逃的事实，表明他们确被赋予了很大的经营自主权。清朝乾隆时，歙人程晋芳继承先业，为盐商。由于他酷好儒学，不理盐务，“付会计于家奴，一任盗侵，公不勘诘”，家道日趋败落[②]。足见直至清朝中叶，徽商中仍有以奴仆管理商务的。

然而徽人中役使奴仆经商者，毕竟只占少数。徽州的佃仆制度是植根于封建土地所有制基础之上的。在一般情况下，只有地主豪绅之家，才有佃仆可供役使。而徽州外出经商的人数远比地主豪绅的人数为多。大多数徽商并非出自地主豪绅之家，因而也就没有佃仆可供役使。况且，佃仆之中还有不少人，属于某一宗族共同占有，私家无权役使他们为自己经商。所以把驱奴经商现象的普遍程度估计过高，是不合乎实际的。尤其值得注意的是，奴仆的反抗斗争，也极大地限制了驱奴经商现象的发展。奴仆们在商业活动中，扩大了视野，增长了才干，增强了他们为争取解放而斗争的决心和信心。他们斗争的方式之一就是逃亡。前文所述，黄钟的奴仆严资携资逃亡后，黄钟亲率十余人，穷追不舍，直至福建境内，虽将严资捕获，但其所窃资金已经散尽。黄钟费了九牛二虎之力，实际上落得个无功而返。鲍秋不但携资潜逃，而且在潜逃之前与主子的妻女通奸，并放火烧毁了主家房屋，其危害较严资更甚。黄钟鉴于严资事件的教训，决定对鲍秋不加追究，眼睁睁地看着这种“尾大不掉”的局面而徒叹奈何[③]。明朝嘉靖万历时，歙人许道善商于临清，“值叛奴起衅，橐金耗尽”，忧愤成疾，一病不起，家道遂衰[④]。正德时，休宁人程锁经商在外的父亲客死淮海。程锁前去奔丧时，“故竖窃资亡匿，秋毫无以为资”。他只得枵腹徒步护送灵柩归还乡里，弄得狼狈不堪。后来程

①《太函集》卷五十六。
②《啸亭杂录》卷九。
③《太函集》卷五十八。
④《许氏世谱》。

锁虽在山东捕获了逃奴，但其所窃财物早已耗尽，只得空手而归。好端端的一个小康之家，遭此劫难，几频破产[①]。歙人洪仕贩盐吴楚之间，“竖子庆窃二百金亡走楚”。洪仕自淮南一路跟踪追至湖广，终未捕获。后闻竖子庆“败死蜀中”，被窃的二百两银子也就化为乌有了[②]。上述事例表明，明末奴仆叛主的现象已经是常见的了。明末流行的《客商一览醒迷》是一部记述从商经验和商人训诫的专书。该书论及防范和控驭奴仆的地方就有11处之多。书中指出：“旅中家仆，凡百所托，苟非其人，盗货而赖主家者有之，伺本主出门盗财物者有之，不可不慎。”又说：盗窃之徒“或暗通己仆，结为内应，伺主他出，即潜入盗偷”。作者认为，对待奴仆不但要留心防范，而且要施以小惠，加以笼络：“所役家仆僮奴，有事必服劳任重，出往藉为羽翼，饮食之间，宜均豢养之给。若为主者，惟图自奉，或三餐不令之饱，或菜蔬不令之尝，欲其戮力倾心，不可得也”。从这些论述中不难看出，明朝末年，奴仆的反抗斗争已经成为商人们大伤脑筋的事情了。当时流行的另一部商书《客商规略》中更总结出一条经验说：“侍仆随身休重托，伙计合意莫猜疑。”这表明，在商业活动中，役使奴仆，不如聘用伙计，这已经成为当时人们的共识。《明史·阿寄传》载，浙江淳安县徐氏有一老奴阿寄。阿寄一心事主，以主人的20两银子作本，经营商业，历20年的艰苦努力，积资巨万，尽归主家，而自己则身着破衣烂袄，仅足蔽体。这段记载给人造成一种假象，似乎当时驱奴经商的做法尚未走到历史的尽头。其实这件事原是田汝成编造出来的一则故事，后被小说家冯梦龙加以改写，编入《醒世恒言》中。其事本属子虚，而《明史》的作者们为适应宣扬封建道德的需要，竟不惜将其载入正史列于《孝义传》中。这种做法本身，恰恰暴露了奴仆制度的危机[③]。明清之际，徽州爆发大规模的奴仆暴动，沉重地打击了奴仆制度。清朝建立后，为了缓和社会矛盾，下令将一部分奴仆“开豁为良”。经过这些变革之后，徽州虽然仍有一批奴仆未经开豁，但他们同

①《太函集》卷六十一。
②《太函集》卷四十六。
③ 见《明史》卷二九七；田汝成：《阿寄传》（《旧小说》戊集）；《醒世恒言》卷三十五。

主人的依附关系有所削弱，其经济力量也有所增强。陈云柯先生从徽州文书《乾隆三十年汪胡互控案》中发现，在休宁县十二都三图的12姓207户佃仆中，外出谋生者多达百余户，其中有不少就是以独立的人格从事商业活动的。如胡庆"帮人生理"，在商店里"经手账目"，胡之秀从事"走水生意"，朱盛"在无锡生业"，胡润高还"遵例捐监"取得了功名。由于他们在商业活动中，财力大增，故能联合起来，把故主告上官府，为摆脱佃仆的地位而斗争[①]。《儒林外史》中有一段描述万雪斋的故事：雪斋原是徽州盐商程明卿的家奴，初为明卿的书童，后来充当"小司客"，专替主子跑腿学舌，办理杂事。他办事稳妥，颇有心计，"每年聚几两银子，先带小货，后弄窝子"，几年工夫，就赚得四五万两银子，"便赎出身来，买了这所房子，自己行盐，生意又好，就发起十几万来"，并娶了翰林的女儿当儿媳[②]。这则故事虽出自小说家的手笔，但却反映出，在清代，徽商役使下的奴仆，确有较多的机会，增长自己的财力，通过"赎身"的办法，摆脱奴仆制度的枷锁。足见清朝中叶以后，徽州主仆之间的等级名份制度已有所松动。在这种形势下，徽商役使奴仆的做法也逐渐被历史的潮流所淘汰。

通过以上的考察可以看出：徽人驱奴经商的现象并不普遍，尤其是在清代，这种现象已处在逐渐消亡之中。徽商中的从业人员主要是伙计、雇工和学徒。徽州商人通过聘用伙计、雇用雇工、招收学徒等方式，有效地利用了徽州的人力资源，为其商业活动服务。这就使徽人之中不但有资本者可以经商，而且无资本者也可凭其能力的大小，在商业上求得适合的位置。他们的身份、地位虽然各不相同，收益与报酬也很悬殊，但从总体上讲，他们都有可能在自己的位置上求得发展的机会。这种情况对徽商的兴盛是有积极意义的。同时，徽商所使用的从业人员，大多是其同族与同乡。他们因是同族同乡，足资信赖，便于配合，故能组合起来从事商业活动。而牢固的乡族关系，又反过来强化了徽州商帮内部的凝聚力。这种凝聚力又恰恰是当时徽州商帮得以发展的重要因素。然

① 见《'95国际徽学学术讨论会论文集》，第116—150页。
②《儒林外史》第二十三回。

而随着历史的发展，徽商从业人员中外族他乡的人也在逐渐增多，于是导致商帮解体的潜在因素也就悄然而生了。

（原文载《江海学刊》2002年第1期）

徽州海盗商人胡胜

近读朱纨所撰《甓余杂集》，得见徽州海盗商人胡胜的供状，其内容比较详细，可窥徽州海盗商人活动之一斑。

《甓余杂集》卷四载有嘉靖二十七年十月初十朱纨奏报朝廷的奏章，题为“三报海洋捷音事”。奏章称，自本年四月初六，官军攻克“海寇巢穴”双屿岛以后，从岛上逃逸出来的海寇，流窜于浙闽沿海，继续与官军为敌。其中有不少人先后被官军擒获。胡胜就是六月二十一日在浙江平阳县海滨被擒的一个海寇要犯。胡胜被擒后，浙江按察司对他进行了审讯。胡胜供称，自己是徽州歙县十九都四图人，现年61岁，“素称老朝奉”。与胡胜同时被审讯的海寇还有华人8名，日本人1名，佛郎机（葡萄牙）人8名，暹罗人3名。在8名华人中，胡珏是胡胜的族侄，当是徽人；其余7名，分别是苏、浙、闽、广等处人。胡胜供称：

> 胜与胡珏、吴如庆、车再一、谭明才同未获贼首许栋、伊侄许十五即许杜武，另案先获监故弟许六，现监绍兴府族弟许四不合与先获监故林澜四等……各造三桅大船，节年结伙，收买丝棉、绸缎、瓷器等货，并带军器，越往佛郎机、满咖喇等国，叛投彼处番王别琭佛哩、类伐司别哩、西牟不得罗、西牟陀密罗等，加称许栋名号，领彼胡椒、苏木、象牙、香料等物，并大小火铳、枪刀等器械，及引带见获番夷共帅罗放司、佛德全比利司、鼻昔吊、安朵二、不礼舍识、毕哆啰、哆弥、来如、连寿和尚、利引、利舍、利玺、先获见监沙哩马喇等、倭夷稽天等俱随同下船。胜与许栋等陆续招集先获陈四、胡霖等，今

获谢洪盛、徐二、浦进旺、干种等，并不记姓名千余人，各不合与已斩首来童、陈明、安朵二放司、流个哆、连满渡喇等，已死啰毕利哑司等……盘据浙江霩霩大海双屿港内，时常调拨快马哨船，出港劫虏浙江福建沿海居民，勒要赎银，杀人放火，不计起数。嘉靖二十二年间，蒙去任海道张副使督调官军船只，出海攻剿。胜与许栋等各不合用大小铅子火铳拒打本道官船，伤残官军不计名数。嘉靖二十五年间，又将已问结巴把总指挥白濬、千户周聚虏回港内，勒要银六百两、锣一面、铜鼓一副，并白濬关防私记一颗，称作印信，当银一百两赎回，仍杀死伊家人白进助并军舍吴琥、周正、施贵等二十七名。财物陆续花费。近来愈肆荼毒。蒙科道衙门将失事海道、守巡、备倭等官参究。又蒙九卿衙门建议钦差提督军务朱都御史于嘉靖二十七年四月内，调遣卢都司兵船，擒获林烂四、许六、沙哩马喇、稽天等。胜与许栋等不能抵敌，于本月初六日五更时分，从双屿港突出，逃到南麂、大担屿等处往来停泊。本年六月内，胜与许栋等又不合纠合漳州未获李老贼等三百余人，各不合……乘空登劫福宁州七等都不在官王德瑜等二十余家财谷，将清湾巡检司弓兵、乡夫杀伤不知数。又至平阳县界停泊，至二十一日早，遇风飘坏各船，啰华利哑司等四十余人俱溺死。胜与胡珏、连寿和尚、徐二、浦进旺并胜先虏占潮州迷籍今在官妇女梁亚溪各爬山逃遁，陆续被金乡卫吴指挥等官兵擒获……及审，胜有山三十亩、鱼塘三亩、房屋二间，俱坐落本图，胡珏有屋一间、田三亩，亦在本图；又有屋一间，在广东番禺县高地街。吴如庆有瓦屋二间，坐落地名许丁。车再一有房屋三间、田十六亩，俱坐落地名车坂。谭明才瓦屋二间，坐落月港二都。各是实。

胡胜、胡珏在被审讯过程中，还多次冒用许栋、许杜武姓名，企图掩护二许逃避追捕，直到他们被同案犯指认出来，才承认自己的真实姓名。浙江按察司依据胡胜等人罪行，分别依照“谋叛律”“强盗得财律”判处死刑，并枭首示众，财产没官。对他们的亲属也分别加以惩罚。

胡胜等人的供状揭示了三个问题。

一、胡胜等海盗商人充当了葡萄牙殖民势力侵略中国的帮凶

首先，胡胜等人的所作所为是受到葡萄牙殖民势力指使的。供状称，许栋、胡胜等人“越往佛郎机、满咖喇（当是‘满剌加’之误）等国，叛投彼处番王”。这里所说的“彼处番王”，当是指的葡萄牙统治满剌加的殖民当局。据记载，许栋等勾引葡萄牙人盘踞双屿岛是从嘉靖十九年（1535）开始的[①]。如果这个记载无误，那么许栋、胡胜等“越往”满剌加的时间当在1535年，或稍稍早于这一年。而满剌加则早在1511年已被葡萄牙人攻占，沦为葡萄牙的殖民地。所以许栋、胡胜等“叛投”的对象只能是葡萄牙统治满剌加的殖民当局。葡萄牙殖民当局因握有政治权力而与普通平民不同，为表示区别，故称“彼处番王”。正因为胡胜等人投靠了“彼处番王”，并听其指使，为其侵略活动效力，所以明廷“依谋叛律”对他们治罪。其次，葡萄牙殖民当局为胡胜等提供了武器装备。供状称，胡胜等“加称许栋名号，领彼……大小火铳枪刀等器械”。这表明胡胜等的武器装备不是在贸易中买得的，而是从葡萄牙殖民当局那里“领”得的。在这批武器中，不但有枪刀等冷兵器，而且有杀伤力很大的火药兵器“大小火铳”等。明军攻克双屿岛时，曾缴获海寇使用的“大佛郎机铜铳”“铜佛郎机铳”“铁佛郎机铳”等火器多件。其中“大佛郎机铜铳”重者竟达185斤[②]。这些武器大概就是胡胜等从葡人那里领得的。佛郎机铳在当时是一种先进武器，嘉靖初年才传入中国[③]。许栋、胡胜等海寇拥有这样先进武器，所以能多次挫败明军的进攻，长期盘踞双屿岛。

---

① 郑舜功的《日本一鉴·穷河话海》(1939年影印本)卷六载:“……嘉靖庚子(1535),继之许一松、许二楠(栋?)、许三栋(楠?)、许四梓勾引佛郎机国夷人络绎浙海,亦市双屿、大茅”。胡宗宪《筹海图编》卷五亦称:“嘉靖十九年(1535年),贼首李光头、许栋引倭聚双屿港为巢”。

② 朱纨:《甓余杂集》卷二,“四库全书存目丛书·集部”第78册。

③ 张廷玉:《明史》卷三二五,中华书局1974年版。

葡萄牙殖民当局之所以能放心大胆地用这种先进武器武装许栋、胡胜等人，恰恰是因为许栋、胡胜等确已死心塌地“叛投”于他们。第三，胡胜等把双屿岛一度变成了葡萄牙的殖民地。双屿岛“悬居海洋之中，去定海（今宁波市镇海县）不六十余里”。这里虽然“久无人烟住集”[①]，但却是浙江都司霩霷千户所管辖下的一片中国领土[②]。大批葡萄牙人在许栋、胡胜等勾引下，竟然窃踞该岛，使之成为他们走私贸易和抢劫活动的基地，严重侵犯了中国的主权。许栋、胡胜等还组建起一支拥有千余人的海寇队伍用以敌杀官军，抢劫百姓，“杀人放火，不计起数”，严重地损害了沿海人民的利益。葡萄牙殖民者在这批海寇的支持下，气焰十分嚣张。他们在进行走私活动的同时，竟干起杀人越货的勾当。俞大猷说：“数年之前，有徽州、浙江等处番徒，勾引西南诸番，前至浙江之双屿港等处买卖……及货尽将去之时，每每肆行劫掠”[③]。所谓“西南诸番”主要就是指的葡萄牙商人。在双屿岛被明军擒获的“黑鬼番”（葡人役使下的黑奴）沙哩马喇等供称，葡萄牙人伙同漳州、宁波等处华人，驾船“往来日本、漳州、宁波之间，乘机在海打劫”[④]。葡萄牙的一位修士加斯伯·达·克路士对于这种罪恶行径也加以指责。他说：“在宁波诸岛过冬”的葡萄牙人“无法无天到开始大肆劫掠，杀了些百姓”[⑤]。一个名叫佩雷拉的葡萄牙商人竟因华商欠其货款未还，而滥杀无辜，藉以泄愤[⑥]。葡萄牙海盗商人的这种罪恶行径是任何一个主权国家所不能允许的。葡萄牙人在双屿岛上的地位更是值得注意。《明史·朱纨传》称：“承平久，奸民阑出入，勾倭人及佛郎机诸国人互市。闽人李光头、歙人许栋踞宁波之双屿为之主，司其质契。”这段记载容易使人产生一种错觉：似乎李光头、许栋等人是岛上的主宰者，葡萄牙人则不过是来去匆匆的过客。其实则不然。从葡萄牙人的有关记载中可以看出，当时的双

① 朱纨：《甓余杂集》卷四，“四库全书存目丛书·集部”第78册。
② 胡宗宪：《筹海图编》卷五，四库全书影印本。
③ 俞大猷：《正气堂集》卷七，国家图书馆影印本。
④ 朱纨：《甓余杂集》卷二，“四库全书存目丛书·集部”第78册。
⑤ （英）博克舍：《十六世纪中国南部行纪》，中华书局1990年版，第133页。
⑥ （葡）平托著，金国平译：《远游记》，澳门基金会等1999年版，第669页。

屿岛已成了葡萄牙人的天下，岛上的统治权已落人他们的手中。平托（Fenao Mendez Pinto）在其《远游记》中记载，当时的双屿岛上已有葡人1200名，连同其它国人共达3000名。岛上建有房舍千余所，还有两所修道院和祈祷室。葡人在岛上设有城防司令、王室大法官、法官、市政议员、死者及孤儿总管、度量衡及市场物价监察官、书记官、巡夜官、收税官等公职人员。尽管平托被人称作“最大的谎言家”，他的话虽不可全信，但这段记载绝非完全出自臆造。克路士就曾指出：葡人在双屿岛“牢牢立身，如此之自由，以致除绞架和市标外一无所缺”①。足见葡人确已成了岛上的“主人”了。

总之，许栋、胡胜等人在葡萄牙殖民当局的指使下领取葡人的武器与中国军民为敌；勾引葡人窃踞中国领土双屿岛，并使葡人掌握了那里的统治权。其所作所为证明了他们已成为葡萄牙殖民势力侵略中国的帮凶。

二、胡胜等是葡萄牙人在商业上的附庸

当初，许栋、胡胜等建造三桅大船，收买丝棉、绸缎、瓷器贩往满剌加发卖是无可非议的商业活动。明朝顽固地推行海禁政策，硬把这种活动视为非法，当然不合时宜。商品贩运的路线越长，则商品的地区差价就会越大，所以远洋贸易是利润最丰的一个行当。1514年，当葡萄牙人第一次从满剌加来到中国时，就发现“带香料去中国卖和带到葡萄牙去卖一样有很多利润可赚”②。而价廉物美的中国丝绸、瓷器贩往满剌加当然也有厚利可赚。如果许栋、胡胜等把这种贸易持续下去，并且扩而充之，那么他们应该是中国商业界的功臣。但事实则相反，他们非但没有维护华商在远洋贸易中的权利，反而把葡萄牙商人勾引到自己家门口，以便就近做生意。这确是一桩咄咄怪事。自从葡商被勾引到闽浙沿海之后，华商虽仍有经营远洋贸易者，但为数更多的则是从事短途运输的沿

① (英)博克舍:《十六世纪中国南部行纪》,中华书局1990年版,第133页。

② 张天泽著,王顺彬、王志邦译:《中葡通商研究》,华文出版社2000年版,第30页。

海走私商贩。他们驾驶各类小船，把内地商品偷运到游弋在近海的“番舶”上发卖，又把“番舶”上的洋货贩入内地销售。当时所谓“通番接济奸民”主要就是指的这种商贩。嘉靖二十七年，明军擒获“黑鬼番”沙哩马喇等三人。从他们的供词中可以看出沿海走私贸易的一些细节。供词称：葡人商船停泊在双屿港时，“被不知名客人撑小南船，载面一石，进入番船，说有棉布、棉绸、湖丝，骗去银三百两，坐等不来。又宁波客人林老魁，先与番人将银二百两买缎子、棉布、棉绸，后将伊男留在番船，骗去银一十八两。又有不知名宁波客人哄称有湖丝十担，欲卖与番人，骗去银七百两；六担欲卖与日本人，骗去银三百两”[①]。这表明，当时“通番接济”的人大多是些资本无多的小商贩。他们往往贷用番商资金，替番商买办货物；其贩运规模都不算大，每次所贩之货，值银不过数百两；其运载工具不过是只能行驶于近海而不可远航于外洋的小船。这种“通番接济”的商贩只能在替葡商收货和销货的过程中牟求小利，充当葡人的附庸。许栋等则不过是替葡商服务的掮客，当然也处于附庸的地位。而真正的远洋贸易则操于葡人之手。葡人在中国海寇商人的帮助下，绕过了海禁政策给他们设置的障碍，顺利地把中国商品装载上船，运往远洋各地，又把远洋各地的商品运到中国，在这种贸易中赚取厚利，大发横财。

那么许栋、胡胜等海寇商人为什么要把远洋贸易的利益拱手让人，而自己甘当葡人的附庸呢？其一是明朝的海禁政策。在严厉的海禁政策下，私造双桅以上大船，违禁下海是十分危险的事，一旦被官府察觉，就难免于财毁人亡的厄运。所以中国的富商大贾往往不愿冒此风险，出海经商。在这种形势下，中国海商的力量就显得相当单薄，因而难以同葡人争雄于海上。英国学者博克舍说过：“要感谢中国皇帝孤立的海禁政策所造成的刻意缺席，使得葡萄牙人能在毫无东方海权的抗衡下，以惊人的速度成为印度洋上的主宰者。”[②]其实葡人在向西太平洋海域扩张的过程中，同样也得益于明朝的海禁政策。其二是葡萄牙殖民势力对中国

① 朱纨:《甓余杂集》卷二,“四库全书存目丛书·集部”第78册。

② 转引自《中国海洋发展史论文集》第二辑,台北1986年版,第102页。

海商的排挤与打击。葡萄牙殖民势力为了建立海上霸权，在其向东扩张的过程中，每到一地，总是要以武力控制那里的海上交通，垄断那里的海上贸易，而不容其他商人分沾其利。他们在满剌加就是如此行事的。自郑和下西洋以来，满剌加同中国一直保持着良好的关系，两国商人往来不绝。但葡萄牙侵占满剌加后，形势为之一变。据记载："本夷（指满剌加）市道稍平，既为佛郎机所据，残破之后，售货渐少。而佛郎机与华人酬酢，屡肆辀张，故贾船稀往者。直诣苏门答剌，必道经彼国。佛郎机见华人不肯驻，辄迎击于海门，掠其货以归。数年以来，海路断绝"[①]。中国通往满剌加及其以西海域的商路，就这样在葡萄牙殖民势力的粗暴干涉下被截断了。张天泽在其《中葡通商研究》中说：葡人在中国沿海进行走私活动时，总是把自己打扮成暹罗人或马来人的模样，混在这些商人的船上，以避免中国军民的注意。"所以有意思的是，这些商人为葡萄牙人做了好几年的善事，而葡萄牙人则急于想垄断南亚的贸易而千方百计阻挠他们做生意，好人得不到好报。"[②]葡萄牙殖民势力对待暹罗人、马来人是如此，对待华人当然也不例外。他们只需要许栋、胡胜之流为其远洋贸易服务，而绝不允许华商在远洋贸易中与他们争利。

三、胡胜等"下海通番"的活动不能代表徽州商业资本运动的主要方向

从供词中可以看出，海寇之中确有一批徽人。许栋、胡胜、胡珏等就是其中的一部分。他们之间或为兄弟，或为叔侄，或有亲戚关系。这种宗族亲戚关系当是他们纠合为寇的纽带。胡胜、胡珏被擒之后，犹冒称许栋、许杜武之名，企图以身顶罪，换得许栋叔侄的安全。他们这样做，大概就是出自亲戚的情谊。然而许栋、胡胜等人并未能利用宗族亲戚关系把更多徽人拉入海寇团伙，致使海寇之中徽人只占极少数。从供状中可以看出，与胡胜同时被审讯者，尚有海寇20人，其中为徽人只有胡珏一人。在《三报海洋捷音事》这篇奏章中也可看出，自嘉靖二十七

① 张燮：《东西洋考》卷四，中华书局1981年版。

② 张天泽著，王顺彬、王志邦译：《中葡通商研究》，华文出版社2000年版，第60—61页。

年六月至同年九月，官军在闽浙沿海先后擒获海寇76人，其中为徽人者也只有胡胜、胡珏二人，其余都是福建、浙江、广东人和外国人[①]。如果以上述二例作为抽样判断的依据，那么海寇之中徽人的数量确是不多的。在朱纨的奏章中，还有一处提到海寇中徽人的活动[②]：徽人方三桥为船主，于嘉靖二十六年自双屿岛驾船驶往日本，因船被风浪打翻，遂于次年雇得日本船一只，驶回浙江近海。这只船上有“倭人”20名，“唐人”50名。而在50名唐人之中，有“徽州人十余人”，其余则是广东人和漳州、宁波、绍兴等处人。连以徽人为船主的“贼船”上，徽人也只占1/7，其他“贼船”也就可想而知了。

徽人在闽浙沿海经商者颇多，而下海通番者却为数甚少。这究竟是为什么呢？其主要原因就在于下海通番的道路与徽州商业资本运动的方向不相一致。当时海盗商人用以走私出海的商品主要是丝绸、瓷器之类。而徽商早在嘉靖以前就以盐典茶木为其经营的主要行业了。丝绸、瓷器则不是徽人经营的强项。徽商所经营的茶叶，直到清代康熙年间才开始成为运销海外的重要商品。在明代，茶叶的出口还极为罕见。至于盐典木三业，则更无发展海外贸易的需要。徽商在其发展商业过程中逐渐形成了自己的经营特点。这个特点就贾而好儒，走官商结合之路。徽商之所以能在盐典茶木四大行业中大显身手，也恰恰是因为在这些行业中最便于他们“行媚权贵”，走上官商结合之路。嘉靖时，徽商在这条路子上越走越顺，已涌现出一大批手握巨资的富商大贾。他们或“累资巨万”，或“起富不赀”，纷纷“营良田好宅……以明得意”。而海盗商人胡胜、胡珏等则田地不过数亩，草屋不过数间，其“山”“塘”之类的产业也极为有限。两者相较，何啻天壤！徽商在官府的庇护下既有厚利可图，又何必下海通番呢？况且一旦下海通番，就势必要违禁犯法而与官府为敌，断了自己惯走的官商结合之路，这个后果是大多数徽商所不愿承受的。因此，胡胜等人的所作所为在徽商中并不具有代表性。及至嘉靖倭患愈演愈烈的时候，徽商在苏浙一带的商业利益大受损失，于是徽商不但不

① 胡胜被擒于六月二十一日，朱纨得报于次日。

② 张廷玉：《明史》卷二，中华书局1974年版。

去“通番”反而纷纷起而“抗倭”了。

（原文载《安徽师范大学学报（人文社会科学版）》2003年第1期）

试论皇太极重用汉官的政策[①]

长期以来，由于对皇太极重用权官的政策研究不够，给人们造成了一种错觉，似乎皇太极重用汉官只不过是权宜之计，而不是后金（清）政权一项重大的国策。我们认为，这是不妥当的。

一

皇太极推行重用汉官的政策，是历史的必然。

后金进据辽沈地区之后，在汉族高度发展的封建经济、文化的影响下，满族奴隶制生产关系急遽向封建制转化，同时，为数众多的汉民，成了后金统治者的重要剥削对象。因此，对于后金统治者来说，利用汉官的封建统治经验，借助他们在汉民中的影响，依靠他们管辖汉民也就显得越来越必要了。

努尔哈赤在天命六年（1621）实行“计丁授田”时，对汉官的作用认识不够，虽然“仍使汉官管理汉人”，但是大多数汉官地位低，权力小，在满洲大臣管下，不能随意支配自己的财产，“终岁勤劬，米谷仍不足食，每至鬻仆典衣以自给”，甚至汉官死后，“其妻子皆给贝勒家为奴。”[②]所以汉官与后金政权貌合神离，虚与委蛇。这使努尔哈赤大动肝火，曾当面指斥众汉官：“尔等以汉人之事不劳朕干予办理，让之尔等，尔等又不愿办理，朕办理之意，尔等又不依从，坐致国事废弛，岂可长

① 该文由王廷元、魏鉴勋二人合著。

② 王先谦:《东华录》天聪八年正月。(本文所引《东华录》均为王氏本)。

耶……而今以后，不复信尔汉人矣。”[①]另外，还有不少汉官“潜通明国，书信往来”，而“辽阳、广宁诸处归顺之明绅衿屡煽惑降民潜引叛逆”[②]，甚至有的秀才也“合谋作乱”[③]。在努尔哈赤看来，“各处之满洲汉人，皆有杀朕之心”[④]，“种种可恶，皆在此辈”[⑤]，于是一反初据辽沈时，对辽民“不杀一人”、“如前农作”[⑥]的做法，对汉族官僚、地主采取了排斥、打击的措施，“下令察出明绅衿尽行处死”[⑦]，对汉民则“编其户口，每十三壮丁为一庄，按满洲各官品级分给为奴。”[⑧]结果，不但激化了同汉官的矛盾，而且加重了汉民的负担，仅劳役地租一项，比“计丁授田”时就增加了四倍多[⑨]，壮丁们“不能聊生，判亡殆尽”[⑩]，后金的社会生产遭到极大的破坏。事实证明，没有汉族官僚、地主的支持与合作，要想有效地管辖汉民，稳定封建秩序是不可想象的。皇太极为了摆脱困境，就不能不改变对汉官的政策。

同时，皇太极为了加强封建君主集权制，也必须推行重用汉官的政策。皇太极继位之初，八旗旗主的权力是很大的。皇太极虽居汗位，实际上是与大贝勒代善、二贝勒阿敏、三贝勒莽古尔泰共同执政，朝贺时“上（皇太极）与三大贝勒俱南面坐受”；而八旗旗主还“事事掣肘”，“有人必八家分养之，土地必八家分据之，即一人尺土，贝勒不容于皇上，皇上亦不容贝勒”，皇太极“虽有一汗之虚名，实无异正黄旗一贝勒也。”[⑪]这种“旗主并立”的制度显然与封建的经济基础是不相适应的，正如当时汉人诸生胡贡明所说的：“如此三分四陆，如此十羊九牧，总藉此强兵，进了山海（关），得了中原，臣谓不数年间，必将错乱而不能料

①《满洲老档秘录·太祖谕众汉官》天命七年正月。
② 王先谦:《东华录》天命十一年九月。
③《满洲老档秘录·爱塔建功》天命六年六月。
④《满洲老档秘录·郡主自缢》天命八年七月。
⑤《清太宗文皇帝实录》卷五。
⑥《燃藜室记述》,转引自莫东寅:《满族史论丛》。
⑦《清太宗文皇帝实录》卷五。
⑧ 王先谦:《东华录》天命十一年九月。
⑨《清史简编》第一章第二节,《辽宁第一师范学院学报》一九七八年第一期八二页。
⑩《清太宗文皇帝实录》卷一。
⑪《天聪朝臣工奏议》卷上。

理也。”[①]皇太极为了结束“旗主并立”的局面，代之以封建的君主集权制，利用汉官的政治经验，仿照明制建立一整套封建的典章制度，也就是势所必然的了。汉官宁完我就曾说过：“我国六部之名，原是照蛮子家（明朝）立的，其部中当举事宜，金官原来不知。汉官承政当看（大明）会典上事体，某一宗我国行得，某一宗我国且行不得；某一宗可增，某一宗可减；参汉酌金，用心筹思，就今日规模立个金典出来，每日教率金官到汗面前，担当讲说，务使去因循之习，渐就中国之制。必如此，庶日后得了蛮子地方，不至手忙脚乱。”[②]

另外，皇太极为了同明争夺最高统治权，更需要推行重用汉官的政策。皇太极继位之后，明朝的统治处于江河日下，危机四伏的状态，农民起义的烽火遍地点燃，朝廷上下党争不已，各级官吏腐败不堪，“无事则冒军饷”，“失事则互相欺蔽”，军士“一闻征勦即逃脱，稍不遂意即鼓噪。”[③]然而，精于骑射，素称剽悍的八旗兵，在明朝宁锦防线前却遭到明军的拼死抵抗，这使后金统治者深惑不解。天聪五年（1631）十月，诸贝勒询问降金的明朝大凌河守将祖可法：“尔等死守空城何意？”祖可法答道：“天与尔辽东、永平兵民，若不加屠戮，则天下之民所至皆顺，因屠降民是以迟疑……我国之人见尔等先年杀戮，肝胆俱丧，今虽言养人，人犹不信，职此故也。”[④]鉴于此，兵部贝勒岳托主张优待降人，以瓦解明朝的军心，壮大后金的力量。他在奏章中写道：“先年杀辽东、广宁汉人，后复杀永平、滦州汉人，纵极力暴白，人亦不信。今天与我以大凌河汉人，正欲使人皆知我国之善养也。臣愚谓若能善抚此众，更暴白前事以告于众，则人皆信服矣。”[⑤]皇太极也在同明斗争的实践中不断吸取经验教训，深深感到“播养人好名”，对明军采取“攻心之着”，网罗“智勇之士”，是十分必要的。财政固窘，兵源有限的后金，如果不用高官厚禄招徕明朝兵将降服，为己效力，要想入主中原，是很难实现的。

①《天聪朝臣工奏议》卷上。
②《天聪朝臣工奏议》卷中。
③《明熹宗实录》卷三五。
④ 王先谦:《东华录》天聪五年十月。
⑤ 王先谦:《东华录》天聪六年正月。

二

皇太极为了巩固和发展封建割据势力，进而与明争夺最高统治权，毅然改变了努尔哈赤的做法，实行重用汉官的政策。

首先，任用汉官管理汉民。皇太极继位伊始就下令："凡汉官汉民从前有欲潜逃及令奸细往来者，事属以往，虽举首概置不论。嗣后惟已逃被获者处死。其未行者虽首告亦不论。"[①]接着，对汉民重新编庄，"命按满官品级，每一备御止给壮丁八名，以供使令，其余分屯别居，编为民户，选汉官之清正者辖之。"[②]同时，"禁止贝勒大臣属下人私索汉官马匹鹰犬或勒买器物及恣意行游者。"[③]这就初步改善了汉官的境遇，发挥了他们的作用。

其次，将汉官拨出满洲大臣之家，另编固山。使之与满洲、蒙古八旗具有大体相同的地位。至此，汉官才能"得乘所有之马，得用所畜之牲，妻子得免为奴，择腴地而耕之。"[④]皇太极还不断赐给汉官大量土地和人口，使他们"或有千丁者，或有八九百丁者"[⑤]，过上了"纵情声色，妄费不资"的奢华生活。正如汉官张存仁所叙述的那样，汉官们"宅舍田园丰且足矣，妻妾奴仆众且多矣，轻裘肥马荣且贵矣"[⑥]。

第三，皇太极不断把汉官充实到中央行政机构中，委以要职，授以实权。天聪五年七月，设置了吏、户、礼、兵、刑、工六部，除各部主管由诸贝勒兼领外，其下承政、参政等重要官职，按规定都有一定数量的汉官充任。汉官李延庚、吴守进，金玉和、金砺、高鸿中、孟乔芳、祖泽洪、韩大勋、姜新、祖泽润、李云、裴国珍等都出任过承政这一要职。

---

① 王先谦:《东华录》天命十一年九月。
② 王先谦:《东华录》天聪元年九月。
③ 王先谦:《东华录》天聪元年九月。
④ 王先谦:《东华录》天聪八年正月。
⑤ 王先谦:《东华录》天聪八年正月。
⑥《清史列传》卷七八。

崇德元年（1636），皇太极又仿明内阁将文馆改为内三院（内国史院、内秘书院、内宏文院）。每院各设大学士一人，下设学士、举人等官。汉官范文程、鲍承先都曾担任过内秘书院大学士，负责代君主撰写文书，录各衙门奏疏。范文程尤其得到皇太极的宠信。八旗初设都统时，“众议首推文程”，皇太极说：“此职一军耳。朕方资为心膂，其别议之。”后来，范文程果然“所领皆枢密事”，几乎参与一切重大的决策，“每入对，必漏下数十刻始出，或未及食息，复奉召入。”[①]

同年，皇太极还“沿明制，设都察院。”只置承政、参政各官，不用贝勒兼管。“凡有政事背谬，及贝勒大臣骄肆慢上者，许直言无隐”[②]。汉官张存仁、祖可法都担任过都察院的承政。

第四，在军队的建制上，皇太极任命汉官统率汉兵，为其冲锋陷阵。天聪五年，皇太极就曾颇为得意地说：辽东、广宁的降官们“因我收养之故，不待命令，自整汉兵，设立营伍，用炮铳攻战”[③]。天聪六年（1632），佟养性上奏章说：“往时汉兵不用，因不用火器……自今所新编汉兵马步仅三千余，兵力似少，火器不能多拿……我国中各项汉人尚多……若果从公查出，照例编兵，派定火器，演成一股，有事出门全拿火器，大张军威……如此一行，敌国声闻自然胆落，无坚不破，无城不取也。”[④]此言正中皇太极之意，遂于次年七月下令：“满洲各户汉人有十丁者授棉甲一共千五百八十人，命旧汉兵额真马光远等统之，”[⑤]正式设置了汉军旗。以后，汉军旗又不断扩编，到崇德七年（1642）完备了汉军八旗的建制，汉官祖泽润、刘之源、吴守进、金砺、佟图赖、石廷柱、巴延、李国翰担任八旗的固山额真，祖可法等十六名汉官担任梅勒章京。

为了不断扩大汉官的队伍，皇太极采取了科举考试、荐举人材、招徕明朝文官武将等措施，天聪三年（1629）皇太极下令：“诸贝勒府以下

①《清史列传》卷五。
②《清史稿》卷一一五。
③ 王先谦:《东华录》天聪五年十月。
④《天聪朝臣工奏议》卷中。
⑤ 王先谦:《东华录》天聪七年七月。

及满汉蒙古家所有生员，俱令考试……各家主毋得阻挠。”[①]在这次考试中，躲过努尔哈赤屠戮而幸存的三百名汉人生员中，就有二百人一下子被录取，“凡在皇帝包衣下，八贝勒等包衣下及满洲蒙古家为奴者，尽皆拔出。一等者赏缎二，二等三等者赏布二，俱免二丁差徭。”[②]天聪八年（1634）三月，还专门为汉人生员开科，“分别等第，一等十六人，二等三十一人，三等一百八十一人。”[③]此后，皇太极还多次通过考试选拔汉人当官，并谕令：“满、汉、蒙古各官，果有深知灼见之人，即当悉行荐举”，被举之人“无论旧归新附，及已仕未仕”，一律“量才录用”[④]。

皇太极对降官降将破格提拔，用而不疑。天聪五年在大凌河战役中，为了解除降官降将的疑虑，皇太极竟当众对天发誓：“如诳诱诛戮及得其户口之后，复离拆其妻子，分散其财物牲畜，天地降谴，夺其纪算。”[⑤]皇太极把这些降官待如上宾，“每日款宴不绝，且时惠鸡鹅等物”，“八家更番，每五日大宴。”[⑥]并且对他们大加重用，不到一年，这批降官降将纷纷出任要职。而对明大凌河守将总兵祖大寿更是优容。当祖大寿降而复叛时，皇太极对于他的亲属、旧部如祖可法等仍予以重用。皇太极对降官的种种优待，破格重用，乃是为了争取更多的明朝官员降附。

皇太极推行重用汉官的政策，大大提高了汉官的地位，这引起了部分满洲贵族的怨怼。多罗贝勒罗洛宏（代善之孙）就曾与布善车尔布说：“恭顺王（孔有德）、怀顺王（耿仲明）、智顺王（尚可喜）肥马华屋，我之兵马何独羸瘦!”布善车尔布也满腹牢骚：“昔太祖诛戮汉人，抚养满洲；今汉人有为王者矣，有为昂邦章京者矣。至于宗室，今有为官者，有为民者，时势颠倒，一至于此!”[⑦]罗洛宏等人非但没有改变皇太极重用汉官的政策，反而受到了皇太极的制裁。

①《清太宗文皇帝实录》卷五。
②《清太宗文皇帝实录》卷五。
③《清太宗文皇帝实录》卷一一。
④《清太宗文皇帝实录》卷二二。
⑤ 王先谦:《东华录》天聪五年十月。
⑥ 王先谦:《东华录》天聪五年十一月。
⑦ 王先谦:《东华录》崇德八年正月。

三

皇太极重用汉官的政策，缓和了满、汉封建势力之间的冲突，缓和了阶级矛盾和民族矛盾，稳定了后金（清）的封建秩序。由于汉官受到重用，辽沈地区的汉族地主一反过去对后金政权敷衍、敌视的态度。他们把皇太极当作“情切同舟”的首领，对他重用汉官的种种措施感激涕零。

自从实行“分屯别居”，令汉官统辖汉民之后，广大汉族民户遭受满洲官兵“侵扰”的现象显著减少，“汉民无逃叛者”。皇太极在招降大凌河明朝官兵时，曾自鸣得意地说，辽东汉人“自收养之后，想逃亡尔地者亦少”[①]。

为了改变“金汉之民两相困毙”的局面，汉官一再要求皇太极革除影响后金长远统治的种种扰民弊政，发展生产，富国强兵。孙应时强调：“百姓不足，君孰与足”，指出：“瘠国穷民，欲其久相安于无事也不亦难乎？此足国足民之术，宜急议也。”[②]杨方兴抨击官吏贪渎，分田不均，他说：“上等肥饶之地，或被本管官占种，或被富豪家占种，余剩薄地，分与贫民。名为五日，其实不过二、三日。又兼连年缘地薄、民疲，粮从何来？前年新添壮丁，一垄地未得，今随众应差。此穷者益穷，富者益富。乞皇上亲谕户部，来岁分田，务要足五日之数；不论地之厚薄，务要贫富均分，不许管屯官与屯民一处分地，所以防侵占也。”[③]徐明远指出：“我国之管屯、将备、千总并未见有升迁降罚，岂非今日弊政而法弛之甚欤”，极力主张：考课屯官乃当今之急务，“察其田野开辟，货财攸聚，民知慕义而向上，则为善于抚治，应擢不次之赏”；如果“尅民而交结，则为蠹国害民，当赐法外之诛。”[④]还有许多汉官倡议“罢非时之

① 王先谦：《东华录》天聪五年十月。
② 《天聪朝臣工奏议》卷上。
③ 《天聪朝臣工奏议》卷上。
④ 《天聪朝臣工奏议》卷下。

工，隆养人之典”[1]，兴修水利，开垦荒地，提出“谕令民间有力者广为开垦”，“无力者牛具粟种官为之贷”[2]。皇太极采纳了这些主张，经常告诫臣下：“凡新旧归附之人，皆宜恩养”，否则“民不得所，逃亡叛离，户口减少”，“无异于助敌长寇也。”[3]明令禁止诸贝勒“额外修造，劳苦百姓”[4]“一切徭役，宜派有力者，勿得累及贫民”；对官吏进行考课监察，如果“牛录额真章京自占近便沃壤，将瘠远之地分给贫人，许贫人陈诉。”[5]“甄别管理汉人官员。以各堡户丁增减，定其黜陟。”[6]对于那些“不善抚恤，既致民数耗损”的官员，严加惩处[7]；督促官吏注意发展农业生产：“田畴庐舍，民生攸赖。劝农讲武，国之大经。尔等宜各往该管屯地，详加体察，不可以部分推诿……至于树艺之法，洼地当种粱、稗，高田随所宜种之。地瘠须加培壅，耕牛须善饲养，尔等一一严饬。如贫民无牛者，付有力之家代种。”[8]另外，还不断把降附人口和部分俘虏编为民户，以利于农业生产。

此后，后金（清）统治下的社会经济日益恢复和发展，荒地逐渐得到开垦，粮食产量不断增加，富家大户往往囤积大量粮食，待价而沽，盛京等处每天酿酒所用的粮食竟达数百担。棉花种植逐步推广，纺纱织布等手工业也开始日渐兴隆，而红衣大炮的铸造，更显示了后金社会生产发展的高度水平。这些与皇太极重用汉官政策的推行是有一定关系的。

在加强封建君主集权，限制满洲旧贵族的斗争中，皇太极充分发挥了富有封建统治经验的汉官们的作用。天聪四年（1630）幽禁阿敏之后，皇太极在宁完我、范文程等汉官的策划下，于次年七月下令设置六部。六部的主管官员虽然由诸贝勒兼任，但它已是凌驾于八旗旗主之上的最高行政机构了。同年十月，莽古尔泰大贝勒的爵位被革去，十二月汉官

①《天聪朝臣工奏议》卷上。
②《天聪朝臣工奏议》卷上。
③ 王先谦:《东华录》天聪九年六月。
④ 王先谦:《东华录》天聪九年六月。
⑤《清太宗文皇帝实录》卷一三。
⑥ 王先谦:《东华录》天聪九年七月。
⑦《清太宗文皇帝实录》卷二一。
⑧《清太宗文皇帝实录》卷一三。

李伯龙就以礼都参政的身份，提出“朝贺时每有逾越班次，不辨官职大小随愿排列者，请酌定仪制”。皇太极立即“命代善与众共议”[①]，结果，确定了皇太极南面独坐的“仪制”，结束了代善、莽古尔秦与皇太极南面并坐、分庭抗礼的局面。

天聪六年，汉人诸生胡贡明公开要求更改人必八家分养，财必八家分用的“陋习”，主张出兵打仗时夺得的财物抽出三成归官库，剩下的才由八家均分；俘虏的人口则一律由国家“恩养”，不再分给八家，使皇上“厚薄予夺之权得以自操，而人之心志亦归结于一处矣，”[②]以此来限制八和硕贝勒的权力。皇太极对胡贡明倍加赞赏，连称：“说的是，下次出门（指出兵打仗）必照你所言的行。”[③]

同年十二月，还采纳了宁完我的倡议，下令定官民服别，以利于“辨等威，定民志”。这样一来，既保护了汉官的尊严又限制了满洲旧贵族的专横。

崇德元年，皇太极称帝后，设立都察院，也是与众汉官久经谋划的结果。早在天聪五年，宁完我就上疏指出：“今日掌局之人岂尽循理方正，属下既不敢是非官长，局外又谁敢轻议权贵？是弊窦从兹而开，乱阶由此而酿也。”主张设置言官，监察弹劾，以限制“权贵”。对此，皇太极欣然说道“此本说得是，俟以次举行。”[④]此后，皇太极曾毫不掩饰地向汉官们交底：“我国贝勒及诸姑格格等皆以贪得为心，应作何禁止，尔高鸿中、鲍承先、宁完我、范文程等其酌议以闻。”[⑤]都察院就是他们酌议的产物。在限制满洲旧贵族的斗争中，如果不重用汉官，要想加强君权，完备封建统治机构，制定一整套与封建的经济基础相适应的典章制度，是不可能的。

在帮助皇太极吸收、运用汉族地主阶级的思想和统治经验，巩固后金（清）的封建统治的过程中，汉官们更起了独特的作用。他们辅佐皇

① 王先谦:《东华录》天聪五年十二月。

②《天聪朝臣工奏议》卷上。

③《天聪朝臣工奏议》卷中。

④ 王先谦:《东华录》天聪五年十二月。

⑤ 王先谦:《东华录》天聪九年二月。

太极效法历代帝王，熟悉汉族的封建典籍，成了一代“崛起之君”。张存仁曾奏请皇太极“远效尧、舜、禹、汤、文武之法，近仿汉高祖，宋太祖之制”[①]。胡贡明慷慨陈词，要皇太极“奋起刚毅之精神，拿出果决之手段”，以汉高祖为楷模，“如其用人，如其养民，如其立法，如其收拾人心，有何大事之不成乎？只要能成其事，即今日之汉高祖也。”[②]众汉官还详尽地向皇太极介绍了修身、齐家、治国、平天下的种种诀窍。王文奎在条陈中说：“帝王治平之道，微妙者载在四书；显明者详诸史籍。宜于八固山读书之笔帖式内，选一二伶俐通文者，更于秀才内选一二老成明察者，讲解翻写，日进《四书》两段，《通鉴》一章，汗于听政之暇，观览默会，日知月积，身体力行，作之不止，乃成君子。”[③]宁完我更提出帝王之师的面孔，大加指教：“如要知正心、修身、齐家、治国的道理，则有考经、学、庸、论、孟等书；如要益聪明智识，选练战攻的机权，则有三略、六韬、孙吴、素书等书；如要知古来兴废的事迹，则有通鉴一书。此等书实为最紧要、大有益之书……汗宜静览深思，或有疑蔽不合之处，愿同臣等讲论，庶书中之美意良法不得轻易放过，而汗之难处愁苦之事，亦不难迎刃而解矣。”[④]僻居关外的皇太极之所以能很快地熟谙汉族地主阶级千百年来积累的一整套统治经验，对汉族地主的封建思想运用自如，离开汉官的启迪是难以想象的。

皇太极称帝时所用的“劝进表”，是用满、汉、蒙三种文字书写的。他称帝不久，就对汉官说：“朕于满洲、蒙古、汉人视同一体，尔等同心辅国，譬诸五味调剂，贵得其宜。若满洲庇护满洲、蒙古庇护蒙古，汉官庇护汉人，是犹咸苦酸辛之不得其和。”[⑤]就此不难看出，东北汉族地主阶级在后金（清）政权中所处的地位及其政治代表——汉官受皇太极重视的程度。尽管皇太极对汉官存有戒心，对他们庇护汉人，少交钱粮，曾不止一次地进行过声色俱厉地指责，甚至严厉的惩处，汉官与满官之

①《清太宗文皇帝实录》卷二四。
②《天聪朝臣工奏议》卷下。
③《天聪朝臣工奏议》卷上。
④《天聪朝臣工奏议》卷中。
⑤ 王先谦:《东华录》崇德三年七月。

间尽管也存在着隔阂与矛盾，但是，共同的阶级利益却使满、汉封建势力结合到一起，形成了一个统治集团。满洲贵族虽然在清政权中仍处于核心地位，但清政权毕竟已不再是单一的民族政权了。它在政治上、经济上不仅代表着满洲贵族的利益，也代表了东北汉族地主集团的利益。所以，那种只强调清政权代表满洲贵族利益，实行一些民族压迫的政策，而忽略清政权保护汉族地主阶级利益，推行重用汉官政策的主张，是值得商榷的。

清兵入关后，在汉官们的首倡下，清王朝对明朝的官僚、地主实行"官仍其职，民复其业，录其贤能，恤其无告"的政策，这正是皇太极时期重用汉官政策的继续和发展。这一政策的推行，使满洲贵族与关内的汉族地主也紧密地勾结起来了，从而扩大了清王朝的统治基础，使清朝皇帝成为了全国封建势力名符其实的总代表。

综上所述，皇太极重用汉官的政策，是满洲贵族和汉族地主紧密勾结的纽带，是割据东北的清政权得以巩固和发展，最后入主中原的一个重要保证。剖析皇太极重用汉官的政策，可以有助于我们认识关外的清政权是以满洲贵族为核心，联合汉蒙封建势力及东北各少数民族上层的封建割据政权这一实质。

（原文载《辽宁大学学报（哲学社会科学版）》1979年第4期）

略论明代辽东军户

辽东是明王朝在东北地区发展势力的基地又是捍卫京师北京的屏障。辽东的军户则是明王朝在这一地区征兵筹饷的主要对象。辽东军户的状况不仅关系到明朝在东北地区统治力量的消长，而且关系到整个明王朝的安危。它是一个值得注意的研究课题。

一

明初统治者对于辽东的战略地位十分重视，在这里设置军事重镇，并把它列为“九边之首”。为了保证这一地区兵源不绝，粮饷有济，他们采取了一系列的措施以扩充辽东的军户。这些措施主要是：第一，调拨内地的军户，充实辽东。《全辽志》载：“洪武年间，因辽东二十五卫主军不敷，故于天下十三省编发填实。”[①]按明朝的制度，被调拨的军士都须携其妻子、余丁以及余丁的家属一同迁来辽东安家落户，累世相袭，永充军役。其中若有逃亡故绝者，则从各该军户的原籍佥解人丁前来抵补。第二，把内地因罪充军的人户发配到辽东。洪武二十六年规定：因罪充军者“江西、湖广、四川、广东、广西并直隶太平、宁国、池州、徽州、广德、安庆人，发北平、大宁、辽东属卫”[②]，充军者有“终身”和“永远”之分。前者只限本人终身服军役，后者则子孙后代永充军役，若有逃故也要“按籍勾补”。于是这种永远充军者连同其家属就成了累世定居边地的军户了。明初执法严酷，因罪充军者“县以千数”。其中相当

①《全辽志》卷五。
②《明史》卷九三。

多的一批人就被发配到了辽东。据《朝鲜李朝实录》载：宣德元年，因与汉王高煦叛乱有关而被发往辽东充军的人竟多达五万九千余名[①]。当时的巡按山东监察御史张聪说："辽东军士多以罪谪戍[②]"。第三，招抚塞外各族入居辽东，并把他们编入军籍。史称："高皇帝徙辽东塞外之民入居东宁卫[③]"。当时被迁入辽东者，除大批女真人之外，还有为数颇多的朝鲜人。《朝鲜李朝实录》载："太祖高皇帝时，脱脱丞相麾下三百人来投平安道。皇帝谕我国曰：'中朝人万余户归附朝鲜，即须刷还。'我国以平安、黄海之民充其数。"[④]这些高丽、女真人"来归"之后，辽东都司就陆续把他们"每五丁以一丁编为军"，分隶于东宁卫的五个千户所[⑤]。第四，把辽东民户全部仰配为军户。这是明初扩充辽东军户的一项最重要的措施。史称：洪武十年，辽东"革所属州县，并置卫二十有五"[⑥]。统治机构的这一变化，意味着原来隶属于州县的辽东民户全都变成了卫所管辖下的军户。《全辽志》载：洪武五年，"复设辽阳府、州、县……安集人民，柔来绥附，众咸得所。已而罢州县，籍所集民为兵也"[⑦]。可见罢州县是和籍民为兵联系在一起的。就是说，自从罢州县置卫所之后，原来辽东的民户不但隶属关系变了，而且其封建义务也变了，变成必须承担军役的军户。在明朝，全国各地一般都有军户和民户之分，辽东则例外。据《全辽志》载，在辽东的户籍中，除少数"寄籍户"之外，只有"额户"和"新发军户"。而这后两种人户全都属于军户[⑧]。辽东的这种特殊情况，正是洪武年间"籍民为兵"的结果。

辽东民户改隶军籍之后，其军役负担究竟怎样呢？《朝鲜李朝实录》载：建文时辽东人民曾大批逃往朝鲜。永乐六年，明朝派遣金声去朝鲜催取逃亡人口，金声在其奏书中指出：这批在逃人口"俱系洪武年间五

①《朝鲜李朝实录中的中国史料》，第1册，333页。
②《明宣宗实录》卷一〇七。
③《朝鲜李朝实录中的中国史料》，第2册，622页。
④《朝鲜李朝实录中的中国史料》，第2册，777页。
⑤《明太祖实录》卷一七八。
⑥《殊域周咨录》卷二四。
⑦《全辽志》卷六。
⑧《全辽志》卷二。

丁垛一充军藉定人数”[①]。由此可见，前面所说的“每五丁以一丁编为军”的措施，并非专在高丽、女真人中推行，而是在辽东其他人户中也同样推行的一种带有普遍性的措施，所谓五丁垛一，既是在每五丁中抽取一人为军，那么其余四人又作何处置呢？关于这一点，可以从辽东的正军和余丁的比数中得知大概。早年辽东军士的余丁“多者三、四人，少者一、二人”[②]。《明史·潘埙传》也称：辽东“故事，每军一，佐以余丁三”。明朝的通例是，每一正军仅有在营余丁一人，户下余丁一人。为什么辽东军士竟有余丁三、四人呢？我认为这一现象表明，明初所推行的五丁垛一法，就是在每五丁中抽一人为军之后，将其余四丁全部定为余丁。只是由于后来抽调余丁补充正军以及余丁的大批逃亡，才造成余丁不足四人的现象。隆庆时，庞尚鹏奏请清理逃入东南山的人户，主张“听其各相朋合，每五丁抽一强壮者守御地方，余四人即为帮丁”[③]。这个建议必定不是他自己设想出来的新方案，而是以明初推行过的旧制为依据的。可以说，他的这个建议正是明初五丁垛一法的具体说明。总之，明初辽东的军役制度同当时其他地区有所不同。在辽东既没有军户和民户之分，也没有正户和贴户之别，而是令全体居民尽为军户，然后在军户的壮丁中每五人抽一人为军而将其余四人全部定为余丁。

明王朝在辽东地区拥有大批军户之后，便把他们用于屯田和守边。所以辽东的军士和其他地区一样，主要分为屯军和操军两种[④]。明初辽东的屯军和操军究竟各占若干比数呢？有关史料记载不一。或云二分屯田八分戍守，或云三分屯田七分戍守，或云八分屯田二分戍守，有的甚至说明初辽东军士一度全部从事屯田。这些说法之所以不同，大概有两个原因。一是屯军和操军虽然各有相对固定的任务，但不是绝对不许变动的，有时根据边防形势的变化而加以调整。二是后来的人们为了强调明初辽东屯田的成就，不免对屯军的数量有所夸大，以致把洪武时关于辽东军士“俱令屯田自食”的诏令当作已经实现过的事实，我认为把明初辽东屯军的比数估

①《朝鲜李朝实录中的女真史料选编》，第13页。

②《全辽志》卷五。

③《明经世文编》卷三五八。

④ 明代的辽东还有少量的盐军和铁军，本文姑不论述。

计太高是不合实际的。据《明史·食货志》载：永乐时辽东操军一度多达十九万人[1]。此后操军人数尽管有所减少，但据嘉靖末年修订的《全辽志》所载，辽东马、步军原额尚有十万余人[2]。足见明初辽东操军决不会少于十万。如果加上屯军则为数更多。假令辽东军士全部从事屯田，那么按当时的规定每一军士种屯地五十亩来计算，辽东屯田面积当在五万顷以上。这显然是不合理的。因为据成化时总理粮储户部郎中毛泰说：洪武、永乐间辽东屯田面积只有二万五千三百余顷[3]。正德时山东监察御史周熊说：永乐十七年，辽东屯田数为二万一千一百七十一顷五十亩[4]。二万多顷屯地显然不需要十几万军士去屯种。那么明初辽东的屯军究竟有多少？《明史·食货志》载：永乐时，辽东屯军有四万人[5]。毛泰的奏书中也说，宣德时辽东屯军数为四万五千四百人[6]。这两个数字大概是可信的，因为四万多人所耕屯地当为二万余顷，而这恰与有关史料所载的辽东屯田数基本吻合。这样看来，辽东屯军充其量也不会超过旗军总数的三分之一。永乐后期，辽东都指挥使巫凯奏称：辽东"诸卫兵宜以三分之二守御，而以其一屯粮"[7]。这个建议应该是合乎实际的。

明初，操军和屯军的比例关系一般是：边地三分守城，七分屯种，内地二分守城，八分屯种[8]。就是说不论内地还是边地都是屯军多，操军少。可是辽东操军的人数却远远超过屯军的人数，这个特殊情况是与当时东北地区的政治、军事形势分不开的，在明初，东北地区的各种势力还在进行紧张的较量。洪武时元将纳哈出雄踞金山，多次南犯。永乐时鞑靼阿鲁台勾结兀良哈，寇掠辽东。而散居于松花江、黑龙江流域的各族，处在明朝和蒙古两大势力之间，又多心怀犹豫，叛附不常。在这样严峻的形势面前，明王朝为了确保辽东，号令全东北，牵制蒙古人的力

①《明史》卷七七。
②《全辽志》卷二。
③《明宪宗实录》卷二四四。
④《明武宗实录》卷三九。
⑤《明史》卷七七。
⑥《明宪宗实录》卷二四四。
⑦《明史》卷一七四。
⑧《明史》卷七七。

量，就不得不在辽东地区保持一支人数较多的作战部队。

由于辽东“孤悬海外”，转输不便，所以明王朝力求这一地区粮饷自给，而这一地区却没有民户可以提供税粮，于是军饷的主要来源就不得不靠军屯。可是辽东又恰恰是屯军少、操军多的地方，这就必然造成辽东军户负担重、待遇薄的现象。

明初规定屯军的负担一般是：每人种地五十亩，岁纳正粮十二石，余粮十二石，贮于屯仓。正粮听本军按月支用，余粮供卫所官军俸饷。洪熙元年将余粮减为六石，正统时又规定正粮不必归仓，屯军只须岁纳屯粮六石。辽东则与上述通行的制度有所不同。洪武时规定辽东的屯军“每军限田五十亩，租十五石”[①]。这种租额大概到永乐时一直循而未改。史称永乐时辽东岁收屯粮数为七十一万六千余石[②]。而当时辽东屯军的人数则如前所述当为四万余人，可知每一屯军岁纳屯粮当在十五石以上。值得注意的是，辽东屯军每年所交纳的十五石粮食仅仅属于余粮，而不包括正粮在内，所以名之曰“租”。当时的辽东“种唯一粟，岁只一收”[③]，是农业劳动生产率较低的地区。这里的屯军反而要比别处屯军多纳余粮三石，其负担之重可以想见，早在军屯兴办之初，辽东地区就已经只令屯军交纳余粮而不实行正粮上仓盘量的制度，其所以如此，大概就是因为屯军在交纳余粮之后，剩下的所谓“正粮”已经不足十二石之数了。

辽东军士的待遇是十分微薄的。他们每月仅能领取月粮一石，月盐二斤，每年领取棉布四匹，棉花一斤八两。屯军则以其纳租后所余的收获物充作月粮，不另发给，马军则另外拨给牧马地五十亩，发给刷草、豆料若干，以供养马之用。月粮一石尽管为数甚微，犹不能如数发给。永乐时规定：军士有家属者，其月粮仅发给本邑六斗，另四斗则折支不断贬值的大明宝钞。当时辽东的军士一般都有妻子、余丁以及余丁的家属随营屯戍，一家不下十余口，而每月所得之饷实际上只有数斗，自然

---

①《明宪宗实录》卷二四四。

②《明宪宗实录》卷二四四。

③《明经世文编》卷四三六。

不足以糊口。而且操军应调出征时其衣装盘费皆需自备，马军则一旦战马倒毙还得买马补数，这些费用更加重了他们的困难[①]。

既然辽东军户的负担如此之重，俸饷又如此之薄，那么他们究竟赖何以为生呢？这主要是靠余丁的帮贴。明初辽东的军士，每人通常都有余丁三、四人。按规定，余丁除帮贴正军之外，不再负担其他差役。因此余丁就可能把主要精力用于帮贴正军，通过辛勤的劳动以维持军户全家的温饱。李辅在其奏议中说：早年辽东军士的月饷越少“然所赖以供赡不乏者，以有余丁帮助，多者三、四丁，少者一、二丁。所得于月粮者虽薄，而所取于余丁者则厚。是以仰事俯育百无所虑，衣甲器用皆有所资。”[②]《全辽志·兵政志》也称：辽东“在昔盛时，武士奋击称雄长于诸镇者，以户有余丁，丁有余力。……而在操者又给以帮丁，终岁得徒手饱食，欲满意足，得以养其矫健之气而逞其战斗之心。”这些材料虽不免于夸张，但表明了一个基本事实：用一定数量的余丁帮贴正军，乃是正军能够承担繁重军役的一个必要条件。从这一意义上讲，封建国家不仅役使着正军本身，而且役使着所有的余丁，以至军户的全家。

由于明初统治者扩充了辽东军户的数量，役使大批军士为其屯田、戍边，同时又用一定数量的余丁帮贴正军，使军士在负担重、俸饷薄的情况下不致于立即破产。这就使他们在辽东地区的兵源和粮饷都得到了保证。辽东归附之初，其军饷几乎全靠内地供给。明廷除每年向辽东海运粮饷七十万石以外，还要以两淮、山东的盐引召商纳粮以济辽东[③]。可是大兴屯田之后，辽东数千里内“阡陌相连”“屯堡相望”[④]，屯田面积扩大到二万五千余顷，岁收屯粮增至七十一万余石，出现了“家给人足，都鄙仓庾皆满”[⑤]的局面。洪武三十年，竟以“辽东军饷赢羡”而罢海运。成祖即位后，虽然海运又复，但其规模已大为缩减，永乐元年，由

①《全辽志》卷二；《明史》卷五八。
②《全辽志》卷三二。
③《大明会典》卷二七；《明史》卷八〇。
④《全辽志》卷六。
⑤《全辽志》卷二。

海道运往北京和辽东的粮食总共不过四十九万余石[①]。永乐初又一度“悉停天下中盐，专于京卫开中”[②]。辽东好几年得不到盐商中纳，其粮饷犹能供应不乏。辽东军饷之所以能够如此充裕，显然是军屯发展的结果。兵饷既足，兵威乃盛。永乐时辽东的操军竟达十九万人。这支军队不但数量多而且战斗力强。史称：“辽左之兵尝为诸镇雄，人皆习虏轻敌而莫肯退畏者。”[③]洪武、永乐间，明军几次大举北征，辽东的精兵猛将多被用为前锋，并且屡建战功。足见这支军队确是明王朝维护其北部边防的一支劲旅。正因为明初统治者在辽东拥有这样强大的军事力量，所以能够顺利地消灭纳哈出，击败阿鲁台，招抚女真诸部，并把奴儿干都司设置在遥远的黑龙江口。

二

辽东的军户对于维护明朝的北部边防虽曾发挥过重要作用，然而这种局面并没有维持多久。自英宗正统以后，辽东军户的境迁就日趋恶化，延及嘉靖、万历之际，他们已陷入“贫已到骨”“死亡接踵”的绝境，完全不堪承担维护边防的重任了。

如前所述，辽东军户所赖以为生的一个重要条件是有余丁的帮贴。可是随着明朝政治的腐败，强加在余丁头上的额外负担也就越来越多。到成化、弘治之际，不但“百需俱出军余”[④]，而且“余丁各有差役，无他生理”[⑤]了。更严重的是，明中叶以来，统治阶级不断抽调余丁以补充正军的缺额，使余丁人数日趋减少。嘉靖时竟因“各营军伍十分空缺”而将“各官下舍丁、各军下应差余丁与寄籍人户尽数搜括，编补正伍”[⑥]。宁远，前屯一带竟“有一家而父子兄弟俱在行伍之中，有一身而

①《明史》卷八六。
②《明史》卷八〇。
③《全辽志》叙。
④《明宪宗实录》卷一七二。
⑤《明孝宗实录》卷一九六。
⑥《全辽志》卷五。

自少至老全无息肩之日，形影之外靡有孑遗”[①]。余丁既被抽调一空，军士就不得不全赖领取微薄的月饷维持生活，可是明后期由于辽东军屯的破坏，军士所能领得的月饷实际上在不断减少，这就使他们的生活更加艰难了。

辽东的军屯从英宗统治时期就开始逐渐破坏了。正统时，辽东卫所军官“往往占种膏腴，私役军士”[②]，将屯地“膏腴者耕种收利归己，硗薄者拨与屯军”[③]。各级军官大量侵占军屯上的土地和劳动力势必影响封建国家的屯粮收入。为此，成化时下令：“禁辽东武官役占屯田军士”，规定：“若有差占屯军者……降谪不宥”[④]。这样的一纸法令当然禁止不了兼并的发展，它倒向我们表明当时将官们侵占屯地私役屯军已是极为普遍的现象了。明后期，将官、豪右之家侵占屯地的规模更大，势头更猛。如嘉靖时，镇守太监白怀、镇守总兵麻循、监枪少监张泰、镇守辽阳副总兵张铭、分守监承卢安、参将肖淬、李监、游击将军傅瀚等“各占军民田土，多者二百五十顷，少者十余顷”[⑤]。当时人霍韬说：“辽东屯田原额粮六十万，近年仅存二十五万，则三十五万之粮之田皆入势家奸人之橐可知也。今又仅存十九万有奇……则五万之粮之田又入势家奸人之橐可知也”[⑥]。

军屯上的大批土地和劳力虽被将官豪右之家侵占，但封建国家的屯粮收入却要尽量保持原额。于是赔纳之害随之而起。成化时已有各种“无名屯粮五万余石，久累见在军士赔纳”[⑦]。嘉靖时，兼并日盛，屯粮日削，各级官员更“随事设法，以充原额”。当时强令军丁赔纳屯粮的名目很多，有所谓“升官粮”“样田粮”“巡抚米”“变易米”“抵补米”[⑧]等。万历时，熊廷弼说：“今屯田多为势豪所侵占，而贫弱军余以无田包

---

①《全辽志》卷五。
②《明英宗实录》卷一〇八。
③《明英宗实录》卷一二七。
④《明宪宗实录》卷二五五。
⑤《明世宗实录》卷一〇一。
⑥《明经世文编》卷一八八。
⑦《明宪宗实录》卷二〇〇。
⑧《全辽志》卷五。

有田，少田包多田者往往而是。以此赔补愈重，逃亡愈多，抛荒愈众。”[①]而逃亡、抛荒日益严重的结果，又势必加剧赔纳之害。简直是恶性循环无所底止！

明中叶以后，强令余丁顶种屯地代纳屯粮的做法更是促使军屯破坏的一项弊政。明初的屯军，人在纳粮，“人亡粮除”，而“景泰以后，乃以余丁补数抵纳，遂以为例”[②]。成化以后则“尽将屯军改为操军”，“耕作之业率归舍余，屯军已尽废矣”[③]。余丁原是用以帮贴正军的。如今令余丁屯田纳粮，不但使原来的正军失去必要的帮贴，而且使这种顶种屯地的余丁在无人帮贴的情况下去完成原来屯田正军的任务。这势必加速了他们的贫困破产。

在将官、豪右的侵吞占夺和封建国家的横征暴敛交相煎迫之下，屯田军丁苦累不堪，非死即逃。到嘉靖、万历之际，辽东的军屯已经名存实亡。魏时亮在其奏疏中说：“盖辽之困穷极矣。自嘉靖三十八、九年间，全辽岁欠，一望绝烟，丁壮死亡，十空八、九，缘此尺籍徒存，城堡虚旷，膏腴之产，鞠为污莱……”[④]隆庆时，辽东岁收屯粮只有十万八千石，根本不足以供饷军之用。这就给整个辽东军户的生活带来严重的影响。

正统时，由于辽东屯粮日削，军饷日匮，明廷只好动用太仓银两加以补助。这笔银两谓之“年例银”。军士月饷中的折色部分逐渐改用白银支给。其折支办法是：月粮一石折给白银二钱五分，辽东屯粮收入不断减少，则年例银逐年加多，而军士月饷中的折色部分也就随之加多。熊廷弼的奏书称：嘉靖时，部发年例一十九万八千余两，到万历时竟猛增至五六十万两[⑤]，这就使为数众多的辽东军士及其家属不得不越来越靠买粮糊口。当时的辽东，农业既已衰败，海运又久被禁绝，食盐开中的制度也早已废弛，粮食自然供不应求。嘉靖、万历之际，斗价银二、三钱，

①《筹辽硕画》卷一。
②《明宪宗实录》卷一七二。
③《明经世文编》卷三五八。
④《明经世文编》卷三七〇。
⑤《明经世文编》卷三五八。

有时竟高达六、七钱以至一两[1]。可是“粟价累倍，而军粮仍折二钱五分”[2]。致使军士“一月之支不够数日之食”[3]。

军士的月饷既已如此菲薄，犹不能按期发给。有的拖欠数月，有的甚至服役数年而粮银尚在户部。军士生活无着，只得出息借债，承受高利贷者的盘剥。万历时，侯先春说：辽东军饷“迩年支给每不依期，有两、三月而后散给者。军士无食，称贷于有力之家，若起一月息，所得仅十之七，二月息，所得仅十之三，月久则尽为他人有矣。”[4]军饷的拖欠已使军士吃尽苦头，而当发饷之时，各级官员又层层克扣，军士盼望已久的饷银，真正领到手的往往每月只有一、二钱，甚至几分[5]。魏时亮陈述辽东军士的困境时说：“戍守按抚，举皆菜色，荷戈枵腹，披甲可怜之状，真有耳所不忍闻，目所不忍见者矣。”[6]

挣扎在饥饿死亡线上的辽东军士，犹不能免于各级军官的奴役和勒索。当时的军官对军士“私役百端，科索万状”，凡可以谋利生财之事全都责令军士去办。“其包赔之苦，服役之劳，盖万万不可胜言也。”[7]有些军官甚至春季向军士发银五钱，秋季索取人参一斤，春季发给鸡蛋一枚，夏季索鸡一只。至于用弓矢、衣物、鞍辔、皮张等物强行摊派给军士以勒索高价的现象更是极为普遍。侯先春在论及此事时，曾深有感慨地说：“何怪乎营军之家，十九之为悬罄也！”[8]

万历时，明朝腐败已极。辽东守将李成梁取得朝廷宠信，先后把持辽东军政大权三十年之久，他倒行逆施，肆意搜刮，更加深了辽东军户的灾难。李成梁“贵极而骄，奢侈无度，军资马价盐课市赏岁乾没不赀，全辽商民之利尽笼入已”[9]。他榨取辽东人民的膏血除供自己挥霍外，还

---

①《明经世文编》卷四二八、卷四九四。
②《明经世文编》卷三三七。
③《明经世文编》卷三七〇。
④《明经世文编》卷四二八。
⑤《明经世文编》卷四二八。
⑥《明经世文编》卷三七〇。
⑦《明经世文编》卷四二八。
⑧《明经世文编》卷四二八。
⑨《明史》卷二三八。

用以交结朝中权贵，“中外要人无不饱其重赇为之左右”[①]。李成梁与宦官高淮“彼此以权力互援”[②]。万历二十七年，高淮以采矿、征税为名，“遍历辽东各地”，“但有百金上下之家，尽行搜括，得银不下数十万，闾阎一空”[③]。民谣云：“辽人无脑，皆高淮剜之，辽人无髓，皆高淮吸之。”[④]李成梁及其部下将领们又以重赀招募家丁为其私人扈从，多者百余人，少者三、四十人，他们对家丁“有求必予”，“恣其所好”[⑤]。家丁所到之处，“酒食尽出民家，妇女多遭其淫辱，一家倾竭，蚕食别室，稍不如意，尽行毁虏。马蹄经过，鸡犬一空，弓刀悬门，人皆丧魂”[⑥]。民谣云：“若遭大虏还有命，若遭家丁没得剩！”[⑦]到此可以说辽东军户的一切生路全被堵死了。

三

明代辽东的军户是遭受剥削和压迫最为深重的一部分人户，他们的反抗斗争一直是很激烈的。早在建文年间，辽东军户就有一万余户在林八剌失里的率领下，杀败官军的追击而逃入朝鲜[⑧]。永乐时，被调往松花江造船的军士，逃入海西诸部的多至五百余人。后来造船的军士又因不堪官吏的虐待而发动兵变[⑨]。这些事实表明；明代辽东的阶级关系从一开始就是相当紧张的。正统以后，随着辽东军户境迁的日趋恶化，他们的反抗斗争也就日趋剧烈。嘉靖、万历之际，辽东军户的反抗斗争更加高涨，使明王朝在辽东的统治受到极大的震动。

逃亡，是辽东军户反抗斗争的形式之一。逃亡的出路主要有三条。一是逃回内地或逃入海岛。在辽东军户中有很大一部分是关内人。因此，

①《明史》卷二三八。
②《明经世文编》卷四六七。
③《明经世文编》卷四三六。
④《明经世文编》卷四六七。
⑤《国榷》卷八三。
⑥《明经世文编》卷四二八。
⑦《明经世文编》卷四二八。
⑧《朝鲜李朝实录中的中国史料》，第1册，171—173页。
⑨《明史》卷一七四。

他们逃亡的第一个目标自然是奔回原籍。正统时，“辽东军士往往携家属从登州府运船，越海道逃还原籍，而把守官受私故纵”[①]。此后，辽东“束伍渐废，则逋岛越海者多矣”[②]。嘉靖时，由于军户不断逃回内地，而且“累经清勾，未见解报”，致使辽东“行伍日见其空”[③]。万历时，辽人苦于差繁饷薄，逃回内地的更多。而卫所军官“以入伍脱逃罪当及己”，“且利其遗下口粮，潜入囊橐，”对军士的逃亡既不敢也不愿深究，于是“荷戈之人，优游闾里，更无谁何之者”[④]。辽东军户逃内地的现象尽管日甚一日，但毕竟因为关山难越，海道阻险，使逃亡受到限制。而且明朝在乐亭、沧州直至东莱等地遍置巡检，“凡逃军、逃囚，及出百里，无引必获”[⑤]。使他们逃回内地的愿望更不易实现，即令冲破这重重难关得回乡里，却又不免于“清军”“勾军”之苦，难以安生。因此，有许多从海道逃亡的人就在中途停留下来，居住于辽东和山东附近的沿海岛屿，以耕田捕鱼为生。《三朝辽事实录》载：辽东和山东原通海运。“嗣因亡命窜入海岛为患，设禁始严”[⑥]。按明朝禁绝这一海域的航运是从成化十三年开始的[⑦]。这说明从那时起，逃入海岛的辽东军户已对统治阶级构成威胁了。《朝鲜李朝实录》载：金州、盖州东南海面有七十二岛。弘治时，“关外二十五卫民人，或强盗，或杀人，或犯纲常重罪，数多潜入，几至千数”[⑧]。隆庆时，“岛民潜住已非一日……（蓟、辽）两镇逃军，逃民，杀人亡命之徒，利其递送，趋为渊丛”，于是“一人勾引数人，一岛蔓延数岛”。他们“始本负罪以逃生，后敢负险以怙势”[⑨]，逐渐由逃亡斗争走上武装反抗的道路，几乎酿成统治者的“滔天之患”[⑩]。

---

①《明英宗实录》卷四七。
②《天下郡国利病书》第34册。
③《全辽志》卷五。
④《野获编补遗》，转引自《读史札记》115页。
⑤《天下郡国利病书》第34册。
⑥《三朝辽事实录》卷首。
⑦《明经世文编》卷四九。
⑧《朝鲜李朝实录中的中国史料》，第777—778页。
⑨《明经世文编》卷三八三。
⑩《明经世文编》卷三八三。

辽东军户逃亡的第二条出路就是辽东东南部的山区。嘉靖时，李辅说：辽东的“东南一带，南至海，北至叆阳，东至边，西至镇夷、草河等堡，周围约四五百里，原虽派东宁卫管辖，但地方旷荡，山谷绵连，各卫避差人丁，军徒重犯，尽皆逃躲此处”[①]。隆庆时，庞尚鹏说：辽东军户为“避差科之劳，惧战斗之苦，相率走匿于穷乡，东南山乃其渊薮也……先年抚臣招兵东南山，有愿备鞍马投充报效，不终朝而应募者数千人”。应募者咸“以报效为词，告取壮丁占据名下”[②]。这次招兵，一下子就有几千人应募，加上被应募者“占据名下”的壮丁，为数当不下万人。而这仅仅是逃亡人口的一部分，足见东南山逃丁数量之多。这些逃入山区的流民和逃入海中的岛民，被统治阶级视为莫大隐患。明朝的文官武将们采用了种种办法，试图把逃丁清理出来，但都没有取得成功。魏焕说：“辽之东南，崇山大海。海有岛，流徒之民聚其间者曰岛民，聚于万山之间者曰流民，是皆四方亡命流徒，自食其力而罔知官府之法者。置而不问，则无以涣天下之群，而有意外之虞。绳之以法，则是激以贾祸也，故为之清查，为之保甲，为之解发，为之类编差银，皆求所以治之，而卒无底于成。此其势有所不能，而处之无其方也。”[③]

辽东军户逃亡的第三条出路是边外少数民族分布地区。正统时，吴良奉命使海西，“见女真野人家多中国人，驱使耕作。询之，有为掳去者，有避差徭，罪犯逃窜者”[④]。嘉靖时，王维贞说：“汉掠在虏者，率安土忘归。其能者反为胡攻汉。问之，则谓汉赋法重，人无宁处，而胡俗自便，以故苦汉而安胡。”[⑤]万历时，侯先春说：辽东“饥寒困苦之民……因虏入而愿随之去者比比也”[⑥]。可见“把民族感当做独立因素来谈就只是抹煞问题的实质”[⑦]。辽东军户在为自身的生存而斗争的时候，并不因民族的异同而决定自己的背向，他们甚至感到“生于辽，不如走

①《全辽志》卷五。
②《明经世文编》卷三五八。
③《皇明九边考》卷二。
④《全边略记》卷一〇。
⑤《明经世文编》卷二六二。
⑥《明经世文编》卷四二八。
⑦《列宁全集》第1卷，第135页。

于胡”[①]。所以万历三十三年，当李成梁强令宽甸六堡居民全部内迁时，那里的“强壮之人”便“大半逃入建州”去了[②]。

辽东军户逃亡的数量之多，规模之大，从该地区户口减耗军伍缺额的严重情况中可以窥见一斑。嘉靖末年，辽东“每一大城之中，旧有数千百家者，今寥落百十家而已，一大堡之中，旧有百五六十家者，今荒凉七八舍而已。村落丘墟，蒿莱满目，萧条之状不忍殚述”[③]。广宁前屯卫所辖马、步、屯、盐、铁军原额共计五千一百四十二名。其军户原额理应与此数相当。但到嘉靖末年，该卫军户仅存三百五十家。军户的减少必然造成军伍的缺额。嘉靖末，齐宗道说：辽东“马步官军虽有七万之名，其逃亡事故，老弱不堪，可借力者不满四万”[④]。万历时，杨道宾甚至说：辽东“堪战精兵不满八千”[⑤]。固然，明后期的辽东灾荒频仍，“虏难恒有”，户口减耗的原因非止一端，但军户的大批逃亡不能不说是一个重要的因素。

辽东军户还不断采取兵变的形式进行武装反抗。正统四年，宦官刘瑾派遣韩福、刘玉等以覆实辽东屯田为名，在辽东“伪增田数，搜括惨毒”[⑥]。义州、锦州等地军余遂在高真、郭城等领导下，“焚掠将吏及诸大姓家”[⑦]。他们的斗争与大同的兵变遥相呼应，给统治阶级有力的一击。嘉靖十三年，吕经以右副都御史巡抚辽东。他把一部分余丁强行编入均徭册，令其承担差徭，又下令收回马军的牧马地。他还督迫军丁赶修边墙，弄得民不堪命。次年，辽阳军士在赵劓儿的领导下，一哄而起，怒殴为虎作伥的都指挥刘尚德，砸开辽东都司官署大门，焚毁均徭册，揪出吕经，并把他扣押起来，后来吕经逃到广宁，续续作威作福。都指挥袁璘克扣马军草价，为吕经置办行装。广宁的军士愤怒已极，遂在于

① 陈继儒:《建州考》。
②《建州私志》卷上。
③《全辽志》卷五。
④《全辽志》卷五。
⑤《明经世文编》卷四五三。
⑥《明史》卷七七。
⑦《明史》卷三〇六。

蛮儿的领导下，再度扣押吕经，并把他“裸而置之狱”[①]。这时抚顺的军士们也“缚指挥刘雄父子”“并劫其家”，响应辽阳、广宁的兵变[②]。整个辽东一度陷入“官吏多逋，城门昼闭，远近惶惧，莫之所为”的局面[③]。这次斗争虽在统治阶级血腥镇压下陷于失败，但仅仅过了四年，辽阳的军士们又以“粮赏不及”而“鼓噪登城”了[④]。万历三十六年，辽东军户又掀起反税监高淮的斗争。前屯卫的军士们首先起事。他们怒不可遏，“誓食淮肉”[⑤]，“聚众数千，围攻税府”[⑥]。明廷企图以高压手段制止反抗，但结果“辽东一百三十七城堡，十余万军，数十万百姓，处处沸腾，人人疑惧”[⑦]。反抗的烈火反而越烧越旺了。面对这种局势，内阁大学士叶向高惊呼：“今辽之变，不数月间，一见于前屯，再见于松山，三见于广宁，四见于山海关，势愈猖狂，地愈迫近，燃眉剥肤，未足云急！”[⑧]足见这场斗争对统治阶级的打击是十分沉重的。

辽东的军户原是明王朝用以维护其统治的工具，可是由于统治阶级对他们残酷剥削和压迫的结果，反倒使他们转化为削弱和破坏这种统治的力量了。而这种形势又恰恰为努尔哈赤的崛起提供了有利条件，遂使明朝的一统天下不得不首先从辽东开始崩溃。这就是历史的辩证法对明朝统治阶级无情的嘲弄。

（原文载《安徽师大学报（哲学社会科学版）》1981年第4期）

---

①《明史》卷二〇三。
②《明史》卷二〇四；《全辽志》卷五。
③《全辽志》卷五。
④《皇明九边考》卷二。
⑤《明史》卷三〇五。
⑥《明经世文编》卷四六二。
⑦《明经世文编》卷四六二。
⑧《明经世文编》卷四六二。

“三饷加派”考实

三饷加派是激化明末社会矛盾，导致农民大起义的一个重要原因，“蠲免三饷加派”又是清朝统治者所津津乐道的一项“德政”。然而三饷加派究竟为数若干？它在明末赋税收入中究竟占有若干比重？清朝建立后是否真正将其蠲免？对于这些问题，史料记载多有出入，近人的论著也说法不一，这不能不影响到对明末清初许多重大历史问题的看法，实在有弄清楚的必要。

一

《明史·杨嗣昌传》称，三饷加派总额为一千六百七十万两，其中辽饷六百六十万两，剿饷二百八十万两，练饷七百三十万两。《明史·食货志》则引御史郝晋之说，谓：“万历末年，合九边饷止二百八十万两，今加派辽饷至九百万。剿饷三百三十万，业已停罢。旋加练饷七百三十余万。自古有一年而括二千万以输京师，又括京师二千万以输边者乎？”两处记载相互抵牾，究竟应以何为准呢？我认为郝晋时为朝廷御史，是个了解情况的人，他的话应该受到重视，但如何理解他的这段话，却是值得研究的。一九七四年中华书局出版的《明史》，在杨嗣昌传后的校勘记中指出，“按本书卷七八食货志引御史郝晋言，加派辽饷九百万，剿饷三百三十万，练饷七百三十多万，共一千九百六十多万”。对郝晋的话作这种解释是值得推敲的。因为郝晋明明指出“剿饷三百三十万业已停罢”，而校勘记仍将这一项计算在加派总额之内，这显然与郝晋的原意不相符合。按李清在其《三垣笔记》中引蒋德景言：“……因既有旧饷五百万，新饷九百万，复增练饷七百三十万，当时部科实难辞责”，又言：“今既有旧饷，复增新饷、练饷，括尽民间金钱，已不堪命”[①]。《国榷》载，崇祯十四年十一月李开先言：赋役“头绪多端，条鞭外有辽饷，辽饷外有练饷”[②]，官吏便于作弊。黄宗羲在《明夷待访录》中亦称明末加派为“新饷九百万”和“练饷七百三十万”[③]。明末人对于当时加派的论述都言及辽饷（或称新饷）、练饷，而唯独不提剿饷，这决不是由于他们的疏忽，而是由于剿饷确是被“停罢”了。崇祯十六年，户部尚书倪元璐在其《并饷裁饷疏》中也只说将“边饷”“新饷”“练饷”三者合并而未言及剿饷[④]。倪元璐的并饷旨在“执简驭繁”，如果当时剿饷还在继续征收，那么它是不会不被列入合并项目之内的。既然剿饷被停罢确是事实，那么郝晋所说的二千万之数又从何而来呢？我以为这指的是旧饷二百八十万，辽饷九百万和练饷七百三十万，三项合计一千九百一十万，郝晋取其成数，故言二千万。其所谓二千万云者并非专指加派而言，而是指每岁括自民间而输之京边的饷银总数。所以他在计算时是决不会将旧饷排除在外而反倒把已被“停罢”了的剿饷列入其中的。

为了准确地理解郝晋这段话的原意，对其中“今加派辽饷至九百万”一语还有必要加以说明。按万历末年三次加派辽饷，每岁共征银五百二十万两，崇祯三年再加辽饷一百四十万两，前后共加辽饷六百六十万两，这是载在史册，班班可考的事实。郝晋为什么竟说辽饷有九百万之多呢？黄云眉先生在《明史考证》中指出：“或辽饷本六百六十万，其后剿饷二百八十万停罢，而阴入之辽饷中，名曰新饷，实并辽饷剿饷为一事。”[⑤]黄先生注意到剿饷名为停罢，实则“阴入之”其他加派中，这一看法是确有见地的。但剿饷被“阴入之辽饷中”的这个推测却与有关记载不相符合。因为崇祯八年户部就曾奏报：“新饷岁入八百五十七万三千两有

①《三垣笔记》附识卷中。
②《国榷》卷九十七。
③《明夷待访录》田制三。
④《倪文贞公奏疏》卷七、卷八。
⑤《明史考证》第二册，第六四一页。

奇。”[1]可见早在加派剿饷两年之前就已有“新饷”这一名称，而且其数额已将近九百万两了。所以新饷的来历只有一种解释才比较合理，即将天启年间所加派的关税、盐课、杂项等二百三十九万余两与辽饷六百六十万两合并，共为银八百九十九万余两，名曰新饷。新饷者旧饷之对称，是用以区别于原有赋税的。由于习惯的原因，当时的人们往往仍称之曰辽饷，郝晋所说的辽饷九百万，实际上就是指的新饷。

明末军费日增，财用不足，已经加派了的剿饷自然不会真的被“停罢”。对有关记载稍加留意便不难看出这项加派实际上是被“阴入之”练饷中去了。《明史·食货志》称，练饷加派的具体做法是“亩加练饷银一分”[2]。按万历时每亩加派辽饷九厘，得银五百二十万两，可知当时实际承担加派的地亩只有五百七十八万顷。崇祯三年每亩加派辽饷三厘，得银一百四十万两，则是承担加派之地亩已减至四百六十六万顷。崇祯十年加派剿饷，其中“因粮”一项（后改均输）的征收办法是每亩派粮六合，粮每石折银八钱。也就是说每亩征银四厘八毫共得银一百九十二万两。可知这时承担加派的地亩已进一步减少到四百万顷了。如果两年之后这个地亩数没有继续减少，那么每亩加派一分所得的练饷当为四百万两左右。何以史料中多称练饷竟有七百三十万之多呢？这显然是将剿饷并入其中的缘故。

为了证实剿练二饷确已合并，还有必要对剿饷实征数额作些说明，《明史·杨嗣昌传》称剿饷为二百八十万。《明史·食货志》引郝晋言剿饷为三百三十万，《明清史料》中有杨嗣昌的题本，内称，练官兵十二万，共需饷银二百六十二万八千两[3]。《明史·杨嗣昌传》所载与此数相近，不为无据。但郝晋的话则是当时人言当时之事，也必有所本，不容轻易否定。那么二者何以说法不一呢？我认为二百八十万云者议于加派之前，三百三十万云者论于加派之后，两者都是对的。明廷为了练兵十

①《续文献通考》卷三十。

② 按《清代档案史料丛编》第四辑，第七页载，顺治十八年户部尚书阿思哈的题本内称，“备查明季加增练饷，臣部并无旧案，止有遗单一纸。有每亩派征一分之数”，可知明史中关于“亩加练饷银一分”的记载是可靠的。

③《明清史料》乙编，第九本，兵部尚书杨嗣昌：“题申明督饷原议稿”。

二万，须要筹饷二百八十万，于是以此数定为加派的指标。但这次加派的做法中除“均输”“驿递”之外，尚有“溢地”“事例”二项，所谓“溢地”就是清查漏税地亩令其纳税。所谓“事例”就是令富民纳资为监生。这两项收入的具体数额都是事前无法确定的，由于竭力搜刮的结果，终于超过了原有指标，共征得剿饷三百三十万两。这应该是合乎情理的事，崇祯十二年，明廷为了扩大财政收入将三百三十万作为剿饷之定额与练饷四百万合并征收。于是练饷遂有七百三十万之数。《明史·食货志》引御史卫周胤言：“剿练之饷多至七百万，民怨何极。”这句话不但指明了剿练二饷已经合而为一，而且指明了七百万之数是二饷合并后的总额。

通过以上的考察，可以看出，明末加派总额应该是一千六百三十余万两，其中包括新饷（或称辽饷）九百万两，剿练之饷（或称练饷）七百三十余万两，《明史·杨嗣昌传》所载明末加派总额虽与实际数字相近，但传文中将新饷九百万误为辽饷六百六十万，又将已被并入练饷之中的剿饷作为独立的一项计算在加派总额之中，这些都是不符合实际的，正是由于这些错误记载才给人们造成了混乱。

二

有些同志根据《明史·杨嗣昌传》的记载，认为明末加派总额为一千六百七十万两。这个数字虽然近乎实际，但当他们论及明末的加派与赋税原额的比例关系时，则又各持一说，差距颇大了。有人说明末加派“超过了旧赋额的三倍以上”[①]。有人则说：“加派超过往常岁收的一倍以上”[②]。二说之所以不同，是因为前者认为明朝赋税原额为四百万两，后者认为明末岁收原额为一千四百六十一万两。其实这两种说法都是值得商榷的。万历四十七年李长庚言：“臣考会计录，每岁本色、折色通计千四百六十一万有奇，入内府者六百余万，入太仓者，自本色外，折色四

①《明清史论丛》第一〇页。
②《明清史论丛》第一一四页。

百余万。”[①]按李长庚时为户部侍郎，对当时的财政状况应该是了解的，他的这段话又与《万历会计录》《春明梦余录》《垒庵杂述》等明人有关记载基本一致[②]，看来是可靠的。从这段话中可以看出，四百万两不过是太仓收入中的折色部分，一千四百六十一万两也只是旧赋额中“起运”的部分，而不包括“存留”在内。二者都不是加派以前赋税收入的总额。明朝的制度，赋税收入中一部分输于京边，谓之起运，另一部分贮于地方，谓之存留，这是人所共知的事实，据《明史·食货志》载，万历时岁收夏税米麦四百六十余万石，起运一百九十余万石，余悉存留；秋粮米二千二百余万石，起运一千三百余万石，余悉存留。（其钞、绢两项未注明起运存留之数，姑从略）可知两税收入中存留一项约占总额的百分之四十六。这样一笔巨额财政收入是不应该被忽视的。那么明末地方存留折银计算究竟有多少呢？蒋良骐的《东华录》载，康熙八年七月，户部奏称：“臣等查直隶各省原额存留银一千六十九万三千八十五两零”，这个存留银的“原额”应该就是从明朝承袭下来的数字。因为在这次户部的奏报中提到，这项原额存留银“向因兵饷不敷，通共裁过银三百一十六万五千三百四十六两零”，“又于康熙七年裁银一百七十四万四千三百六十九两零”。几经裁减之后，存留银已经大大不足原额了。同时户部尚书郝维讷等在其奏书中也说：“……殊不知我朝定鼎以来，（存留银）屡经裁汰，见在所存之数，万难再减。”[③]就是说存留银的原额是屡次裁减以前的数额，而这种屡次裁减的措施是“我朝定鼎以来”就开始了。足见这个原额不是清朝规定的，而是明朝原有的。上文所述万历间夏税秋粮中存留地方者共计米麦近一千二百万石。如果按每石折银八钱计算，则存留中仅此主要的一项即可折银九百六十万两，可知康熙时户部称原额存留银为一千六十九万两不是没有根据的。如果上述判断无误，那么明末赋税原额当为二千五百三十万两，其中起运一千四百六十一万两，存留一千六十九万两。明末加派总额如前所述当为一千六百三十万两，

①《明史》卷二五六，《李长庚传》。
②《万历会计录》卷一，转引自《晚明民变》，第二二页；《春明梦余录》卷三五，《垒庵杂述》卷下。
③ 蒋良骐：《东华录》卷九。

相当于原有赋税的百分之六十五。

王夫之在其《搔首问》中说：明末“加派练饷，每秋粮一石至二三钱”。这句话可以作为一个旁证，足以说明上述推算大体无误。因为三饷总额约为练饷2.2倍，万历时两税总额约为秋粮1.2倍，可知明末农民每纳二税一石当加三饷银六钱左右。以税粮每石折银八钱计之，则三饷加派约相当于二税的百分之七十五左右。如果把赋税原额中出自二税以外的部分计算进去，则三饷的比数当有所降低，其结果恰与前面的推算大体一致。

明末统治阶级固然不惜对人民进行残酷的剥削，以维持其庞大的军费开支，但是他们的主观愿望毕竟要受到客观条件的限制。在那烽火遍地，哀鸿遍野的年头，他们纵有天大的本事，也很难在短时期内把赋税收入扩大一倍甚至几倍。所以明末加派相当于赋税原额一大半的这种估计看来还是合理些，客观些。

三

清朝建立之初就宣布三饷加派是“厉民最甚”的弊政，因而将其“尽行蠲免”，并一再表示要“轻徭薄赋，与民休息”。但是话虽说得动听，却没有真正实行。顺治六年江西巡按御史王志佐奏称，顺治三年江西“归附”后，该布政司即将明朝在全省加派的银数造册上报户部，“谓此叁饷俱在蠲免之列矣。后奉部文通行省道内开：派征钱粮照万历年间则例，其天启、崇祯年加增尽行蠲免。盖以前项辽饷在万历年间加派，故复照旧派征耳。”[①]可见清朝从一开始就根本没有蠲免辽饷的打算。《清实录》载，顺治八年诏称：“各省由万历年间加派地亩钱粮，顺治八年分准免三分之一”[②]。可见令民间交纳辽饷已被清廷视为当然，因而将这项加派的三分之一暂免一年也被当成“皇上恩泽”而在史籍上大书一笔了。顺治十四年颁布的《赋役全书》在其序文中更明明白白地写道：“至若九

①《清代档案史料丛编》第一辑，第一五二页。

②《清世祖实录》卷五二。

厘银，旧书未载者，今已增入。”[①]从此辽饷便公开纳入正赋之中了，《邵阳县志》载：“九厘饷起于明万历间，康熙初滇黔用兵，因复行之，谓之辽饷。”[②]顺治时九厘银既已纳入正赋，康熙初竟然又在邵阳县加派九厘银，这明明是令该地人民承担双分的九厘银。一县如此，他县可知。

清初不但辽饷继续在征收，而且“剿练之饷”也未真正被革除。只要把清初地丁银收入总额同明末加以比较，这个问题就会清楚了。据《清实录》记载，顺治十八年全国基本统一后，实际征收的地丁银总数为二千五百七十二万余两[③]。明末包括加派在内的赋税总额如上文所述应为四千一百万两。但必须指出后一数字是明末各种赋税的总额，并非完全出自田赋、丁银两项。明末赋税原额中出自盐课、关税、杂项、事例等项者共约一百五十七万余两。新饷中有天启间加派的盐课、关税、杂项等二百三十九万余两。被并入练饷的剿饷内还有出自“因粮”“溢地”二项之外者约九十八万余两。除去上述几项，则明末赋税中出自地、丁者当为三千六百余万两。还必须指出，这个数字是将朝廷岁收漕粮四百万石折银计算在内的，清朝漕粮收入略与明朝相等，但却未被计算在地丁银数之内。如果以每石折银八钱计算，则除去漕粮之后，明末的田赋丁银当为三千二百七十余万两。最后还应指出，这一数字只是明末田赋丁银的征收指标而非实收数字[④]。在明朝，“条鞭征至七八分，不碍有司考成”[⑤]。所以赋税不能如数征足是经常的现象。崇祯十六年，倪元璐在其《复奏并饷疏》中说，边饷、新饷、练饷三项合并后，共该入银二千零一十万两，实际征银仅一千五百八十万余两[⑥]。实征额不足应征额的八成，因此明末包括加派在内的全部赋税中，出自地丁二项者，实际上只能征收二千五百八十余万两。这虽然不是精确的数字，但它与明末的实际情

①《清世祖实录》卷一一二。

②《邵阳县志》，田赋总考。见《清经世文编》卷二七。

③《清实录》卷五。

④《清世祖实录》卷八四载，顺治十一年户部奏称，除川，桂，滇，黔外，全国十一省地丁原额三千一百六十余万，实征二千五百二十一万。可知清朝赋税也同样不能足额征收，顺治十八年川、桂、滇，黔四省尽入清朝版图，地丁银应征数额当超过三千一百万，而实征仅二千五百余万。

⑤《清经世文编》卷二九，《赋役后议》。

⑥《倪文贞公奏疏》卷七、卷八。

况大概不会相差太远。值得注意的是这一数字同顺治十八年实征地丁银数几乎相等。这表明清初虽然形式上蠲免了剿饷、练饷，实际上却保住了这项加派的收入。黄宗羲说："……倪元璐为户部，合三饷为一，是新饷、练饷又并入于两税也。至今日以为两税固然，岂知其所以亡天下者之在斯乎！"[①]他的话表面上是在指责倪元璐，实际上则是对清朝统治者的揭露。因为正是他们一面在口头上宣布按万历年间则例征收钱粮，另一面又在实际上把明末一切加派并入正赋。

清朝初期的地丁银虽然在实际上包括练饷在内，但统治阶级并不满足。顺治十八年，他们又明令于地丁银之外征收练饷了。这实际上就是练饷之外再加练饷。上文指出明末的练饷应为四百万两，而顺治十八年清廷竟要加派练饷五百万两，并且规定"两个月内，如数征完"，若逋限不完，则将有关督抚及经管官员"交与吏部从重议处"[②]。其酷虐之程度比明末实有过之。康熙元年虽宣布停止这项加派，但人民是否受到实惠还很难说。顺治末年由于军费浩繁，财用匮乏，入不敷出者岁达数百万[③]。为了弥补财政亏空才决定征收练饷。康熙元年既未裁兵又未减将，练饷停罢后，饷从何来？想必还是改头换面地加到人民身上去了。

清初不但没有真正蠲免三饷加派。而且使人民的赋税负担更加沉重。这种情况正是激起人民继续反抗的一个重要原因。当时统治阶级中的许多人对于这一点是十分清楚的。有人指出："今天下自十余年来，盗贼随在生发，屡图剪扑，卒不得其要领，所以致此者，良由赋役重烦。"[④]有人主张："行蠲免，薄赋敛，则力农者少钱粮之苦，而随逆之心自消。"[⑤]有人甚至建议以"免积逋，减额赋"的手段去缓和人民的反薙发斗争，认为"力农者不苦追呼，而乱萌自戢"[⑥]。这些人的确是看到了当时社会矛盾的实质。顺治帝在其诏书中说：明末"因兵增饷，加派繁兴，贪吏

①《明夷待访录》田制三。
②《清代档案史料丛编》第四辑，第八页。
③《清经世文编》卷二九，《纪顺治间钱粮数目》。
④《皇清奏议》卷一。
⑤《清世祖实录》卷一九。
⑥《清史列传》卷七八，《张存仁传》。

缘以为奸，民不堪命，国祚随之，良足深鉴。”[①]他对明朝覆亡的教训认识得可谓深刻了。那么为什么偏偏不能减轻赋税剥削，向人民作些让步呢？我认为让步与否并不取决于统治阶级的主观愿望，而是取决于阶级斗争的形势。王命岳说：“臣见今日，因贼而设兵，因兵而措饷，因饷而病民，民复为贼，展转相因，深可隐忧。”[②]顺治四年殿试的试题中也表露出统治者这种矛盾的心情：“将欲减赋以惠民，又虑军兴莫继，将欲取盈以足饷，又恐民困难苏，必如何而后两善欤?”[③]在“惠民”与“足饷”二者不可得兼的时候，统治阶级自然要选择后者，因为他们毕竟是封建统治阶级，有“贼”而不“讨”就不能维护封建统治，既要“因贼而设兵”，就难免“因饷而病民”。在这种形势下，指望他们让步就是很困难的了。

（原文载《安徽师大学报（哲学社会科学版）》1983年第1期）

①《清世祖实录》卷一一二。
②《清史稿》卷二四四。
③《清世祖实录》卷三一。

试论人心向背与明末辽东战局

一

公元1618年，满洲族的杰出领袖努尔哈赤以“七大恨”誓师伐明。次年，在萨尔浒之战中，后金一鼓击败明军的四路围攻，争得了战争的主动权。公元1621年，后金以锐不可当之势，连下沈阳、辽阳等辽东七十余城。第二年，后金又乘胜进兵，攻取广宁，迫使明兵遁逃入关。从公元1618年到公元1622年，努尔哈赤统帅着八旗劲旅，所向披靡，打得明军一败涂地，在短短的四年之内就夺得了辽东大部分地区的统治权。然而，在公元1626年的宁远之役中，他却打了败仗，连自己也被红夷大炮击伤。这一仗，明朝挡住了后金的进攻，使战争转入相峙的局面，并且维持了近二十年之久。对于战争形势的这一变化，努尔哈赤很不理解。他说：“朕自二十五岁征伐以来，战无不胜，攻无不克，何独宁远一城不能下耶？”[①]就在宁远受挫之后不久，这位叱咤风云的英雄人物竟带着困惑不解的心情郁郁而死。从此，明末辽东战局变化的原因就成为史学家们常常加以评说的一个重要话题。

在以前，有些人囿于传统观念。总是以为在明与后金的战争中，辽东人民当然是始终站在明朝一边，去反对“异族入侵”的。人心的向背既被视为固定不变的因素，因而他们总是把这个问题撇在一边去探讨辽东战局变化的原因。他们往往把努尔哈赤的获胜仅仅归结为八旗兵的勇悍善战以及明朝的用人不当、战守失策。而后金受挫于宁远则主要是因

①《东华录》，天命十一年二月壬午条。

为袁崇焕善于守城，惯于野战的八旗兵又不长于攻坚。于是宁远城堡之坚固，红夷大炮之威力，在他们的笔下就被描绘得神乎其神了。

征诸史实，事情并非如此简单。首先，当努尔哈赤向辽东胜利进军的时候，并非没有发生过剧烈的攻坚战。公元1618年的清河之役就是其中的一例。清河地处山岩之中，城堡坚固，号称天险。明参将邹储贤以兵五千，踞险固守，并且作了三个月的战斗准备。战前又有游击张沛率兵三千，前来助守①。城上设置“大小枪炮一千二百”②，“一切火器城守之需，靡不毕具”③。这样的城堡可谓险且固了。然而后金攻取该堡，简直是“易如拉朽”④，竟在一天之内就解决了战斗。可见八旗兵不善攻坚之说并不是绝对的；坚固的城堡、精良的火炮在战争中的威力也不是无限的。天聪时，扈应元就曾说过明朝的“辽阳、广宁之失，岂无枪炮以防守”？后金的“张道征战之事，岂无枪炮以对敌”？“可见取胜在人心之齐，不在枪炮之多也”⑤。他的话是有道理的。

其次，在袁崇焕领导的宁锦保卫战中，并非没有同后金兵进行过野战的较量。努尔哈赤受挫之次年，皇太极兴兵报仇，进攻锦州和宁远。明山海关总兵满桂率兵驰援锦州，途中遇敌，战于爪篱山。锦州守军也出城接应，使后金兵遭到夹击，陷于失败，锦州之围遂解⑥。“宁远被围时，明军也曾“出城逆击之，连战数十合”⑦，杀败后金兵。袁崇焕在其报捷的奏书中说：“十年来，尽天下之兵，未尝敢与奴战，合马交锋，即职去年，亦从上而攻城下。今始一刀一枪而下拼命，不知夷之凶狠骠悍。臣复凭堞大呼，分路进追。诸军愤恨此贼，一战挫之。”⑧可见，八旗兵长于野战之说也不是绝对的。否则，在“一刀一枪”的白刃战中，他们为什么竟会败下阵来呢？

---

①《明史纪事本末补遗》卷一。张沛，《明实录》作张旆。

②《满文老档》卷七。

③《筹辽硕画》卷九，陈王庭：“建贼攻克清河疏”。

④《筹辽硕画》卷九，陈王庭：“建贼攻克清河疏”。

⑤《天聪朝臣工奏议》卷中，“扈应元条陈七事奏”。

⑥《明史纪事本末补遗》卷五。

⑦《明史纪事本末补遗》卷五。

⑧《两朝从信录》卷三四。

第三，当努尔哈赤进攻宁远的前夕，明朝在阉党的把持下，腐败已极。“晓畅边事”的孙承宗被解除了督师的职务，懦弱无能的高第被任为蓟辽经略。高第一上任，就撤掉山海关外诸城的防务，驱其军民入关，闹得“民怨而军益不振”①。袁崇焕誓死力争，才得以一旅孤军，守卫宁远这块弹丸之地。努尔哈赤正是看准了明朝有懈可击，才倾其全国之兵发动进攻的。然而这一次明朝的举措失当并没有像往常一样让后金占到便宜。这又是为什么呢？

诚然，军队的素质、武器的优劣、指挥者的策略是否得当，对于战争的胜负都起着重大作用。笔者无意于推翻这一人所公认的道理，只是想说明，上述诸条件都不是影响战局演变的决定性因素。在探索明末辽东战局变化原因的时候，人心向背的问题是不容回避的。否则，我们也只能同努尔哈赤一样，陷入百思不解的困境。

明朝末年，主持辽东防务的著名将领熊廷弼、袁崇焕等都曾十分留意辽东人心向背的问题，并提出过相应的主张。然而耐人寻味的是，他们的看法竟截然相反。熊廷弼经略辽东时，曾一再强调“辽人不可用”。数年之后袁崇焕督师蓟辽时，却主张“以辽人守辽土，以辽土养辽人”。只要对有关史实稍加考察便不难看出，他们之所以各持一说不是没有原因的。万历以来，明朝在辽东的腐朽统治已经完全丧失人心。努尔哈赤起兵反明之初，一度给辽人带来摆脱困境的幻想。所以当时的辽人不但不愿为明朝打仗，反而替努尔哈赤效力。可是后金进踞辽沈之后，由于其一系列的政策失误，使辽人陷入更深的灾难之中。这就不能不激起他们对后金统治者的仇恨，并与之作决死的斗争。在短短的数年之内，辽东人心的向背发生了急剧的变化。熊、袁二人截然相反的主张就是这一变化的反映。辽东战局演变的决定性因素也在这里。

二

明朝后期，辽东人民的处境是极为悲惨的。由于土地兼并，屯军逃

① 《明史》卷二五九，《袁崇焕传》。

亡，辽东的军屯制度早已名存实亡。加之蒙古、女真迭相入寇，使生产受到破坏，造成粮荒严重、粮价昂贵的局面。广大军士的月饷本来就很菲薄，经过层层克扣之后，真正领到手的已经为数无几，远远不足以买粮糊口。而军户的兵役和差役负担却极为沉重，各级将领又对他们“私役百端，科索万状”[①]，使他们丧失了一切谋生的机会。于是，苦于“差繁饷薄”的辽东人民便不得不四散逃亡以求活命。他们逃亡的一个重要去处则是蒙古、女真等族的聚居地。其中有些人，甚至随同少数民族一道，不时闯入边内，去惩罚平日残害他们的仇敌，早在万历中叶，侯先春就曾在奏书中慷慨陈词，指出辽东的种种弊政起着“为虏驱民”的恶劣作用。他说：“迩年以来，虏岁掠我人以万计，辄散处于板城而恩养之。给之妇，使生子女，给之牛马、田土使孳息耕种，待其心志无变易，而后用为奸细，用为向导。……入犯之时，为之四散掳掠者亦多中国人。有挖人地窖者，有指人粟谷之数而逼索之者，有呼仇人之名而焚其庐、掘其冢者，皆汉人也。……而饥寒困苦之民，又闻先被掳者之有妻子、牲畜、田土也，谓虽犬羊不类，犹得以缓其死，遂因虏入而愿随之去者比比也”[②]。他指出这种“人无固志”“民有离心”的现象不但“大为可忧”，而且十分“可畏”，建议朝廷采取措施挽回形势。然而当时的朝廷已处于麻木不仁的状态，对他的建议丝毫不予重视，听任辽东的形势继续恶化。

万历后期，明朝在辽东的统治更加腐朽，把持辽东军政大权的李成梁“贵极而骄，奢侈无度，军资、马价、盐课、市赏，岁干没不赀，全辽商民之利尽笼入已”[③]。公元1599年，朝廷又派遣税监高淮到辽东大肆搜刮。他在辽东胡作非为前后达十年之久。逼得辽东人民“父子不相顾，室家不相聚，兄弟妻子离散”，致使“刎颈、投环、跳河、奔井、断手、剔足、剔目、削耳”等自残自害的惨剧累累发生[④]，在这种苛政残害之下，辽东人民掀起了轰轰烈烈的反抗斗争。值得注意的是，他们的斗争

①《明经世文编》卷四二八，侯先春：“安边二十四议疏”。

②《明经世文编》卷四二八，侯先春：“安边二十四议疏”。

③《明史》卷二三八，《李成梁传》。

④ 何尔健：《按辽御珰疏稿》。

有时竟同正在兴起的建州女真声势相连。公元1600年，辽东余丁金得时，在清河一带利用宗教组织群众，酝酿起义。他们就“与韃子（指建州人）相连，几至二万”[①]。明朝也“患其或与老酋（指努尔哈赤）相连”[②]，因而对他们感到棘手。这次起义虽然尚未爆发就被镇压下去，但它却表明，明朝统治阶级事实上已经成为辽东人民和建州女真人的共同仇敌。这种形势，在辽人的逃亡斗争中表现得更为明显。当时越来越多的人把辽东视为苦海，把“彝地”视为他们乐土。“生于辽，不如走于胡”已经成为他们共同的心声[③]。公元1602年，御史何尔健巡按辽东时，当地父老就曾向他泣诉：“矿税之役逼得我等上天无路，入地无门，再看几时不罢，也都钻入彝地自在过活去罢。”经他察访之后，了解到：“建州彝地有千家庄者，东西南北周回千余里，其地宽且肥。往年辽沈以东，清河、宽甸等处与彝壤相接，其间苦为徭役所逼者，往往窜入其中，任力开垦，不差不役，视为乐业。彝人利其薄获，阳谓天朝之民也，相与安之，而阴实有招徕之意。……乃今公私之差，日增月益，已自不支，而矿税之征，朝加夕添，其何能任。况在此为苦海，在彼为乐地，彼方为渊为丛，民方为鱼为雀，而我为獭为鹯，以故年来相率逃趋者，无虑十万有余。”[④]公元1608年朱赓的奏书中也说，辽人因不堪高淮克剥而“北走投虏”者，一次就有“男妇效千人”[⑤]。这次逃亡虽因受到阻拦未获成功，但它却表明当时辽人希望投奔建州者的确很多。明朝的统治既已如此不得人心，在这种形势下，指望辽人替明朝效力去防御建州，自然是很困难的了。公元1574年，李成梁等曾在逼近建州的宽甸等处修建六堡，派兵驻守，招民屯垦。他们这样做，原是为了造成一种对建州的威慑力量，但结果却事与愿违。在明朝统治下吃尽苦头的六堡人民，竟同女真人建立了日益亲近的关系。彼此之间“参貂市易渐狎”[⑥]。李成梁看到，这种

①《朝鲜李朝实录中的中国史料》第七册，二六六四页。
②《朝鲜李朝实录中的中国史料》第七册，二六六二页。
③ 陈继儒：《建州考》。
④ 何尔健：《按辽御珰疏稿》。
⑤《明神宗实录》卷四四五。
⑥《东夷考略·建州》。

情况如果发展下去，则屯驻该地的六万之众，势必尽为建州所用。故于公元1605年废弃六堡，迫令其民内迁。不料他的命令遭到六堡人民强烈反对，“少壮强勇之人，亡入建州者十四五”[1]。这表明六堡之人早已心向建州了。陈子壮说，指责李成梁“弃地误国”并不公平。因为“建州生聚教训三十年。宽甸即不弃，将不为板升之续乎”[2]，他的这个看法不是没有根据的。

努尔哈赤称汗的前数年，明朝在辽东的统治危机进一步加深。“民穷思乱而欲投虏”[3]的严重形势，使巡按辽东的熊廷弼忧心忡忡。他在奏书中写道：“辽军自东征骚扰以来，复遭高淮毒虐，离心离德，为日已久。今又驱饥寒之众，置之锋镝之下，愤怨之极，势且离叛。尝秘闻外间人言，向特怕虏杀我耳。今闻虏筑板升以居我，推衣食以养我，岁种地不过粟一囊，草数束，别无差役以扰我。而又旧时掳去人口，有亲戚朋友以看顾我。我与其死于饥饿，作枵腹鬼，死于兵刃，作断头鬼，而无宁随虏去，犹可得一活命也，不祥之语，以为常谈，而近益甚，汹汹惶惶，莫保旦夕。”[4]军心如此，怎能替明朝打仗呢？更严重的是，当时许多辽人竟替努尔哈赤出谋划策，提供情报，希望他早日打进辽东，结束明朝罪恶的统治。辽东巡抚张涛说：“辽人之久为奴耳目者十人而五也，南人之窜为奴腹心者万人而十也。凡我中华之舆地图。兵食志、马政考、材官传，不乏胪列旧矣。”又说：“奴酋擅东方富殖，啗饵辽人，而辽人久为所用。故辽中举动，奴酋全知。”[5]努尔哈赤在同明朝打交道时，总是得心应手，左右逢源，其重要原因就在于他得到辽人的帮助。

总之，辽人“投虏”的现象完全是明朝腐朽统治造成的。努尔哈赤起兵反明之初，辽人感到结束明朝腐朽统治的时机已经到来。于是他们更加明显地站到后金一边，与明朝为敌了。萨尔浒之战以后，明朝委派熊廷弼经略辽东，支撑危局。使熊廷弼感到最为难的问题就是，明朝在

①《酌中志》卷二一,“辽左弃地”。
②《明史纪事本末补遗》卷一。张沛,《明实录》作张旆。
③《筹辽硕画》卷一,熊廷弼:“审进止伐虏谋疏”;“务求战守长策疏”。
④《筹辽硕画》卷一,熊廷弼:“审进止伐虏谋疏”;“务求战守长策疏”。
⑤《筹辽硕画》卷二,张涛:“建夷质子疏”;卷三,张涛:“竟陈辽左迁计疏”。

辽东已经完全得不到人民的支持。他在奏书中说："况今日辽人已倾心向奴矣。彼虽杀其身杀其父母妻子而不恨，而公家一有差役则怨不绝口。被遣为奸细则输心用命，而公家派使守城，虽以哭泣感之，而亦不动。皇上以为民心如此，能战乎？能守乎？"[①]事实表明，熊廷弼的话丝毫也没有夸张。当时的辽人的确是不愿为明朝打仗的。萨尔浒之战以后不久，兵部赞画主事刘国缙曾力主用辽人。他招募辽人为兵，分守镇江、宽甸、清河等处，结果，尚未临敌，已逃亡殆尽。对此，熊廷弼深有感慨地说："以辽守辽之说，屡试不验矣。"[②]后来，在辽沈之役中，只有川兵和浙兵在沈阳附近同后金打过一场硬仗。至于辽兵，则不是一触即溃，就是望风而逃，没有一次拼死作战的。与此相反，辽人帮助努尔哈赤攻城陷堡倒是甚为得力的。陈仁锡说："抚顺、清河之人，始而与彼（指建州人）接兄弟，既而与彼通婚媾，故抚顺一失，清河旋陷。二城之人至今为梗。……其人陷于建虏而恬不知耻，彼亦熟稔情好而任用无疑。若此辈约有二三千。"[③]观此，则抚顺之降，清河之破，辽人是起了很大作用的。毕佐周说："臣闻攻城而破者矣，未闻不攻而破者也。沈阳以吊桥绳断破，说者谓降夷（指降明的蒙古人）实为之。辽以角楼火起破，的系辽人为内应。闻辽城中私通李永芳者凡数十家相与约期举事，不知二百年来休养抚字之人，何一旦若此，则我实有以失其心耳。"[④]如果说辽阳城内"私通李永芳者"有数十家，那么心向后金者就远远不止此数了，《明实录》载，后金破辽阳时，"民家多启扉张炬以待，妇女亦盛饰迎门"[⑤]，简直是一派欢庆胜利的景象。可见在辽沈之役中后金的胜利也是与辽人的支持分不开的。其他如后金攻取开原，其所以能"无亡矢遗镞之费，而收摧城陷阵之功"，主要是因为"奸细先潜伏于城中"，"开门内应"[⑥]。广宁之所以不攻自破，也是因为"辽人内溃，孙德功谋献"[⑦]。可见努尔

①《熊襄愍公集》卷三，"辽左大势久去疏"。
②《明史纪事本末补遗》卷二。
③《国榷》卷八三。
④《明熹宗实录》卷九。
⑤《明熹宗实录》卷八。
⑥《三朝辽事实录》卷一；《明神宗实》卷五八四。
⑦《熊襄愍公集》卷五，"辽事是非不明疏"。

哈赤的一系列胜利，几乎无一不是在辽人的帮助下取得的。所以熊廷弼指出努尔哈赤屡次取胜的一个重要原因就在于他“倚哨探为耳目”，“倚华人为心腹”，“倚降将为爪牙”。熊廷弼虽力图用反间计以破之，但民心早已不为明用，所以难见成效[①]。王在晋也说：“奴自清、抚、开、铁以及河东、西之陷，何者不由奸细之潜伏？……故破奴之法，莫要于查奸细。”[②]他所说的“奸细”，大多数都是不满明朝腐朽统治的辽东基本群众。这样的“奸细”人数众多，查不胜查，防不胜防。明朝与他们为敌，当然注定是要失败的。公元1624年，李若星奏称：“辽东、甘肃止设卫所，不设府县。以数百万军民，付之武弁之鱼肉。顾武弁唏吮屯余之膏血，而播酷虐以开怨府。屯余深恨武弁之凌轹，而怀反侧以酿乱阶。在辽东则愿归（奴）酋，不愿归中国，而三韩已沦于腥羶。在甘肃则愿归海虏，不愿归中国，而五凉几莽为夷薮。”[③]他的话可谓一语破的。努尔哈赤之所以能够一举得辽，其根本原因就在于辽人“愿归奴酋，不愿归中国”。

列宁指出：“在任何真正严肃而重大的政治问题发生时，集团都是按阶级而不是按民族划分的。”[④]又说：“把民族感当做独立因素来谈，就只是抹煞问题的实质。”[⑤]辽东人民从长期斗争的实践中认识到，统治阶级所强调的“夷夏之防”不过是骗人的谬论。他们在为摆脱悲惨的处境而斗争的时候，并不以民族的异同而决定自己的背向。明朝虽由汉人掌权，但它带给辽人的只是无穷的灾难；后金虽为异族所建，但它的反明斗争却一度顺应了人民的愿望。在这种情况下，辽人唾弃明朝，支持后金，完全是合理的，正义的。旧史家把他们诬之为“奸细”“汉奸”则是完全错误的。时至今日，我们还有什么理由不替他们平反昭雪呢？辽人“倾心向奴”的形势，决定了明朝在辽东统治的崩溃，这个事实又有什么必要加以回避呢？

①《熊襄愍公集》卷八，“东事问答”。
②《王朝辽事实录》卷八。
③《天下郡国利病书》，第18册，陕西上。
④《列宁全集》卷二〇，一九页。
⑤《列宁全集》卷一，一三五页。

三

“饥者易为食，渴者易为饮，万民之嗷嗷，新主之资也。”这是历史上改朝换代之际所常见的现象。受尽苦难的辽东人民本来是容易得到满足的。努尔哈赤得辽之后，如果能稍稍改善辽人的处境，并不难继续赢得辽人的支持。然而他毕竟是个落后民族的统治者，他不但没有改善辽人的处境，反而由于一系列的政策失误，使辽人陷入更深的灾难之中。

明后期以来，辽东的社会问题从根本上说就是生产的破坏和粮食的短缺。由于这个问题长期得不到解决，致使“饥寒困苦之民”逃亡、反抗日甚一日，终于导致了明朝在辽东统治的溃崩。事情很明显，任何一个政权，不论明朝还是后金，如果不能有效地组织社会生产，解决粮食短缺的问题，就休想稳定其统治。二者所不同的只是，在恢复和发展生产的问题上，努尔哈赤面临着比明朝更加严峻的考验。明朝还可以调运关内的粮食接济辽东，而后金与明俨为敌国，内地的粮食供应完全断绝，所以只能依靠辽沈地区的土地和劳力自行解决问题了。自幼生活在金戈铁马之中的努尔哈赤，在这场新的考验面前却显得极不高明。

努尔哈赤于得辽之初就颁布了“计丁授田”令。他指出：“过去，你们的尼堪国，富人多占土地，雇人耕种，吃不完的粮就卖。穷人因为没有土地，也没有粮，就买粮吃，买粮的钱财用尽后，乞食而生……我今计田，一男种粮的田五垧，种棉的田一垧，公平地分给。”甚至宣布“乞丐、和尚都给田。”[①]看来他是想革除明朝的积弊，重新把劳力安排到土地之上，给残破的辽东经济带来生机了。然而执行的结果却并非如此。首先，在“计丁授田”令中规定辽阳、海州等地“交出”“无主”耕地三十万日，拨给八旗兵丁耕种。以每日折合六亩计算，则三十万日相当于一万八千顷。据嘉靖末年李辅所修《全辽志》的记载，辽东额田共有三万八千余顷，其属于辽河以东诸卫及永宁监者总共不过二万六千余顷。[②]

---

①《满文老档》卷二四。

②《全辽志》卷二。

万历时即使额田有所增加，也不会超过此数太多。按照努尔哈赤的命令，从上述耕地中“交出”一万八千顷之后，其能“公平地分给”辽东汉民者尚有几何？可见“计丁授田”令的推行，不但未使辽人得到实惠，反而使他们丧失了大批耕地。

其次，为了防止明军的袭扰和辽人的逃叛，努尔哈赤又多次下令大规模迁徙汉民。据《满文老档》记载，后金在得辽之后的二三年内，曾先后迁孤山堡以南汉民于萨尔浒；迁镇江、汤山、凤凰、镇东、镇夷等处汉民于清河以北；迁跃州、盖州、复州等处汉民于海州、牛庄。规模最大的一次迁徙则是公元1622年后金攻取广宁后，尽迁辽河以西汉民置之辽河以东。其中，锦州一城被迁者达一万二千余人，广宁右屯卫被迁者达一万七千余人。大批辽人被迫离乡背井，啼饥号寒，颠仆于道路，转死于沟壑，造成社会上一片混乱景象。被迁之民原有的住房尽行烧毁，原有的耕地全数抛荒。迁到指定地点后，当地居民又必须按规定让出一部分住房、粮食和耕地，加以收容。这就使原来耕地不足的问题更加严重了。

辽东沃野千里，可供开垦的荒地极多。耕地不足的问题本来是不难解决的。然而努尔哈赤强加于人民的负担极为沉重，使他们根本无力开荒种地，发展生产。公元1621年11月，努尔哈赤把女真人全部从其故地迁入辽东。强令汉人为其提供住房，粮食与耕地，规定“房要合住，粮要合吃，田要合耕”[①]。迁入的女真人往往以征服者自居，视同住汉人如奴仆，或夺其财物，或使之劳作，或辱其妻女。致使许多汉人含冤莫诉，而丧其乐生之心。哪里还有心思开荒种地呢？努尔哈赤又规定在辽东汉民中，每二十丁抽取一人当兵，其战马、兵器皆由二十人共同负担。兵役之外又有差役。平时每二十丁以一人应差，有急事则令十丁抽一。公元1622年，为赶修东京城竟强令金、复二州人民十丁抽二。此外，后金还大量调用民间耕牛、马匹以应公差。至于其他科派更是举不胜举。在这种情况下，辽人应役且不暇，又何暇垦荒呢？

总之，后金得辽之后，辽人原有的耕地或被占夺，或被抛荒，而他们原可用于垦荒的人力和畜力又被征调去服兵役，应公差。这样就造成

①《满文老档》卷三九。

了他们耕地严重不足的局面。《满文老档》记载：公元1623年，红草村有一批汉民准备集体逃亡。这批汉民共有二十户，男女八十口，而所耕种的土地总共只有七日[①]。努尔哈赤统治下的辽东汉人占有耕地的实际状况于此可见一斑。

在农业占支配地位的时代，劳动者与土地的结合乃是恢复和发展社会经济的首要条件。辽东广大汉人既然无地可耕，那么恢复和发展社会经济当然也就无从谈起。因而粮食短缺的问题势必日趋严重。早在后金得辽的当年冬天，努尔哈赤就命令同女真人合住的汉人将其存粮如实上报，然后无论女真人或汉人，都按每人每月四升的标准从中取出食用[②]，规定这样低的口粮标准，表明当时已经甚感粮食不足了。所幸的是，公元1622年春，后金进兵广宁，夺取了明朝积贮在广宁右屯卫的军粮五十余万斛，暂时缓和了粮食危机，可是为时不久，这个问题还是极尖锐地暴露出来了。公元1623年6月，盖州一带已有很多人饥饿而死[③]。这年9月，粮价贵至每升值银一两[④]。如果说在青黄不接的六月，粮食短缺尚不足为怪，那么在秋收后的九月，粮价如此昂贵就只能说明努尔哈赤在组织社会生产方面是十分无能的了。值得指出的是，这种粮价昂贵的现象并不是暂时的。直到皇太极继位之初，仍然是“斗米价银八两，人有相食者”。[⑤]明朝丧失辽沈的前夕，粮价贵至“石米四两”，已造成“人马倒卧，道路枕藉”的惨象[⑥]。努尔哈赤统治辽沈为时不过三年，竟使粮价提高二十余倍，民何以堪！

民以食为天，自古已然。在后金的残暴统治下，辽东人民为饥寒所迫，不得不奋起反抗。他们或集体逃亡，或结寨自保。投毒、放火、暗杀等事件也层出不穷，公元1625年，据努尔哈赤自己说，自后金统治辽沈地区以来，古河、马家寨、镇江、长山岛、双山、岫岩、复州、平顶山、船城、

①《满文老档》卷五二。
②《满文老档》卷三〇。
③《满文老档》卷五四。
④《满文老档》卷五九。
⑤《东华录》，天聪元年六月戊午条。
⑥《明经世文编》卷四九四，左光斗：“题为急救辽东饥寒事疏”。

耀州、鞍山、海州、金州、首山等地都发生过规模较大的暴动和起义①。反抗的怒火越烧越旺，搞得后金统治者顾此失彼，疲于奔命。有时连水也不敢喝，肉也不敢吃，甚至全副武装的八旗兵也必须十人结队方敢外出活动。努尔哈赤面对这种形势，不但不自责其政策的失误，反而归咎于汉人的难治。他认为家无存粮的"光棍汉"是最不安定的因素。公元1624年，春荒粮缺，他下令后金官员要把无粮人视为仇敌，并把他们清查出来全部杀掉②。指望通过杀人的手段减少粮食消耗，以和缓危机。这种做法当然是极为愚蠢的。结果，杀了一批人之后，问题仍然得不到解决。《满文老档》在记述公元1625年5月的社会情况时写道："那时是粮荒，逃叛的人多，秩序很乱"③。努尔哈赤不但没有从中吸取教训，反而变本加厉地推行其野蛮的屠杀政策。公元1625年10月，他下令对汉人逐个加以审查，凡是"没有妻子的单身汉"以及"不服从的人"，一经查出，统统杀掉。同时又把明朝的罢官废吏、生员、绅衿全都视为敌对分子，认为"煽惑降民，潜引叛逆"，"种种过恶，皆在此辈"。于是这批人也都成了屠杀对象④。这种残酷的大屠杀，进一步激起了辽东各阶层人民的刻骨仇恨。于是"盗贼蜂起，乘马劫杀"，⑤复仇的怒火，燃遍了整个辽沈地区。这种局面一直延续到皇太极继位之初。

宁远之战前，明将孙承宗、袁崇焕等正是看准了努尔哈赤的统治极其不得人心，所以坚持"以辽人守辽土"的主张。他们在宁远一带招集避难辽人，广开屯田，募其丁壮为兵。这些辽兵与数年之前的情况迥然不同，他们都是"拚身殒命以与东夷作对之人"，具有顽强的战斗力。公元1627年，御史梁梦环奏称："辽人生长本地，习知东奴举动，凡遇入寇，绝无惧色。但得坚甲利刃壮马，无不争先杀贼，以雪祖父之愤。即宁锦屡捷，半是辽人摧锋陷阵者可知也"⑥。后来在收复后金所占踞之关内四城时，辽兵也是功劳卓著的。程更生说："今日滦之复，遵之复，永

①《满文老档》卷六六。

②《满文老档》卷六一。

③《满文老档》卷六五。

④《东华录》，天命十一年九月丁丑条；天聪三年九月壬午条。

⑤《东华录》，天聪元年六月戊午条。

⑥《明熹宗实录》卷八六。

之复也，谁兵也？辽兵也。谁马也？辽马也”[①]。努尔哈赤进攻宁远时，前有辽兵之英勇抗击，后有辽人的扰乱与牵制，怎能不陷于失败呢？所以天聪时，后金生员胡贡明说：“先汗……多疑过杀，不知收拾人心，而天即以辽土限之耳。”[②]

努尔哈赤得辽之初，曾明白表示过，与其杀辽人而夺其财，不如养辽人而用力。前者只能获利于一时，后者方可受益于永久[③]。朝鲜《燃藜室记述》中也记载：“贼得辽之后，不杀一人，尽剃头发，如前农作。”[④]可见努尔哈赤原来并没有大批屠戮汉民的意图，只是后来，由于一系列政策的失误，激化了社会矛盾，他才动了杀机，露出凶残的面目。这种屠杀政策集中表现了他在治理国家方面的无能。历史是无情的。凶残的屠杀并不能帮助他渡过危机，反而招致了更惨的失败。其恶劣的政治影响直至他死后多年尚在发生作用，给后金争夺天下的事业增添了极大的困难。严峻的事实给他的后继者留下了深刻的教训。皇太极及其臣僚们为了挽回局势，不得不致力于改革，以求发展生产，收拾人心。经过多年的努力，才使辽东的情况逐渐好转。

明末辽东人民由于历史的局限，不可能从根本上推翻阶级压迫和民族压迫的制度，求得彻底的解放。他们只能从切身利害出发，周旋于明和后金两大势力之间，时而支持一方，时而支持另一方，在极艰难的条件下辗转苦斗。然而，明朝在辽东腐朽统治的崩溃，努尔哈赤残暴政策的破产，皇太极改革的推行，无一不是人民力量发挥作用的结果。“人民，只有人民，才是创造世界历史的动力。”[⑤]这是一条颠扑不破的真理。

（原文载《安徽师大学报（哲学社会科学版）》1984年第4期）

---

①《袁督师事迹》。

②《天聪朝臣工奏议》卷上，胡贡明：“陈言图报奏”。

③《满文老档》卷二〇。

④《燃藜室记述》卷三一。

⑤《毛泽东选集》，九三二页。

顺治帝与清初的“法明”政策

孟森先生曾经指出：“明祖有国……所定制度，遂奠二百数十年之国基。渐废弛则国祚渐衰，至万历之末而纪纲尽坏，国事亦遂不可为。有志之人屡议修复旧制，而君相已万万无此能力，然犹延数十年而后亡。能稍复其旧制者反是代明之清，除武力别有根柢外，所必与明立异者，不过章服小节，其余国计民生，官方吏治，不过能师其万历以前之规模，遂又奠二百数十年之国基。”[①]他的这个见解是很值得重视的。清朝之所以能够取代明朝，使统一的多民族的封建国家得到巩固和发展，其重要原因之一就在于清初统治者卓有成效地推行了“法明”政策，在许多方面修复了明朝万历以前的旧制。他们的这一政策看起来好像是一种倒退，但实际上则是一种进步。因为这样做的结果，一方面革除了明末的许多弊政，另一方面又克服了满族统治者自身的某些落后因素，这就有利于阶级矛盾与民族矛盾的缓和，使清朝的统治能够比较适应当时社会的实际形势。当然清初统治者法明政策之所以能够收效，主要是由于明末农民战争冲击了封建统治，为他们革除明末弊政提供了有利条件。但是对于经济、文化等方面都比较落后的满族统治者来说，把明朝的旧制承袭下来还是一件很不容易的事。早在皇太极统治时期，清政权就已经“参汉酌金”建立了某些制度，但直到康熙时“法明”任务才算基本完成。这中间经历了半个多世纪反复、曲折的过程，充满着革新与守旧、进步与倒退两种势力的复杂斗争。顺治帝是清入关后的第一个皇帝，顺治年间正是“法明”与守旧两种势力斗争最尖锐的时期。为了对顺治帝作出比较公允的评价，就有必要考察一下他在推行法明政策这个问题上的贡

① 孟森：《明清史讲义》上，中华书局1981年版，第一三页。

献如何。

一

顺治帝六岁即位，二十四岁病死，在位一共十八年。开头的七年多由摄政王多尔衮独揽朝纲，甚至连朝廷的信符也被一度送交王府，以便随时取用。他自己则“惟拱手以承祭祀”[①]，仅仅是个象征性的皇帝而已。直到多尔衮死后他才亲理朝政。他亲政的时间虽然只有十年零一个月，但却发挥了政治才干，显示出他是一位颇有作为的年轻皇帝。

顺治帝自幼受到良好的宫廷教育。六岁“嗜观书史”[②]，八岁对“满书俱已熟习”[③]，此后又在满汉词臣的熏陶之下，“好汉语，慕华制”[④]，“博览经史，无不贯通”[⑤]，并且酷好禅学，工于书画。足见汉族封建文化对他的影响很深。所以他亲政之初，虽在冲幼之年，但政治倾向却十分鲜明。早在顺治十年，他就指出：“明太祖立法周详，可垂永久，历代之君皆不能及也”[⑥]。后来他又说：“朕自践祚以来，斟酌前代之典章，洎夫有明，恒深嘉叹。”[⑦]这表明他的施政方针就是要以明代的典章制度为样板，来建立清王朝的统治。他亲政时期，许多重要措施就是在这一方针指导下进行的。

顺治帝推行法明政策的一个重要方面就是，他抑制了八旗贵族的势力，恢复了内阁六部制度，使中央集权得到加强。顺治帝亲政之初，统治集团内部争夺权力的斗争是十分剧烈的。原来多尔衮摄政时，为了统治广大汉人的需要，曾采取过一些抑制八旗贵族的措施，把权力集中到自己手里。因此许多八旗贵族早就对他心怀不满。等到多尔衮一死，他们便群起而攻之。对他“独揽威权”“违誓肆行”，剥夺济尔哈朗的理政

①《清世祖实录》卷八八。
②《清世祖实录》卷一。
③《清世祖实录》卷一五。
④ 朝鲜《李朝实录》，显宗七年九月丁酉。
⑤ 昭梿：《啸亭杂录》卷一。
⑥《东华录》卷一七。
⑦《清世祖实录》卷一四一。

大权以及不令诸王、贝勒、贝子、公等入朝办事，等等“罪状”大加指责。就在这一片叫骂声中，许多八旗贵族纷纷夺回了他们一度失去的权力。济尔哈朗不但恢复了亲王的爵位，而且以元老重臣的资格把持朝政，诸司衙门的奏章竟要由他省览[1]。被多尔衮革除了的亲王贝勒兼理部院事务的制度又在“率由旧章”的借口下恢复起来。多尔衮摄政时期权力大受限制的议政王大臣会议也重新活跃起来，成为八旗贵族把持政权的得力工具。几乎事无巨细都要由它裁决，甚至“诸王大臣佥议既定，虽至尊无如之何”[2]。这股保守势力的代表人物就是济尔哈朗。他曾在奏书中不厌其烦地追述努尔哈赤“日与四大贝勒、五大臣讲论政事得失”、皇太极“时与诸王贝勒讲论不辍”的事迹。认为他们的做法正是清朝“肇兴东土”的根本所在，要求顺治帝认真效法[3]。事情很明显，如果照他的意见办，那么清朝势必回到贵族专政的老路上去。这当然是与顺治帝加强集权的愿望背道而驰的。但是年轻的顺治帝同这股保守势力并没有发生正面冲突，而是采取暂时容忍的态度，并且利用他们反对多尔衮的心理，不失时机地清算了多尔衮“挟持皇上”之罪，巩固了自己的帝位。

他首先以“阴谋夺政”的罪名将多尔衮的同母弟阿济格幽禁起来，随后将其处死。接着就宣布多尔衮的罪状，追夺其亲王爵位，并在一年多的时间内，先后除掉博尔辉、冷僧机、何洛会、谭泰等人。把多尔衮安插在部院衙门和宫廷内的亲信几乎一网打尽，使摄政王的余威扫地无余。就在这个过程中，顺治帝乘势把原归多尔衮掌握的实力雄厚的满洲正白旗列入上三旗，使之直属于皇帝，从而大大加强了皇帝在满洲八旗中的地位。

顺治帝在争夺权力的问题上虽与多尔衮处于对立的地位，但他加强集权的政策却与多尔衮一脉相通。所以当清除多尔衮余党的工作刚刚完成之后，他便立即转过手来对付八旗贵族守旧势力了。顺治九年正月，他下令：“一应奏章悉进朕览，不必启郑亲王。”[4]三月，“罢诸王、贝勒、

---

①《清世祖实录》卷六二。

② 谈迁：《北游录》，纪闻下，国议。

③《清史稿》卷二一五，《济尔哈朗传》。

④《清世祖实录》卷六二。

贝子管理部务"①。此后又逐步削弱了议政王大臣会议的权力，使君权得到进一步加强。关于议政王大臣会议权力的削弱问题，这里有必要加以说明。《北游录》载："清朝大事，诸王大臣佥议既定，虽至尊无如之何。"②有人据此以为整个顺治亲政时期，议政王大臣会议都拥有同君主相抗衡的权力。其实这是一种误解。按《北游录》是记载谈迁去北京期间的见闻及其所作诗文的书。谈迁是于顺治十年闰六月北上，顺治十三年二月自北京随漕船南返的。可见书中所记的事只能反映顺治亲政前期的情况，而不足以说明后期的情况。《清世祖实录》载：顺治八年，议政王大臣议定罗什、博尔辉等罪重当死。帝欲宥其死，命再议。诸王大臣复奏称，二人罪重不可复留。帝只得"如议行"③。可见顺治亲政之初，议政王大臣的权力的确很大。可是顺治亲政后期情况就大不相同了。例如顺治十六年，帝"谕议政王大臣等：巽王满达海、端重王博洛、敬谨王尼堪谄媚抗朕之睿王……此等情事，朕意诸王大臣必将举发，是以姑为容忍。乃王及诸臣至今并不举发，朕故宣示其罪，议政王大臣、六部尚书、侍郎其会议以闻。"于是诸王大臣遵旨，立即将三王分别议罪，并奏究："三王之罪，臣等悉而不举发，臣等罪亦何辞。"④这表明当时的议政王大臣会议已完全听命于皇帝了。其实，议政王大臣们之所以敢于同天子抗衡，无非是因为他们在满洲八旗中拥有雄厚的实力。可是顺治亲政后，这种形势却在逐渐变化。八旗中的上三旗已经牢牢地掌握在皇帝手中。其下五旗中的正蓝、镶红两旗自顺治亲政以来已不再设置独掌一旗的旗主。掌握镶白旗的信亲王多尼则因其父多铎生前是多尔衮的同党，而于顺治九年被降为多罗郡王。按崇德年间的旧例，多罗郡王没有资格独掌一旗。多尼被降级后，其权力大受限制是不难想见的。正红旗也因故主代善于顺治五年死去，势力渐衰。只有济尔哈朗独掌镶蓝一旗，实力较强，且以皇叔之尊，便于对八旗贵族施加影响。所以他在议政王大

①《清世祖实录》卷六三。
② 谈迁:《北游录》,纪闻下,国议。
③《清世祖实录》卷五三。
④《清世祖实录》卷一二九。

臣会议中具有举足轻重的地位[1]。顺治十二年五月济尔哈朗病死之后，下五旗的势力更加涣散。在这种形势下，议政王大臣们怎能不完全听命于皇帝呢?

顺治帝亲政之初，年仅十四、五岁，但观其行事不但有魄力而且有策略，俨然像一位很成熟的君主。其所以如此，我以为除了他个人的才能以外，不能不说是由于他得力于内院大学士们的帮助。当时汉族大学士如洪承畴、范文程、金之俊等，不但熟悉前代典章制度，而且老谋深算，富有政治斗争经验。他们在八旗中又没有根基，其前途和命运完全系于皇权。所以他们利用日处于皇帝身边的机会，为加强中央集权出谋划策是很自然的事。至于他们究竟为皇帝出了哪些主意，由于文献不足征，难以详考，但对下述事件稍加玩味，便可略知一二了。顺治九年九月，帝采纳了满洲大臣的建议，决定亲迎达赖喇嘛于边外代噶地方。当事情决定之后，洪承畴等奏称:“昨太白星与日争光，流星入紫微宫。窃思日者人君之象，太白敢于争明。紫微宫者人君之位，流星敢于突入，在天垂象，诚宜儆惕。且今年南方苦旱，北方苦涝，岁饥寇警，处处入告。宗社重大，非圣躬远幸之时。”[2]帝立即采纳了这个建议，取消边外之行，并对洪承畴等说:“朕……以卿等贤能，故擢赞密勿。嗣后国家一切机务，及百姓疾苦之处，如何始合民心，如何不合民心，卿等有所见闻，即详明敷陈，勿得隐讳。朕生长深宫，无由洞悉民隐。凡有所奏，可行即行，纵不可行，朕亦不尔责也。”[3]这件事发生在罢诸王贝勒管理部务以后只有几个月的时间，统治集团内部争夺权力的斗争正处于紧张的时刻。洪承畴所说的“太白”“流星”究竟何所指，难道不是很清楚的吗?正因为内院大学士们在帮助皇帝同八旗贵族进行斗争时起到了特殊的作用，所以能够得到顺治帝特别的信任。史称:“世祖亲政，日至票本房，大学士票拟，意任隆密。”[4]这段记载当是合乎事实的。顺治十年至十八年间，大学士的人数往往多达十五六人，少亦不下十三四人，是有

① 孟森:《八旗制度考实》。
②《清世祖实录》卷六八。
③《清世祖实录》卷六八。
④《清史稿》卷一一四，职官一。

清一代大学士人数最多的时期。这一现象表明，顺治帝有意扩大内院的班子，用以协助自己加强集权。

当守旧势力的干扰陆续被排除之后，顺治帝便大刀阔斧地调整统治机构，建立起以内阁为中枢的中央集权体制。顺治十五年，他下令废除内三院名色，设置殿阁大学士，另置翰林院。规定殿阁大学士俱兼六部尚书衔，并将部院衙门中同职的满汉官员品级划一。次年又下令："各部尚书、侍郎及院寺堂官受事在先者，即著掌印，不必分别满汉。"[①]上述措施对加强中央集权，巩固清朝的统治具有十分重要的意义。第一，通过这次调整，把原属内国史院和内宏文院掌管的编修国史实录、进讲经筵等事交给翰林院办理，使内阁成为专门处理政务的机构，这就加强了内阁的办事效能，有利于发挥其行政中枢的作用。同时内阁大学士兼六部尚书衔的制度，也密切了内阁与六部的联系，便利了君主对六部加强控制。它同亲王贝勒兼理部务的制度形成了鲜明的对比。第二，原先各部院汉官的品级一般都较同职满官低一级，各衙门的印务又皆由满官掌管。这就不利于发挥汉官的作用，形成"各衙门奏事，但有满臣，未见汉臣"[②]的局面。顺治帝废除了这种差别待遇，就赢得了汉族地主官僚的支持，巩固了满汉封建势力的联合。第三，通过这次调整，使中央机构大体上合乎明朝的旧制，这就适应了汉人的正统观念，有利于缓和民族矛盾。可见这次统治机构的调整，是顺治帝同八旗贵族守旧势力进行一系列斗争的最终成果，也是法明政策的一项胜利，它使中央集权的原则在组织上得到了保证。

二

顺治帝推行法明政策的另一个重要方面，就是按照一条鞭法的精神整顿赋役制度。明代张居正行一条鞭法，曾在均平赋役负担，扩大政府

---

①《清世祖实录》卷一二九。

②《清世祖实录》卷七一。

财政收入等方面收到了良好的效果，但行之不久就“规制顿紊”[1]，“输银之外又输力矣，条鞭之外又条鞭矣”[2]。万历末年以后更是“因兵增饷，加派繁兴”[3]，遂使社会矛盾愈演愈烈，以致于亡国。清朝建立之初，兵饷开支的数额不减于明，而地荒民逃的情况却有甚于前，户部岁入不敷所出者常达数百万两，“国用匮乏盖视前代为独甚”[4]。在这种形势下，统治阶级中一部分人主张继续扩大加派。他们仍然指望用明末的老办法去摆脱财政方面的困境。顺治六年，江南巡抚土国宝就以兵饷不足而请旨加赋[5]。顺治七年，多尔衮更以边外筑城为由，对直隶等九省加征田赋二百五十余万两[6]。他们的这种主张和做法对清朝的统治是十分有害的。因为清初的赋税实际上已经包括了明末的加派在内，所谓“蠲免三饷加派”，只不过是欺骗性的宣传[7]。这种赋税已经超过了人民的负担能力，难以足额征收。顺治十一年至十三年，江南一省积欠的赋银已达四百万两之多[8]。如果继续扩大加派，则现有的赋税势必拖欠更多，其结果只能是徒留千载骂名，而不能真正增加财政收入。况且当时的实际形势已经是“因贼而设兵，因兵而措饷，因饷而病民，民复为‘贼’，辗转相因，深可隐忧”[9]。如果继续扩大加派，则势必重蹈亡明覆辙。顺治帝有鉴于此，在其亲政之初，就果断地制止了继续扩大加派的做法。顺治八年二月下令，将多尔衮加派的钱粮抵抗当年的正赋[10]。值得注意的是，顺治帝的这项决定，正是在清朝财政极端窘困的情况下作出的。就在这年三月，“帝召户部尚书巴哈纳等问曰：各官俸银用需几何？应于何月支给？大库所存尚有若干？奏曰：俸银支于四月，共需六十万两，今大库所存仅有二十万两。帝谕示：大库之银已为睿王用尽，今当取内库银按

①《明史》卷七八，食货二。
② 吕坤：《去伪斋集》卷五。
③《清世祖实录》卷一一二。
④《清经世文编》卷二九，《纪顺治间钱粮数目》。
⑤《清世祖实录》卷四六。
⑥《清世祖实录》卷四九。
⑦ 参见拙著《“三饷加派”考实》，《安徽师大学报（哲学社会科学版）》1983年第1期。
⑧《清世祖实录》卷一〇八。
⑨《清史稿》卷二四四，《王命岳传》。
⑩《清世祖实录》卷五三。

时速给。夫各官所以养赡者，赖有俸禄耳，若朕虽贫，亦复何损。”[①]明末诸帝“发帑之请叫阍不应，加派之议朝奏夕可”[②]。两相比较，顺治帝的确显得高明些。在他亲政期间内，无论财政状况如何，始终都没有实行新的加派，这大概不是偶然的。

为了解决财政困难，顺治帝不是在加派上打主意，而是在整顿赋役制度方面下功夫。顺治十年，命“改折各直省本色钱粮归于一条鞭法，总收分解”[③]。这一措施虽然把一条鞭法推行之后所加征的各种物料也折成银两并入正赋，但它简化了征赋项目，解除了人民解送物料的沉重负担，同时也使某些官府并不急需的物资变成可以充饷的白银，有助于解决财政困难。

顺治五年，清政府曾颁布绅衿“优免则例”。规定在京官员，一品免粮三十石，人丁三十丁。二品以下递减。外任官减半优免。致仕者免十分之七[④]。按照这一规定，许多官僚地主，仍可以坐拥大片良田而不佐公家之急，使繁重的赋役负担偏压在贫苦的农民身上。这显然是明末弊政的继续。顺治十四年革除了这一弊政，规定“自一品官至生员、吏承止免本身丁徭，其余丁粮仍征充饷”[⑤]。这一措施不但增加了国家的收入，而且也初步克服了赋役不均的现象，有利于社会矛盾的缓和。

为了克服明末以来赋税征收中的混乱局面，顺治帝在清丈田亩，编审人丁，惩治贪吏等方面都采取了许多措施，并在这个基础上于顺治十一年至十四年编订了《赋役全书》。该书是在万历归册的基础上加以修订而成的，每州县各立一册，将其地丁原额，逃亡人丁，抛荒地亩数额，实征钱粮及其起运存留之数，逐项开列、登记于册。并将新垦地亩招徕人丁之数载于册尾。赋役全书编成后，每州县保留两册，一存官府以备考查，一存学宫，以供仕民检阅，凡赋税的征收、完纳、解运、支销、蠲免以及官员的考成都以此书为依据。《赋役全书》名义上虽然规定：

①《清世祖实录》卷五五。
②《明通鉴》卷七六。
③《清世祖实录》卷七六。
④《清世祖实录》卷三七。
⑤《清文献通考》卷二五，职役五。

“钱粮则例俱照万历年间，其天启崇祯时加增尽行蠲免。”但在编订过程中，各州县往往“减者不除，增者加入”[①]。结果使各地赋额大多超过了万历年间的数字。如河南各州县所定的田赋比万历旧额“少派者仅止毫厘之谬，为数无几，而多派者竟至每亩几分几钱，为害甚巨”[②]。浙江省，垦田面积比万历时减少一万四千多顷，而赋额却超过了万历时正赋和辽饷加派的总和[③]。尽管如此，《赋役全书》的修订，还是有其积极意义的。据《清世祖实录》记载，顺治十二年至十三年，垦田面积（包括田、地、山、荡等项）由三百八十七万余顷猛增至四百七十八万余顷，比原有垦田数增加了百分之二十一，是垦田面积增长率最高的一个年度。这表明在修订《赋役全书》的过程中清查出隐匿田亩的数量是相当可观的。顺治十一年至十四年地丁银征收数额由二千一百六十八万余两增至二千四百三十六万余两。如果各除去丁银大约三百万两计之，则三年之内田赋征收额增长了百分之十四点三。这个数字大大低于垦田数增长的幅度。可见《赋役全书》的修订，不但增加了封建国家的财政收入，而且也在一定程度上克服了明末以来赋役过重和负担不均等弊端。同时《赋役全书》的修订也使各州县在征收赋税时有章可循，从而限制了地方官的滥征和私派。

《赋役全书》之外，当时又编订了《清丈册》《黄册》《赤历》《会计册》《粮册》《奏销册》等，并创行截票法和自封投柜法，在赋役的征收、解运、支销等方面，都建立了比较严密的制度，以防止官吏的营私舞弊。

固然顺治帝亲政时期，赋役繁重，负担不均，官吏舞弊的现象依然很严重，很普遍，但在那军书旁午，羽檄交驰的年代，能够系统地整顿赋役制度，并使其稍复万历时一条鞭法的归观，还算是一件难能可贵的事。

---

① 秦世祯:《抚浙檄草》,《清史资料》第二辑,第一七五页。

②《清经世文编》卷三二,贾汉复:“严察派征檄”。

③ 浙江省万历六年垦田面积为四十六万六千九百余顷(《明书》卷六七),顺治十八年减至四十五万二千二百余顷(《清文献通考》卷一)。该省万历时赋额为二百一十四万两,加派九厘银四十二万两,共计二百五十六万两。(《清史资料》第二辑,第一八二页)。顺治十八年该省赋额增至二百五十七万两(《清文献通考》卷一)。

三

无庸讳言，圈地令、投充令、逃人法是顺治年间的三大弊政。清初统治者通过这些法令，把满族农奴制生产关系强行移植到关内地区。这种倒退行为同法明政策的精神是背道而驰的。顺治帝对这个问题的态度相当顽固。在他亲政期间，更加严厉地推行逃人法，特设督捕衙门，并规定“隐匿查解逃人功罪例”，对逃人和窝主进行残酷的迫害。他甚至蛮横地宣布：“奏章中再有干涉逃人者，定置重罪，决不轻恕。”[①]许多汉族官僚，因建议放宽逃人法，而遭到严厉惩罚。逃人法的推行，使“海内无贫富良贱，皆惴惴莫必旦夕之命”[②]。大批种地纳粮之户，往往因之而破产。这不仅加深了社会矛盾，而且也直接影响着国家的赋税收入。

值得注意的是，顺治帝对于圈地、投充、逃人法的危害并非毫无认识。早在他亲政之初，就下令禁止“各处圈占民地，以备畋猎放鹰往来下营之所”[③]，并将上述圈地退还人民。顺治十年二月，又将“头圈、式圈、终圈每壮丁退出壹日地，并首告出地，及各地驻扎去人遗下地”[④]，九万余日，退还人民。令其耕种纳粮。同年又重申“永不许圈占民间房地”[⑤]。在他亲政期间，大规模圈地的现象，一直没有发生。他对推行逃人法所造成的“刑罚日繁、户口日减”的局面，也感到忧心忡忡。甚至声言：“以一人之逃匿，而株连数家，从无知之奴仆，而累及职官”的做法“非朕本怀也”[⑥]。那么他为什么偏要坚持逃人法而不加以改变呢？这主要是为了换取满洲八旗官兵的支持。当时的满族，农奴制生产关系还占主导地位。大量奴仆的逃亡，严重影响着八旗官兵的经济利益。他企

①《清世祖实录》卷九〇。
②《清史稿》卷二四四，《李裀传》。
③《清世祖实录》卷五三。
④《清代档案史料丛编》第四辑，第七九至八〇页。
⑤《清世祖实录》卷七八。
⑥《清世祖实录》卷一〇二。

图在满族农奴制和汉族租佃制两种生产关系之间，找寻一个互不干扰和平共处的方案，这自然是一种荒唐可笑的幻想。然而这种矛盾的态度，恰恰表明，他的政策法令，不可能超越客观经济条件所能允许的极限。正如马克思所说："君主们在任何时候都不得不服从经济条件，并且从来不能向经济条件发号施令。"[①]显然，当农奴制还在满族社会中占据主导地位的时候，无论是多尔衮还是顺治帝，都不可能放弃维护农奴制的政策和法令。直到康熙时，也只是由于租佃制在满族内部占了上风，才使圈地、投充、逃人等问题逐步得到解决。可见在这个问题上，如果对顺治帝过分苛求就不是历史主义的态度了。

除严厉推行逃人法之外，顺治帝在法明问题上还有两点值得非议。其一就是，他承袭明朝制度，重新建立起由宦官掌管的十三衙门，并模仿朱元璋的做法，树立十三衙门铁牌，规定：宦官"但有犯法干政，窃权纳贿，嘱托内外衙门，交结满汉官员，越分擅奏外事，上言官吏贤否者，即行凌迟处死"[②]。历史的经验早已证明，朱元璋树立的铁碑并不能禁止宦官弄权。顺治帝不接受这一教训，仍然依样画葫芦，如法炮制。这种做法自然不会收到好的效果。果然十三衙门建立后，为时不过数年，宦官吴良辅等就"交通内外官员人等，作弊纳贿"[③]了。如果十三衙门后来不被撤销，则清代阉宦之祸是很难避免的。

其二是，顺治帝在其临终选拔辅政大臣时，采取了任人唯亲的错误态度。结果索尼、鳌拜等政治上极端保守的人物，由于效忠皇室而受到任命。这些人醉心于"率祖制复旧章"[④]。康熙初年朝政在他们把持下，一反顺治帝所为，使法明政策的推行一度遭受严重挫折。这不能不说是顺治帝的一个严重失误。

尽管如此，顺治帝的历史功绩还是主要的。由于他成功地排除了守旧势力的干扰，保证了法明政策的推行，因而在他亲政期间，社会秩序开始转向安定，社会经济开始得到恢复，并在这个基础上初步实现了国

①《马克思恩格斯全集》第四卷，第一二一页。
②《清世祖实录》卷一一五。
③《清世祖实录》卷九二。
④《清史稿》卷二四九，《索尼传》。

家的统一。连怀念明朝憎恶清朝的朝鲜使臣郑维城，也不得不承认，顺治帝统治时期，“发政施令，皆是恤民之举，人民少思汉之心”[①]了。

（原文载《社会科学辑刊》1984年第5期）

① 朝鲜《李朝实录》，显宗即位年十月丁未。

论清代蠹吏[①]

官与吏，合言则通，分言则别。官吏，泛指在衙门中供职的各类人员。官，宣也，管也，即衙门中发号施令之人；吏，理也，治也，即衙门中供官驱使的办事之人。本文拟对败坏清代官吏办事成绩的吏，略抒己见，以补论清代吏治只谈官不谈吏的不足。

清初，陆陇其尝曰："本朝大弊只三字，曰例、吏、利。"[②]清代蠹吏挟例以乱政，殃民以牟利，已成为当时政治的一大弊。随着封建制度的衰败，清代不仅形成了庞大的官僚群，而且形成了庞大的蠹吏群，而吏之人数尤千百倍于官。吏之"秩愈卑而权愈重"，其危害亦愈演愈烈。晚清的进步思想家冯桂芬惊呼："今天下之乱谁为之？亦官与吏耳，而吏视官为甚。"[③]这是清王朝政治腐败的特点，也是封建官僚制度衰败的征兆。因此，研究清代的蠹吏，自是剖析封建末世政治腐败的题中应有之义。

吏，古已有之。它是保证封建国家机器运转的不可或缺的一股力量。历朝历代对吏的设置、选拔、考察、升退均有具体的规定。清朝各级衙门设吏佐官，俱有经制。吏有京吏、外吏之别。京吏有供事、儒事、经承等名色。宗人府、内阁、上谕馆、文渊阁、翰林院、詹事府、中书科、内廷三馆及修书各馆各衙门、则例馆之吏称供事；儒事则为礼部之吏；经承则指部院衙门之吏，外吏有书吏、承差、典吏、攒典等名色。书吏指督抚、学政、各仓、各关、监督之吏；承差为督抚之吏；典吏指司、道、府、厅、州、县之吏；攒典则指首领官、佐式官、杂职官之吏。尽

① 该文由王廷元、魏鉴勋二人合著。

②《清稗类钞》第39册，胥役类。

③《清经世文续编》卷二二，《易吏胥议》。

管吏都是官的爪牙，但是因其所处衙门之大小及所属官员等级之高低，又有不同的称谓。种种不同名色的吏均有具体数额的规定，领有一定的俸银、俸米。此外，尚有白役、贴写。白役指额外滥设之吏；贴写则为从吏习业之人。另外，幕府也有兼作吏者。吏遍布国家各级机构，是一支庞大的统治力量。

清代吏的来源有二：一是考取，二是召募。而不论应考或投充之人，都必须具备一定条件。比如，充当京吏之人，不准冒籍、冒姓，需由原籍地方官出印结；充当外吏之人，除了地方官印结之外，还需亲族具结。就连充当府州县奔走力役之小吏——祗候、弓兵、禁子等也须在纳粮达二石至三石之“良民”中选拔。此外还规定，一人不许充两吏，否则斥为“霸役”，处以徒刑。不准旗人充吏。为吏有一定时限，均以五年为期。

清代对吏还制定了稽察制度，以期杜绝弊端。规定京吏由本衙门设专官稽察；府州县之吏由本管道或按察司稽察；两司及各道衙门之吏由督抚稽察；督抚、学政衙门之吏则自行稽察。

为吏期满，以考试定升退。择优授予杂职等官，分别铨用，其余则一律革退。

尽管清代选吏有据，受役有期，考察有法，入仕有阶[①]。但是，这一套严密的吏役制度并没有收到约束蠹吏的效果。随着封建制度的衰败，“天下大权归于胥吏”，“遂成积重难返之势”[②]。清代蠹吏害民、病官、祸国，超过了历史上任何一个王朝。

清代蠹吏“凭官府之威灵，肆行其纵恣”[③]，假官以害民，其术百端：“假托公务，横肆贪饕，其为小民扰累何可胜言。故有狱讼尚未审结而耗财于若辈之手，两造已经坐困矣，额粮尚未收纳而浮费于催征，中饱于蠹胥已什去二三矣；其余勾缉命盗，因缘舞弊，遇事生风，株连无辜，贿纵要犯账”[④]无恶不作。保定府清苑县蠹吏“以词讼为利薮”，敲

①《清朝文献通考》卷二一，职役一。
②《清经世文续编》卷二二，《请惩治贪残吏胥疏》。
③《清朝经世文编》卷二四，《吏胥议》。
④《清朝文献通考》卷二四，职役四。

诈勒索民财就巧设诸多名目；持票传案时，公然以“买票”为名勒索原告；传讯被告时，公然索要“车钱”；过堂之前，公然向两造索取“差帐”，不满其欲，则不能见官，不准回家，长期蹲黑牢而不能过堂，原告、被告要求和息官司时，则乘机勒索“和息钱”，两造为交“和息钱”而破产倾家者大有人在[①]。四川等地，蠹吏鱼肉百姓，还有“贼开花”“洗贼名”等名目：发生盗案时，将失主邻近之家“殷实而无顶戴者，扳出指为窝户，拘押索钱。每报一案，牵连数家，名曰贼开花”；被诬百姓，“出钱七八千至十数千不等，胥役欲壑既盈，始释之，谓之洗贼名。”[②]时人对此深恶痛绝，撰写对联：若要子孙能结果，除非贼案不开花，以泄愤懑之情。更有甚者，如方苞《狱中杂记》所揭露的那样，蠹吏向因把持公仓而被判死刑的犯人家属索取贿赂之后，竟然以一普通犯人代替该死刑犯去受死，而主管官员知道后还不能查究。此种令人发指的事情，就发生在素有“盛世”之称的康熙朝。

至于收取赋税之日，更是蠹吏害民肥己之时了。他们狼狈为奸，层层盘剥。例如，“凡征解钱粮，上司书吏辄向州县衙门书吏索取费用，而县吏假借司费、纸张名色，派索花户。又如征解漕粮，粮道衙门书吏需索县吏规礼，因而县吏亦遂勾通本县家人，盘踞仓厫，于正额外多收耗米，稍不遂意，百般留难，乡远小民以得收为幸，守候为艰，不得不饱其贪壑。”[③]催征漕粮时，“以大户之短交，取偿于小户”，从中渔利，更是蠹吏惯用的手段。民间买卖田产时，蠹吏也“因缘为奸，上下其手”，致使小民产去税存，“田已卖而粮不除者”[④]。

清丈田亩时，蠹吏乘机敲诈勒索，稍不遂意，便以小弓打田，坑害贫苦小农。遇到灾荒之年，蠹吏乘蠲缓之机，或大肆“卖荒”，“向业户索取钱文，始为填注荒歉”，“出钱者虽丰收亦得缓征，不出钱者虽荒歉亦不获查办”[⑤]，或隐匿缓征文书，对不饱其欲壑之农家，仍照常追比。

①《清经世文续编》卷二二，《敬陈清苑蠹役需索之害疏》。
②《竹叶亭杂记》卷二。
③《清朝文献通考》卷二四，职役四。
④《清经世文续编》卷三二，《确查江西丁漕积弊并设法整顿疏》。
⑤《清朝续文献通考》卷二，田赋考二。

清朝蠹吏害民不限于一地，也不止于一时。自顺康至同光，由京师到僻乡，无时无地不然。对此，就连皇帝也承认："盖衙蠹之为扰，自上及下，正不自州县始也。"[①]

蠹吏之所以肆无忌惮地害民，是因为他们的背后，有个强大的封建国家机器。受害百姓，稍有不满，便被诬以"抗粮"，予以严惩。道光八年，山东通过以银折钱的办法，使浮收比正赋多出一倍。黄县百姓冲进大堂，表示不满。官吏勾结，诬以抗粮。结果"登莱青道会营弹压……差役纷纷四出搜拿不止，或竟黉夜入人住屋，其拿获之人，已有在府城拖毙者"[②]。

清代蠹吏不仅害民而且病官。"州县之吏，病民而止。司道之吏，则能病官，督抚之吏，病大吏矣。"[③]上级衙门的小吏，直视下级衙门的主官为刍狗，而下级衙门的主官对上级衙门的小吏则唯唯诺诺，敬若神明。"内外衙门书吏，积惯舞弊最为恶习，外省各官遇有提升、调补、议叙、议处、报销各项并刑名案件，每向部中书吏贿嘱，书吏乘机舞弊，设法撞骗，是其常技。至运京饷铜、颜料各项解员，尤受其累。自投文以至批回，稍不满欲，多方勒措，任意需索，动至累百盈千，名曰部费。公然敛派，即督抚往往明知故纵，至外省督抚藩臬以及州县各衙门，凡应办事件亦不能不经书吏之手，藉端滋弊，甚至上下勾通，均所不免。"[④]凡事一经蠹吏之手，如不打点，则万难成全。因此，深谙此中奥妙的官僚，都把上司的小吏打点得心满意足，又是给"赏封"，又是送"利市"，"务厌其欲而后已"。否则，就别想得到好缺，也别想不忤上宪。例如，"光绪时，浙江候补知县某，至浙，当补某缺。部吏贻书告之曰，某缺，君依例当补，然须予我千金。某不欲打点，意谓循例之事，何用赂吏，不许。已而缺出，补他人。大诧，托人探之。则某曾经保举，临补时，吏谓一人不能两班置之。某急，丐吏为设法。吏曰：今已无及，为将来计则可。然须五千金。若不可，则请两班中注销一班，亦可有补缺望也。

---

①《清朝续文献通考》卷二四，职役四。

②《清朝续文献通考》卷二。

③《清经世文续编》卷二二，《胥吏论》。

④《清仁宗实录》卷五五，嘉庆四年十一月戊寅。

某不能措巨资，意保举班无补期，不若劳绩之可恃，遂注销保举班。逾日，吏又贻书曰：保举班以人少，君当补，惜已注销，致为他人补矣。某大懊丧”[①]。又如，武阳某县令在接替洛阳县令时，按照惯例必须替前任弥补亏空，否则藩司不准其赴任。该县令恰好刚刚从藩署领出四千两库银，因为上任心切，银两未及开封便立即上缴代还亏空。可是，该县令忽略了打点藩司库吏，结果，库吏拒收银两，因为照例当附加火耗。该县令争辩道："此适自署领出，缄识如故，何加耗之有?"最后闹到藩台大人处，藩台对该县令说，这是库吏们的事，你同他们研究去吧。结果，该县令只得额外加上火耗银，才算了结。这笔没有火耗的火耗银，自然落入库吏的腰包了。

凡此种种，不一而足。无怪乎清人慨叹："六部之胥无异宰相之柄"了。

蠹吏不仅把下级衙门的官长玩弄于股掌之上，就是对本堂主官也是极尽挟制之能事。书吏挟制堂官之事，连皇帝们的心里也是一清二楚的。嘉庆九年六月上谕中就曾提到："自大学士尚书侍郎，以及百司庶尹唯诺成风，皆听命于书吏，举一例则牢不可破，出一言为令是从，今吏部京北相争一事任书吏之颠倒是非，变幻例案，各堂官受其愚弄，冥然不知所争之情节。"[②]咸丰十一年的上谕中也曾提及："在京大小各衙门书吏。暗将堂稿藏匿私寓，以致堂司各官后来者无从得悉，惟吏是听。"[③]书吏以深谙例案为特长，而处理政务又以例案为准则，不熟悉例案之堂官受书吏之挟制也就无怪乎其然了。

还有甚者，堂官的前程有的也是靠书吏给维持的，受其挟制更是势所必然了。有许多候补州县官在未得到实缺之前，州县的书吏便纷纷带着银两进省，替这些候补官僚四处活动、打点，同时更赤裸裸的与这些候补州县讲好条件，等上任后，钱粮归某人办理、漕米归某人办理……一切均已分派停当。候补官在书吏们的帮助下，获得肥缺之后，自然要

①《清稗类钞》第39册，胥役类。
②《东华录》，嘉庆九年六月。
③《清朝续文献通考》卷二七，职役考一。

受书吏们挟制，任其所为了。

清代蠹吏“挟制长官”“阻挠功令”，成了一大祸患，使封建国家机器已不能照常运转。

蠹吏无法无天，竟然到了私藏印章，改窜文书的地步。“部中老胥，家藏伪章，文书下行直省，多潜易之，增减要语，奉行者莫辨也。”[①]嘉庆十四年，工部书吏王书常就用私刻的假印，藉修水利为由，一年之内冒支国库银两，竟高达数千万两。

为吏者盘踞一地，子孙相传，对于朝廷典章，地方风俗民情，钱谷簿书等了如指掌，而官员出身科举，不谙刑名钱粮，离乡赴任，不熟当地风土好尚，致使凡事不能离开吏胥，“上自公卿，下至守令，终不能出此辈圈子。刑狱簿书出于其手，典故宪令出于其手，甚至兵机政要，迟速进退，无不出于其手。一刻而无此曹，则宰相亦将束手矣”[②]。甚至“朝廷一举一动必不能出若辈之手，于是天下遂为吏之天下”[③]。清朝京城流行“堂官牛，司官鳅，书吏剔嬲不得休”的民谣。一些洞悉蠹吏祸国的人们，无不愤慨，大声疾呼：“疆吏殚竭血诚以办地方之事，而部吏得以持其短长，岂不令英雄气短乎！”[④]就连皇帝也沉不住气了：“官吏相蒙，国计民生于以交困。”[⑤]“书吏如此狡猾，上无道揆，下无法守，太阿倒持，群小放恣，国事尚可问乎？”[⑥]清代蠹吏害民、病官、祸国，已成为清王朝的一个毒瘤。

蠹吏害民，统治者当然可以漠视；蠹吏病官、祸国，皇帝与官僚则有切肤之痛了。从清初迨清末，大臣们情急辞切连连吁请革除蠹吏；皇帝们三令五申整顿吏治，想出种种办法力图杜绝弊端。顺治时制定法令，官吏贪污十两者即行籍没，后来又定新令，犯赃一两籍没流徙，罚不可谓不重；乾隆以降，一而再，再而三明令裁汰胥吏，甚至不准革退之胥

① 方苞：《狱中杂记》。
②《制义丛话》卷七。
③《四书讲义》卷三九。
④《清稗类钞》第39册，胥役类。
⑤《退庵笔记》卷五。
⑥《东华录》，嘉庆九年六月。

吏逗留京师，法不可谓不密。种种措施，要之不过严惩与裁汰，“今之治胥吏者曰严刑以威之，额数以裁之，二端而已”[①]。然而，惩治也好，裁汰也罢，均未奏效。

蠹吏逃避惩治的办法是层出不穷的，或勾结主官，为其开脱；或与上下衙门之吏，串成一片，互相救援。同治十二年，织造衙门书吏孙锦，贪污购置织机和颜料的银两被查出，官府限期退赃。结案后，织造文治听其冒名顶替已死书吏孙同如，又当上了书吏。当进一步追查时，孙锦则串通其他书吏，“捏报病故”以避缉拿。孙锦的儿子孙文浩是个秀才，改名孙翰，充当织造的经承，因侵吞案发，被捕入狱，可是，在押期间居然得以潜逃。似此种种，在所多有。

地方上的蠹吏即或被巡按访实拿问，也仍然能逍遥法外，因为“既拿之后，必索款于臬司，臬司转索于刑厅，刑厅无从验知，必询之本厅书役。然本厅书役必，与此辈向结心腹之交，因密通消息。即令本人自行造款，遂将真实恶迹一字不提，反假捏无影无干之款，上报塞责”[②]。至于京吏，就更难惩治了。因为“下官既不敢问，上官又复护短，唯恐发觉，有碍官声，是以因循容隐，愈难禁制”[③]。

已暴露罪行的蠹吏，受不到惩处，而未暴露罪行的蠹吏，更无人敢于揭发。浙江巡抚佟某，曾广贴布告：“但有蠹役，凭民间告发，然后访拿”。决心不可谓不大，行动不可谓不坚决。可是，蠹吏们“日在上官左右，声势赫奕。若督抚按三衙门各役，郡县尚在曲意将迎，唯恐得罪，小民安敢遽然讦告”[④]。

惩治蠹吏的结果，不仅没有起到约束、打击蠹吏的作用，反而大大地助长了他们的嚣张气焰，“招摇得意，自夸打点神通，人人畏服”，“访拿一次，愈增一次之威名矣”。

清廷裁汰蠹吏同样也行不通。尽管皇帝多方设法，或规定各级衙门胥吏的额数，或严申五年“换卯”的制度，或汰除额外的胥吏，可是各

①《清经世文续编》卷二二,《胥吏论》。
②《清朝经世文编》卷二四,《访惩衙蠹之法疏》。
③《清朝经世文编》卷二四,《衙蠹宜剔其源疏》。
④《清朝经世文编》卷二四,《访惩衙蠹之法疏》。

级衙门之吏仍是有增无减，或“明除暗附”，或“一吏而二人分顶”，或“一差而数人共当”[①]，以此来破坏额定之限。考满革退之吏，或更名换姓，混入其它衙门为吏；或让新吏、子侄出名办事，而老吏在幕后操纵，名为“缺主”，或名“通供”“掌案”“长接”等等，以此抵制五年换卯之制。这样一来，蠹吏不仅没有按期“换卯”，反而变成了“终身制”“世袭制”。清朝的吏越裁越多，如嘉庆时直隶正定县吏役多至九百余名；浙江仁和、钱塘两县正身、白役不下一千五六百名[②]。

清代蠹吏，惩治不得，裁汰不掉，成了国家之沉疴痼疾，是封建官僚政治腐败的必然产物，是封建制全面衰落的一个标志。

清代官僚以科举出身为荣，而“士人所习不过贴括制义，空虚无用之文。”[③]于钱谷簿书，当世之务，全然不通。官僚无能，凡百政事，全仗深悉钱谷簿书之胥吏。秉政大员，养尊处优，对政务漫不经心，各部尚书往往在饮酒谈笑之时，处理重要公事；批复重要呈文，连内容也不看上一眼，便顺手“画诺”。有人甚至连圈儿也懒得划，叫胥吏代劳。嘉庆十四年冬，工部小吏一次就乘机向户部重复支领白银数十万两，没入私囊[④]。

清制，各级衙门处处遵照律例行事。“一切案牍皆书吏主之，故每办一案，堂官委之司官，司官委之书吏，书吏检阅成案，比照律呈之司官，司官略加润色，呈之堂官，堂官若不驳斥，则此案定矣。”[⑤]事无巨细，概不准逾越陈规旧例。年深日久，例案山积，老吏窟穴其中，子孙相传，纤细尽知。而官僚对此则茫无所知，只得“奉吏如师”。因此，例越多，吏之数便越多，吏之权就越重。

清代官僚机构叠床架屋，治事之官少，治官之官多。治事者无权，揽权者不办事。基层州县之官遇有毫发之事，也得向府、道、布政使、按察使、巡抚、总督分别层层呈禀。办成一事，必须几经周折反复，来

①《清朝文献通考》卷二三，职役考三。
②《清朝续文献通考》卷二七，职役考一。
③《清朝经世文编》卷三，《思辨录》。
④《东华续录》，嘉庆二十八。
⑤《清稗类钞》第39册，胥役类。

往文书全出于书吏之手。因此，衙门越多，官僚越多，公文就越多，当然挟文书以自重的吏就越多了。

清代封建专制主义已到了顶点，等级制度森严。这就为吏挟官弄权牟利提供了方便条件。官愈高，吏愈横。“书吏作弊坏法”，“实未有如在京各衙门之最甚者”。[①]这种灯下黑的现象，是统治者一手造成的。清朝规定的稽察胥吏的制度，本来就是只打苍蝇不打老虎。如前所述，一般是上级衙门稽察下级衙门的胥吏，唯独部院和督抚衙门之吏，由本衙门自行稽察。所以，每次惩治蠹吏，往往是抓几个州县小吏以泄民愤，而部院督抚之吏在本堂主官的庇护下，逍遥法外，继续作恶。为了满足他们的需索，州县之吏虽欲改恶而不可得。因此胥吏“在州县作恶已极，则转投司道，在外省罪迹已著，则潜入京师。衙门益尊，益成若辈藏奸之薮。”[②]

皇帝的权威也为蠹吏所利用。“福康安郡王征西藏归，户部吏胥索其报销部费。福大怒曰：么麽小胥，敢索贿乎？对曰：索贿非所敢也。但用款既巨，册籍又多，必需增添书手，日夜赶办，数月之间具奏，上方喜功之成，必即允。若无巨费，但就本有之人，分案题达，非三数年不能竣。今日所奏报销，明日又奏报销，上意厌倦，必将切责，物议乘之，且兴大狱矣。此为将军计，非为各胥计也。福大激赏，即以二百万与之。”[③]于此不难看出清代的蠹吏是多么狡猾、嚣张、难制。

综上所述，清代蠹吏为害酷烈，对其禁制无效，乃是清代政治腐败的一个特点，与历代的政治腐败相比，有显著的不同。这不是个人的罪孽，而是封建制度日暮穷途的必然反应。

（原文载《辽宁大学学报（哲学社会科学版）》1989年第5期）

①《清朝经世文编》卷二四，职役考四。
②《清朝经世文编》卷二四，《衙蠹宜剔其源疏》。
③ 陈登原：《国史旧闻》，第三分册。

论王夫之的理欲观

怎样看待王夫之的理欲观，关系到如何判定王夫之思想的阶级属性。有些同志把王夫之视为“早期启蒙思想家”“新兴市民阶层”的代言人，其主要原因之一就在于他们认为王夫之在论及天理人欲时，提出了“反对中世纪禁欲主义的命题”。在我看来这种看法未必合乎实际。

启蒙论者强调王夫之的理欲观同程朱之说的对立，并藉此证明王夫之是反禁欲主义的思想家。这种看法是难以令人信服的。王夫之在论述天理人欲时，所持的自然观和方法论与程朱固然有所不同，但是王夫之的唯物主义思想丝毫也没有动摇他的封建道德观念，恰恰相反，倒是牢固的封建道德观念限制了他的唯物主义思想。所以就道德观而论王夫之与程朱之间是没有什么本质区别的。

王夫之在论述天理人性等问题时，虽然强调了“气上说理”“气上说性”的唯物主义观点而同程朱“理在气先”的观点相对立。但是他同其他古代唯物主义思想家一样，都不可能用唯物主义观点从根本上说明人性的问题。当他具体阐明天理人性的涵义时，便全然承袭了儒家的传统观念。认为仁义礼智信等道德信条是出自天理之自然，是人所固有的本性，从而深深跌进了先验主义道德观的泥坑。他说：仁“见端于天理自然之爱”，义为“天理当然之则”，“仁义之相得以立人道，犹阴阳之并行以立天道”。“礼为仁义之会通，而天所以其自然之品节以立人道者也”。在王夫之的论著中，与此类似的言论俯拾即是，不胜枚举，这表明他所谓的天理，人性的确都被赋予了封建伦理的性质，就这一点而论他与程朱是没有区别的。仁义礼智信是儒家封建道德的主要支柱。封建统治阶级为了维护其等级服从制度，编造了一系列禁欲主义的说教，如“杀身成仁”“舍生取义”“克己复礼”“去欲存理”等等。这些说法无一不是建构在仁义礼智信等信条之上的。在儒家伦理思想中崇奉仁义礼智信与信守禁欲主义实际上是一个问题的两个方面。一个人如果把仁义礼智信奉为信条那么禁欲主义也就在其中了。这个道理连王夫之本人也是直言不讳的。他在论及克己与复礼的关系时说：“可云不克己则礼不可复，亦可云不复礼则己不可克”[1]所以克己与复礼是“互待为功”的[2]。在论及存天理与遏人欲的关系时又说:“遏欲存理，偏废则两皆非据。欲不遏而欲存理，则其于理也虽得复失。非存理而以遏欲，或强禁之，将如隔日虐之未发，抑空守之，必入于异端之三唤主人，认空空洞洞地作无位真人也”[3]可见仁义礼智信乃是封建统治阶级藉以提倡禁欲主义的理论根据。儒家学说赋予这些信条的涵义本身就是和资产阶级个性自由，个性发展的要求背道而驰的。王夫之既然把仁义礼智信奉为最高信条，那么指望他在这个前提下反对禁欲主义，岂不是不合实际的幻想吗?

有人把王夫之的“理欲合性说”视为他反对禁欲主义的证据。认为理欲合性说论证了人欲的合理性，提高了人欲的价值，体现了市民阶层的要求。果真如此，那么岂不等于说王夫之把封建道德信条同资产阶级个性发展的要求捏合到一起了。

王夫之认为明阳相感是气之本性。耳目口鼻与声色臭味都是由气聚合而成的。故二者相接时必因其相感而发生异同攻取的作用，人欲便由此而生了。既然人都是由气所构成的，那么这种声色臭味之欲也就是人所共有的本性。他说:“气质者，气成质而质还生气也。气成质，则气凝滞而局于形，取资于物以滋其质；质生气，则同异攻取各从其类。故耳目口鼻之气与声色臭味相取，亦自然而不拂违……盖性者，生之理也。均是人也，则此与生俱有之理，未尝或异，故仁义礼智之理，下愚所不能灭，而声色臭味之欲，上智所不能废，俱可谓之为性”[4]。仁义礼智之理与声色臭味之欲都是人性。二者不但是相互对立的，而且也是相互统

①《读四书大全说》卷六。
②《读四书大全说》卷八。
③《读四书大全说》卷一〇。
④《张子正蒙注》卷三。

一相互依存的，故能共处于人性之中。王夫之的这个观点体现了他朴素的辩证法思想，是与程朱“天理人欲不容并存”的观点大相径庭的。他说：“阳主性，阴主形；理自性生，欲以形开。其或冀夫欲尽而理乃孤行，亦似矣。然而天理人欲同行异情，异情者异以变化之几，同行者同于形色之实，则非彼所能知也”[①]。那么天理人欲之间为什么能够相互统一、相互依存呢？这是因为天理寓于人欲之中，而人欲以天理为其当然之则。他说：“礼虽纯为天理之节文，而必寓于人欲以见，虽居静而为感通之则，然因乎变合以彰其用。唯然，故终不离人而别有天，终不离欲而别有理也”。[②]在王夫之看来天理之所以能够寓于人欲之中，正是因为它是耳目口体之气与声色臭味之气相互“感通之则”。他的这个观点是建立在他对理气关系的根本看法之上的。他认为理不是什么独立于物质世界之外的精神实体而是物质的气运动变化的规则和条理：“气载理而理以秩序乎气”[③]，“气当得如此便是理”[④]。阴阳二气相感相通，必有理行乎其中以为之则，故万物之运动变化皆呈其条理而不妄。人欲既是耳目口体之气与声色臭味之气相感相通的表现，那么天理当然也就寓于其中而为之则了。天理为人欲当然之则的具体体现就在于人们对声色臭味的欲望应与他本人“受命之则”相适应。王夫之认为人生之初就禀受了天命：“天之命人物也，以理以气……只此为健顺五常，元亨利贞之命，只此为穷通得失，寿夭吉凶之命”。前者谓之“天命之理”，它决定人的道德，后者谓之“气数之命”，它决定人一生物质享受的不同等则，这个等则就是所谓“受命之则”[⑤]。天命虽有这两方面的意义，但却都是一气之理的体现，故二者不可分，同谓之天命。天命之理人人所同，故人皆有其善性；而气数之命则人各不同，故有贫富贵贱之分。他说：“厚生之用，有盈有诎，吉凶生死因之，此时位之不齐，人各因所遇之气而受之。百年

①《周易外传》卷一〇。
②《读四书大全说》卷六。
③《读四书大全说》卷三。
④《读四书大全说》卷一〇。
⑤《读四书大全说》卷五。

之内，七尺之形，所受者止此，有则而不能过”[①]。“牛之穿而耕，马之络而乘，蚕之缫而丝，木之伐而薪，小人之劳力以养君子，效死以报君国”，都是命中注定的[②]。天命虽然不能赏善罚恶，往往造成“君子或穷，小人或泰”的现象[③]。但这种现象既然出自天命因而也就合乎天理之自然。顺受天命乃是人的本性，故按人的本性说，人对声色臭味的欲望本来应当与其受命之则完全一致，从而构成了理欲之间统一协调的关系。然而“人心唯危”，人们往往背离自己的本性，不顾受命之则而纵其物欲。这就造成了理欲之间的矛盾和对立。他说：“极总之要者，知声色臭味之则与仁义礼智之体合一于当然之理。当然而然，则正德非以伤生，而厚生者期于正德。心与理一，而知吾时位之所值，道即在是，穿通寿夭，皆乐天而安士矣。若不能合一于理，而吉凶相感，则怨尤之所以生也”[④]。所谓“声色臭味之则”就是指声色臭味之欲应与其受命之则相适应的规则。这个声色臭味之则本身是与仁义礼智之理一致的。若能以心循理，那么理与欲就统一起来了。反之则不能满足于声色臭味之则的限制，怨尤之心便会油然而生，造成天理人欲互相背离的现象：“理，天也；意欲，人也。天理不行于人欲之中，人欲有时而逾乎理，天人异用也”[⑤]。正因为人心不古，风俗日偷，天人异用的现象日甚一日，所以他才不厌其烦地反复强调对待人欲必须“如其量”“如其分”“如其则”，认为只有这样才能除去“我私之自累”而达到“存神过化”的境界。他说：“即此气质之性，如其受命之则而不过，勿放其心以徇小体之攻取，而仁义之良能自不可掩”[⑥]。所谓“如其量”“如其分”“如其则”都是一个意思，就是要使人欲与“受命之则”相符合。必如此，才体现了以天理为人欲的当然之则。王夫之尽管有些言论力图否定宿命论的观点，但在论及人欲时却偏偏要强调人欲必须如其受命之则，这恰恰表现了封建道德

①《张子正蒙注》卷三。
②《张子正蒙注》卷三。
③《张子正蒙注》卷三。
④《张子正蒙注》卷三。
⑤《张子正蒙注》卷三。
⑥《张子正蒙注》卷三。

观念对他的唯物主义思想的限制。王夫之曾明白无误地一语道破理欲合性说的真谛："行天理于人欲之中，而欲皆从理，然后仁德归焉"[①]。可见他所强调的理欲统一关系实质上就是天理制约人欲；人欲服从天理的关系。就是要使封建社会中富者安享富贵而视为天理之当然，贫者甘受贫贱而无非分之想。这明明是典型的维护封建等级制度的思想而与资产阶级个性发展的要求背道而驰的。怎么能把它视为"反禁欲主义的命题"呢？

有人也许会说王夫之把天理人欲同视为人性，毕竟承认了人欲的价值提高了人欲的地位，而与程朱之说有所不同。但究其实际则绝非如此。王夫之是一贯强调仁义礼智之性为本，声色臭味之欲为末，并主张以本制末反对以末丧本的。他说："心者，湛一之气所含，湛一之气，统气体而合于一，故大；耳目口体成形而分有司故小……小体，末也，大体，本也。"[②]心中所含湛一之气是气之本体，也是道之本体，两者混然而为一，仁义理智之理皆在其中，故为大体，为根本；耳目口体是二气聚合而成的器官，声色臭味之欲皆由此而生，它们彼此互不相通，只能各司其事，故为小体，为枝叶。他认为能以小体服从大体者才算君子，反之即为小人："物身者，以身为物而为道所用，所谓以小体从大体而为大人也。不以道用其耳目口体之能而从嗜欲以沉溺不反，从记诵以玩物丧志，心尽于形器之中，小人之所以卑也"[③]。可见在王夫之的心目中感情欲望必须在封建道德信条的管束之下处于服从的地位，人的血肉之躯只有作为"天理"的体现物才能获得自身存在的价值，这与欧洲中世纪所谓"要爱上帝，鄙弃自己"的禁欲主义说教何其相似！程朱把人欲排斥于人性之外是为了强调存天理去人欲，王夫之把人欲置于人性之中则是为了强调以天理管束人欲，二者并没有什么本质的不同。

如果说程朱"存天理灭人欲"之说对于维护禁欲主义尚有其不足之处，那么王夫之的"理欲合性"说在这方面倒显得更为得力了。程朱虽

①《读四书大全说》卷六。
②《张子正蒙注》卷三。
③《张子正蒙注》卷二。

然强调“存天理去人欲”，但却不能禁止人民喝水吃饭，所以不得不宣称“饮食者，天理也。要求美味，人欲也”。既然同为饮食，那么为什么粗茶淡饭就合天理，山珍海味就定要算人欲呢？这在理论上是很难自圆其说的。王夫之把二者同视为人欲，自无此病。程朱既然强调“天理人欲不容并存”那么封建统治者追求奢侈享乐岂不能免于违背天理之嫌吗？王夫之主张人欲应符合其“受命之则”，于是贫富贵贱都由命定，因而也都是合乎天理的了。程朱把天理人欲对立起来，使二者绝了缘。结果使天理在表面上被越讲越严，实际上则越讲越空，成了僵化干瘪的教条，难以发挥维系人心的作用。王夫之把天理视为人欲的当然之则，而使之寓于人欲之中，于是“随处见人欲，即随处见天理”走遍天涯海角，人欲也休想逃脱天理的管束，这就使天理的妙用落到了实处。

王夫之在学术观点上虽与朱熹持有许多不同的见解，但却把朱熹之学奉为“正宗”，并称：“夫子博文约礼之教，千古合符，精者以尽天德之深微，而浅者亦不亟叛于圣道，圣人复起，不易朱子之言矣”。[①]他如此推崇朱熹，看来不是偶然的，因为他们治学的宗旨都在于维护“圣学”。

（原文载《社会科学辑刊》1990年第5期）

①《礼记章句》卷四二。

论王夫之的理欲合性说

王夫之的理欲合性说究竟是不是"反禁欲主义的命题"？这一命题究竟是否带有启蒙思想的性质？这是近来学界所关心的问题。笔者曾在"论王夫之的理欲观"一文中指出，王夫之的理欲观同程朱之说并无本质上的区别，二者都是主张禁欲主义的[①]。遗憾的是该文因篇幅限制，对于一些重要的问题未能展开深入的讨论。本文拟就这些问题作进一步论述。前文已论者这里不复赘述。

一

王夫之虽然把天理人欲同视为人性，但他所肯定的只是人欲之大公，而不肯定人欲之私，对于人欲之私王夫之是极力反对的。他说："人所必不可有者私欲尔。"[②]"仁者无私欲也"，"仁者无私意也"，"去私欲，屏私意，固执其知之所及而不怠，此三者足以言仁矣"[③]。"天下之公理，以私乱之，则公理夺矣"[④]。王夫之这类否定私欲的言论不是偶然的，而是植根于他的学术思想体系之中的。

王夫之认为人与宇宙万物都是由气构成的。气的离合变化有必然法则，这个法则就是理。故人之禀受于天者有气即有理，此气此理决定着人的本性。仁义礼智是天理在人心中的具体体现，故被称作"性之四德"。然而人的耳目口体与身外的声色臭味既然都是由气构成的，那么二

①《社会科学辑刊》1990年5期。
②《读四书大全说》卷八。
③《读四书大全说》卷六。
④《读通鉴论》卷二二。

者相接时，必因其相感而发生异同攻取的作用，从而产生欲望，所以欲望也是理的体现，也是人的本性。在他看来，仁义礼智之理与声色臭味之欲虽然同是人性，但对二者却不应等量齐观。他说：“气之未聚于太虚，希微而不可见，故清，清则有形有象者皆可入于中，而抑可入于形象之中，不行而至，神也……气聚于太虚之中则重而浊，物不能入，不能入物，拘碍于一而不能相通，形之凝滞然也。其在于人，太虚者，心涵神也，浊而碍者，耳目口体之各成其形也。碍而不能相通，故嗜欲止于其所便利，而人已不相为谋，官骸不相易，而目不取声，耳不取色，物我不相知，则利其所利，私其所私，聪明不相及，则执其所见，疑其所罔。圣人知气之聚散无恒而神通于一，故存神以尽性，复健顺之本体，同于太虚，知周万物而仁覆天下矣。”[①]就是说，气之未聚而散处于太虚，理即寓于其中，此气此理清虚而无象，善变而莫测，无所不入，无所不在，故被称作神。这个神在天即为天道，凝于人即为人性，而存于人之心中。虽二气之聚散无常，万物之兴衰有时，而神则通于太极之一，故有其常住性与永恒性，所以人的道德修养就在于“存神尽性”以合天道。二气聚合之后，则失去它原有的灵气，其为物也重浊凝滞而难行，只能视为神之糟粕。所以由耳目口体感物而生的欲望不能不带有种种局限性。偶一不慎，心为物欲所引而不能存神，则必有害于仁义礼智之性。所以他说：“德性者，非耳目口体之性，乃仁义礼智之根心而具足者也”[②]。至于耳目口体之性，则“君子”们竟有“不据为己性”的了。[③]

耳目口体之欲虽是客观的不可避免的现象，但对待这种嗜欲只应顺乎自然，恰如其分地作出反应，而不应有一丝一毫放在心上，以免妨害心中所涵之神。这便是他所强调的“存神过化”之功。如果心为嗜欲所引，立意追求个人的嗜欲，那便是心存私欲而与“存神过化”的要求背道而驰了。他说：“阴阳之糟粕，聚而成形，故内而为耳目口体，外而为声色臭味，虽皆神之所为，而神不存焉矣，两相攻取而喜怒生焉。心本

①《张子正蒙注》卷一。
②《张子正蒙注》卷二。
③《张子正蒙注》卷三。

神之舍也，驰神外徇，以从小体而趋合于外物，则神去心而心丧其主。知道者凝心之灵以存神，不溢喜，不迁怒，外物之顺逆，如其分以应之，乃不留滞以为心累，则物过吾前而吾已化之，性命之理不失而神恒为主。”[①]可见心中能否存神，关键就在此心能否与私意私欲划清界线。所以他告诫人们：“圣狂分于歧路，人禽别于几希，闲邪存诚，与私意私欲不容有毫发之差也。”[②]

由此可见，王夫之虽然把人欲置于人性之中，使他的人性论在形式上带有某些特色，但他毕竟没有摆脱儒家传统道德观念的窠臼，仍然硬给人性强加上了封建伦理的性质。封建的伦理道德是维护等级特权制度的一种意识形态，而这种等级特权制度与个性自由、个人权利之间是不能相容的。中国二千年来，封建统治阶级总是在“克己复礼”“去欲存性”之类的题目上喋喋不休地做文章，其原因就在这里。王夫之既然把仁义礼智视为人的先天道德，那么他千方百计地为否定私意私欲制造理论根据就不足奇怪了。

王夫之深知人们的私欲对于封建等级特权制度危害极大。他说：“私利之情不禁，于是乎君忘其民而草芥之，民忘其君而寇仇之。”[③]就是说，私欲不禁，则君臣父子之道不行，整个封建制度都将分崩离析而不堪收拾。因此他把私欲称作“小人之欲”“禽兽之欲”而加以口诛笔伐。他说：“纵欲趋利”之人是“人之狼虿也”。[④]“小人之欲，画于货利，而硍磊鞔䩄，率此以兴”[⑤]。“鸡鸣而起，孳孳为利，专心并气以趋一涂，人理亡矣”[⑥]。广大庶民百姓，“终日营营”者不过是“求食、求配偶、求安居”，而不把仁义道德放在心上，这种人简直是一群“不可胜诛”的“禽兽”[⑦]。他认为，为了维护封建秩序就必须防止夷狄的内侵和庶民的暴乱，而防止这两大害的关键就在于划清义与利的界线，在思想上筑起

①《张子正蒙注》卷二。
②《张子正蒙注》卷二。
③《读通鉴论》卷二七。
④《张子正蒙注》卷六。
⑤《周易外传》卷二。
⑥《俟解》。
⑦《俟解》。

一道抵御私欲的长城："天下之大防二，中国、夷狄也，君子、小人也……防之不可不严也"。"天下之大防二，而其归一也，一者何也？义利之分也。"[①]只有心中不存私欲，才能舍利而就义，遵循封建道德规范。因此王夫之一贯把遏制私欲视为道德修养的一个重要方面。他反复强调"存神过化""顺受天命""以性制情""秉礼克己""勇以遏欲"等等无一不是要人屏弃私欲以服从封建道德的约束。王夫之在这方面所作的努力，可以说比二程、朱熹是毫无逊色的。

纵观欧洲文艺复兴的历史，不难看出，禁欲主义与反禁欲主义的斗争，实质上是封建统治阶级同新兴资产阶级的斗争在道德观念上的反映。斗争的焦点就在于是维护封建等级特权制度还是维护个人的权利。封建统治阶级为了维护封建等级特权制度，竭力鼓吹禁欲主义，教人放弃个人权利服从封建道德的约束；人文主义者则坚持维护个人的权利，并把攻击的矛头指向封建制度和封建道德观念。启蒙思想之所以能够成为反封建的锐利思想武器，就在于它以个人主义为其世界观的基础，把维护个人权利的原则视为最高原则。王夫之的思想恰恰与这种维护个人权利的原则背道而驰，怎么能够提出反禁欲主义的命题呢？

二

在王夫之的论著中，有些地方肯定了"人欲之大公"。他说："人欲之大公，即天理之至正。"[②]"人欲之各得，即天理之大同，天理之大同，无人欲之或异。"[③]"于此声色臭味，廓然见万物之公欲，而即为万物之公理。"[④]那么究竟什么是人欲之大公？王夫之肯定人欲之大公是否意味着他的思想带有某种反禁欲主义倾向呢？这是一个值得认真考察的问题。

有些学者说：王夫之"认为欲望之所以能为大家都满足，主要在于平均主义的原则"。王夫之"从人性的理欲一致，导出了平均主义思

①《读通鉴论》卷一四。
②《四书训义》卷二。
③《读四书大全说》卷四。
④《读四书大全说》卷八。

想”[①]。在他们看来，王夫之所说的人欲之大公似乎就是公众的共同欲望，从公众的共同欲望中导出了平均主义的原则，而平均主义思想似乎又同反禁欲主义有什么扯不清的瓜葛。

其实，平均主义乃是农民小生产者的思想，它与资产阶级的反禁欲主义思想并无本质联系。早在资产阶级形成以前，平均主义就已经在群众中流行了千百年之久。历史上的农民起义往往在主张平均主义的同时，又提倡禁欲主义的生活方式。而大多数启蒙思想家虽然反对禁欲主义但并不强调平均主义原则。王夫之是否主张平均主义，并不足以说明他的思想是否带有反禁欲主义倾向。

同时，王夫之所说的人欲之大公同公众的共同欲望也不是一个概念。他说：“民心之大同者，理在是，天即在是，而吉凶应之。若民私心之恩怨，则祁寒暑雨之怨咨，徇耳目之利害，以与天相忤，理所不在，君子勿恤。故流放窜殛，不避其怨而逢其欲。己私不可徇，民之私亦不可徇也。”[②]又说：“匹夫匹妇，欲速见小，习气之所流，类于公好公恶而非其实。……习气所扇，天下贸贸然胥欲而胥恶之，如暴潦之横集，不待其归壑而与俱泛滥，迷复之凶，其可长乎！是故有公理，无公欲，公欲者习气之妄也。”[③]足见王夫之对公众的共同欲望并不一概加以肯定，公众欲望之出自私心者仍然不能算人欲之大公。

再则，从王夫之的论著中可以看出他是不赞成平均主义的，他认为，人有贵贱贫富之分乃是社会的正常现象。贵人富人对于社会国家不但无害而且有益。他说：“国无贵人，民不足以兴，国无富人，民不足以殖。”[④]“大贾富民者，国之司命也”。因此他主张“惩墨吏，纾富民”，以维护国家统治的稳定[⑤]。基于这种思想，他多次明白无误地表示过反对平均主义的原则：“铢铢然取百姓之有余不足而予夺之，而君子棘矣。”[⑥]

①《中国早期启蒙思想史》第103—105页。
②《张子正蒙注》卷二。
③《思问录·内篇》。
④《读通鉴论》卷二。
⑤《黄书》。
⑥《诗广传》卷二。

认为平均财产的做法“犹割肥人之肉，置瘠人之身，瘠者不能受之以肥，而肥者毙矣”[①]。他认为儒家虽然主张推恩，但不搞平均主义：“善推恩者，止推老老幼幼而已，非己有仳仳之屋，蔌蔌之粟而推之人使有之也”[②]。儒家主张“推己”与“尽己”是并行合用的。“若只推其所欲，不尽乎理……一力推去，又做成一个墨子兼爱，及忘身徇物之仁矣”[③]。王夫之反对平均主义思想不是偶然的。他认为人的贵贱贫富皆由命定，“牛之穿而耕，马之络而乘，蚕之缫而丝，木之伐而薪，小人之劳力以养君子，效死以报君国，岂其性然哉？其命然尔”[④]。顺受天命乃是人的本性：“命以吉凶寿夭言……而富贵贫贱，夷狄患难，皆理之所察。予之以性，即予之以顺受之道。命不齐，性无不可尽也”[⑤]。从这个观点来看问题，那么人为地改变贵贱贫富的等级差别岂不是违背天理行事了吗？

有些学者把王夫之论絜矩之道的一些言论视为他主张平均主义的证据。以为王夫之所说的“整齐其好恶而平施之”，“均平专壹而不偏不吝”指的就是平均主义原则[⑥]。其实这种看法是与王夫之的原意不相符合的。王夫之认为，治理国家，必须立个规矩制度，使一国之人共同遵守之。这种做法就是絜矩之道。这种规矩制度必须出自民众的好恶，即所谓“民之所好，民之所恶，矩之所自出也”[⑦]。这似乎是说絜矩之道是要使欲望“能为大家都满足”的了。然而究其实际则绝非如此。他说，民之好恶参差不齐，“利于甲者，病于乙”，难以一致。同时，民之好恶也并非全都合理，其中有些虽然貌似“公好公恶”，而实际上则是“习气之妄”。所以民之好恶必须“正于君子而裁成之”[⑧]。只有君子才能做到格物致知、正心诚意。“盖物格知至，则所好所恶者曲尽其变，不致恃私意，而失之于偏，意诚心正，则所好所恶者一准于道，不致推私欲以利

①《宋论》卷二。
②《俟解》。
③《读四书大全说》卷四。
④《张子正蒙注》卷三。
⑤《张子正蒙注》卷三。
⑥《中国早期启蒙思想史》第103—105页。
⑦《读四书大全说》卷一。
⑧《思问录·内篇》。

物而导民于淫。”[①]民之好恶经过君子们如此这般地“裁成”之后，早已被扭曲而变了型。于是“好民之所好，民即有不好者，要非其所不可好也；恶民之所恶，民即有不恶者，要非其所不当恶也”[②]。可见他所主张的絜矩之道，与其说是出自民之好恶，不如说是出自君子的好恶。由君子们为民做主，判定何者当好，何者当恶。凡是当好者，民不得不好，凡是当恶者，民亦不得不恶。必如此，才能使民之好恶皆“一准于道”。这个道就是仁义礼等道德信条。用这个道去“整齐其好恶而平施之”，以这个道为标准，做到“均平专壹而不偏不吝”，怎么能搞出平均主义的规矩制度呢？王夫之特意申明他所主张的絜矩之道不是“推私欲以利物，而导民于淫”，大概正是为了防止平均主义的。他赞同东阳评氏之说，认为治理国家“须有规矩制度，使各守其分……品量位置以为之限”。絜矩之道行，则“厚薄必出于一，轻重各如其等”。[③]这明明是说絜矩之道乃是有等级差别之道，哪里有一点平均主义的味道呢？当然，他主张行絜矩之道，要使民众得其“自然天理应得之处”，使他们可以遂其“仰事俯育之情”[④]。但这类言论不过是对儒家仁政说的发挥，而与平均主义是毫不相干的。

人欲之大公既不是指公众的共同欲望，又不是指平均主义原则，那么这个概念究竟是指什么呢？笔者以为，王夫之所说的人欲之大公实际上就是服从封建道德约束的欲望。王夫之认为，欲生于情，情生于性。情虽与性有相通相成的关系，但它毕竟是“心之动几与物相往来者”，所以性虽善却并不能决定情一概都是善的。欲之善与不善，关键就在于这个情能否被置于性的支配与管束之下。他说：“贞亦情也，淫亦情也。情受于性，性其藏也。乃迨其为情，而情亦自为藏矣。藏者必性生，而情乃生欲。故情上受性，下授欲。受有所依，授有所放，上下背行而各亲其生，东西流之势也。”[⑤]所以“情以性为干，则亦无不善；离性而自为

①《读四书大全说》卷一。
②《读四书大全说》卷一。
③《读四书大全说》卷一。
④《读四书大全说》卷一。
⑤《诗广传》卷一。

情，则可以为不善矣”[①]。情以性为干就能够“以性正情”“以性制情”，从而保证情欲与人的善性相一致。如果离开性的支配与制约，那么其情其欲就难保其必善了。仁义礼智是性之四德，也是通行天下之公理，故为公；耳目口体局限于一己形气之内，故为私。他说：“人各有形，形以内为吾气之区宇，形以外吾之气不至焉，故可立内外之名。性命乎神，天地万物函之于虚灵而皆备，仁可以无不达，义可以无不行，气域于形，吉凶祸福，止乎其身尔。然则命者私也，性者公也。”[②]所以在仁义礼智之性支配之下所产生的欲望就是人欲之大公；离开性的支配而徇耳目口体之所好则是人欲之私。他认为圣人不能无欲，只因其所性之理诚实满足，能够“以性正情”，故其发而为欲则大公而无私。他说：“圣人有欲，其欲即天之理，天无欲，其理即人之欲。”[③]“人欲之大公，即天理之至正”就是这个道理。王夫之一面把人欲之大公同天理之至正等同起来，一面又把人欲之大公与人欲之私对立起来。他说：“有公理，无公欲，私欲尽净，天理流行则公矣。天下之理得，则可以给天下之欲矣。”[④]就是说，只有克尽私欲，才能识得天下之公理；只有识得天下之公理，才能给天下之欲而成其人欲之大公。试问，他的这套理论同“去人欲存天理”之说究竟还有什么差别呢？王夫之认为《诗经·江有汜》中所描写的就是一则人欲之大公的实例：“媵安于卑贱之类而忘己私；嫡处于尊贵而恃其类，怀私以不能容物，此得朋丧朋之异，公私之分也。”[⑤]在这里，贵贱名分谓之类，己之私心谓之朋。媵妾之所以能安分守己，甘于卑贱之地位，是因为她能克尽己私而心怀天理；嫡妻地位虽尊而心犹未足，必欲仗势欺人，除掉媵妾，是因为她心怀己私而昧于天理。故前者为人欲之公，后者为人欲之私。这段议论难道不是同“饿死事小，失节事大”的调子有异曲同工之妙吗？朱熹虽然主张禁欲主义，但他对人欲也不是

①《读四书大全说》卷八。
②《张子正蒙注》卷三。
③《读四书大全说》卷四。
④《思问录·内篇》。
⑤《朱子语录》卷五。

不加分析，而是区别对待的。他说："欲有好有不好"[①]之分。"人之生，不能不感物而动，曰感物而动，性之欲也。言亦性所有也。而其要系乎心君宰与不宰耳。心宰，则情得正，率乎性之常，而不可以欲言矣。心不宰，则情流而陷溺其性，专为人欲矣。"[②]足见朱熹也承认人性之中有人欲，这个人欲乃是心君主宰下的性之欲。不过他认为这种欲与天理人性完全一致，故"不可以欲言矣"，而王夫之则把它称之为"人欲之大公"。朱熹强调"去欲存性"指的是去私欲；王夫之主张"理欲合性"的欲则指的是人欲之大公。两者之间并没有原则上的分歧。综上所论，不难看出，王夫之虽然肯定人欲之大公，但丝毫也不反对禁欲主义。

三

有些学者认为王夫之"如同文艺复兴时期的人文主义者一样……注意到人的价值以及人欲的合理性"，他"基于人本思想"提出了"珍生"的主张[③]。这种看法也是笔者所不敢苟同的。

诚然，王夫之说过："人者动物，得天之最秀者也。"[④]这表明他对人的价值是充分肯定的。然而他与人文主义者价值取向不同，因而在肯定人的价值时所持的依据也不相同。在王夫之看来，人之所以可贵，主要原因就在于人有其仁义礼智之性。他说："饮食而有血气，阴阳而有生死，天之同人于物也。出尘舒光，漂轻存重，变不变以为信智，敢不敢以为仁勇，拔万类而授之人，拔人族而授之圣贤之族，天之异人于物，异圣贤于人也。同者为贱，异者为贵，以有尤贵者滋性而统君之。"[⑤]就是说，人与动物同由阴阳二气聚合而成，同藉饮食以滋其生，其区别仅在于人性与兽性之不同，人有仁勇信智等特性，而动物则无。所以"无同则害命，无异则沦性"。故圣人治理天下，不但要"齐物以为养"，而

①《晦庵先生文集》卷六四。
②《张子正蒙注》卷八。
③ 冯天瑜、周积明：《试论中国和欧洲早期启蒙文化的异同》，《中国史研究》1984年2期。
④《张子正蒙注》卷三。
⑤《黄书》。

且要“别物以为教”。只有通过教化，才能使人所固有的本性扩而充之，臻于至善，才能“拣其粹百以珍之万族之上”。反之，人如果不能保持其人性，那么所谓“人的价值”也就荡然无存而与禽兽无别了。他说：“反天理，则与天同其神化；徇人欲，则其违禽兽不远矣。”[①]孟子说过：“人之所以异于禽兽者几希，庶民去之，君子存之。”王夫之人禽之别的观点显然是承袭了这一传统思想，其目的无非是强调封建道德的重要。人文主义者则不然，他们肯定人的价值就是肯定人的力量和智慧。他们相信人凭藉自己的力量和智慧可以征服自然，主宰世界，而不应该是屈从于自然的奴隶。这种思想反映了人类自我意识的觉醒。在他们看来，热爱平等自由才是人的本性，凡是违背人性，束缚人发挥其智慧和才能的一切成规和旧俗，都应该在“理性的法庭”面前被判处死刑。因此，他们颂扬人生的每一支赞歌，无一不是掷向封建道德观念的匕首和投抢。可见王夫之虽然肯定人的价值，但他与人文主义者在本质上是不同的。

王夫之既然把人的价值归结为仁义礼智之性，那么他当然不会在这个前提下去肯定人欲的合理性。他说：“饮食男女之欲，人之大共也，共而别者，别之以度乎！君子舒焉，小人劬焉，禽兽驱焉；君子宁焉，小人营焉，禽兽奔焉。”[②]小人之欲，禽兽之欲当然谈不上合理性的问题，只有君子之欲才能是合理的。可见人欲并非全都合理，其合理与否要看它是否合乎这个“度”。他认为，人受命于天，“穷通得失，寿夭吉凶”各有不同等则，欲望只有“如其受命之则而不过”才算适度[③]。只有君子能够发挥仁义礼智的妙用，善于“以心徇理”“以性正情”，使欲望“如其受命之则”而不逾度。正因为欲望往往是逾其度而不合理的，所以他强调要“行天理于人欲之中”以期达到“欲皆从理”的目的[④]。可见王夫之所“注意”的只是天理制约人欲的必要性，而不是什么人欲的合理性。

王夫之既然把仁义礼智奉为最高信条，因而在他看来，人生的意义也只能是“以道体身”“身为道用”。他说：“物身者，以身为物而为道所

①《张子正蒙注》卷三。
②《诗广传》卷一。
③《张子正蒙注》卷三。
④《读四书大全说》卷六。

用，所谓以小体从大体而为大人也”[①]。“身者道之用，性者道之体。合气质攻取之性，一为道用，则以道体身而身成；大其心以尽性，熟而安焉，则性成”。故“君子”把“成身”“成性”视为“作圣之实功”。[②]他的珍生说就是建筑在这个思想基础之上的。他认为性者生之理，“性必丽于形，而仁义礼智著焉”[③]。“因生而得仁，因仁而得义，因仁义而得礼乐刑政。”[④]生命之所以可贵就在于它是“仁义之藏，礼乐刑政之府”[⑤]。离开了活生生的人所组成的社会，那么仁义道德便无从体现，礼乐刑政等等也都成了空话。佛老之徒轻生贱形之说的危害，就在于它使人们“厌弃物则，而废人之大伦”[⑥]。他说：“贱形必贱情，贱情必贱生，贱生必贱仁义。[⑦]“吾惧夫薄于欲者之亦薄于理，薄于以身受天下者之薄于以身任天下也。”[⑧]这表明他主张珍生说的出发点不在于维护人的权利，而在于维护封建秩序和封建道德。正因为如此，所以即便在他指责轻生贱形之说的时候，也只是教人“澹用而易足”，并不鼓励人们大胆地追求物质享受[⑨]。事情很明显，如果说人本主义者强调以人为本，那么可以说王夫之所强调的则是以道为本。前者把人视为思维的主体，后者则把人视为封建道德的体现物。二者是不能相提并论的。

四

有些论者为了强调理欲合性说具有反禁欲主义的倾向，总是喜欢把它同程朱的去欲存性说对立起来，企图说明二者性质的不同。其实，王夫之从来也不曾把程朱视为论敌。他说：“学之兴于宋也，周子得二程子而道著。程子之道广，而一时之英才辐辏于其门；张子教学于关中……

①《张子正蒙注》卷四。
②《张子正蒙注》卷四。
③《张子正蒙注》卷一。
④《周易外传》卷二。
⑤《周易外传》卷二。
⑥《读四书大全说》卷六。
⑦《周易外传》卷二。
⑧《诗广传》卷二。
⑨《张子正蒙注》卷三。

而世之信从者寡，故道之诚然者不著。贞邪相竞而互为畸胜，是以不百年而陆子静之异说兴，又二百年而王伯安之邪说熺，其以朱子格物、道学问之教争贞胜者，犹水之胜火，一盈一虚而莫适有定。使张子之学晓然大明，以正童蒙之志于始，则浮屠生死之狂惑，不折而自摧，陆子静、王伯安之蕞然者，亦恶能傲君子之所独知，而为浮屠作率兽食人之伥乎！”[①]他有鉴于此，遂作《张子正蒙注》一书，以明张子之学。由此可见王夫之治学之宗旨原不与程朱之说相颉颃。他只是要阐明张载之学，修补程朱之说的不足，藉以辟佛老，斥陆王，维护“圣学”而已。当然，从今天的观点来看，王夫之的思想在自然观和方法论等方面确与程朱之说有许多原则上的分歧，但在那个时代人们的心目中，这些分歧不过是枝节问题，只有事关伦理道德的问题才是头等重要的事情。王夫之把朱熹之学奉为“正宗”[②]，主要就是因为他们在道德观上的一致。

王夫之的理欲合性说与他的治学宗旨是完全吻合的。理欲合性说无非是从两个方面修补了程朱之说的不足。其一是，它强调了天理对人欲的制约关系，把天理的作用落到实处，使禁欲主义的理论更能发挥其实际效能[③]。其二是，它强调了天理与人欲的互相依存关系，藉以提倡入世的精神，力矫明末以来学术空疏之弊。从这两方面看，它与程朱之说都没有根本性的冲突。如果说理欲合性说有其积极意义，那么这种积极意义应该是出自后者而不是前者。王夫之认为天理既然寓于人欲之中，那么学者就不应该离开人欲空谈天理。他说：“凡诸声色臭味，皆理之所显”。“兵农礼乐无非天理流行处……倘须净尽人欲，而后天理流行，则但带兵农礼乐一切功利事，便于天理窒碍，叩其实际，岂非空诸所有之邪说乎？”[④]基于这个观点，他指责陆王心学名为儒学，实为佛老，专门教人盲目地在“去人欲”上做工夫，而不识“存天理”的要义。致令许多学者都成了“一念不起”的“枯木寒崖”，竟把兵农礼乐视为与天理相悖的事而不屑一顾。于是空谈性命而不究实务的风气愈演愈烈，终于酿

①《张子正蒙注》卷三。

②《中庸衍》。

③《社会科学辑刊》1990年5期。

④《读四书大全说》卷六。

成了国破君亡，神州陆沉的悲剧。为了扭转这种颓风，他以“辟佛老，正人心”为己任，主张学者要心存“大欲”，面对实际。“现前天下当为之事不得夷然不屑，且只图自家方寸教清净无求便休也。”[①]他所说的“大欲”当然还是那个人欲之大公的欲，“现前天下当为之事”也无非是维护封建秩序，重整汉族地主阶级的一统江山，但其务实的精神对于当时的学术风气来说仍不失为一剂对症下药的良方。在考察理欲合性说的价值时，如果舍此而不论，单单要求王夫之代市民立言，阐发反禁欲主义的理论，那就难免要苛求于古人了。

当前学界对于明清思潮的性质看法不一。产生这一分歧的一个因素就在于人们对于当时思想家们的许多具体观点和言论各有不同的理解。笔者以为，只有把这些观点和言论同各个思想家的思想体系联系起来加以考察，方不致有意或无意地歪曲其原意。列宁说：“如果从事实的全部总和，从事实的联系去掌握事实，那么事实不仅是‘胜于雄辩的东西’，而且是证据确凿的东西”[②]。我相信在列宁的这一思想指导下，一定会求得对明清思潮的正确认识。

（原文载《明史研究》第3辑，黄山书社1993年7月版）

①《读四书大全说》卷六。
②《列宁全集》第279页。

后 记

在安徽师范大学的关怀下，先父王廷元先生的史学文集《困学集——王廷元史学论文选》即将由安徽师范大学出版社正式出版了。这是明清史及徽商研究领域中的又一成果，必将对该领域的研究产生一定的影响。

先父一生为学低调，自称自己很笨，但肯下功夫。生前自己把即将出版的史学文集命名《困学集——王廷元史学论文选》。安徽师范大学出版社尊重先父遗愿将王廷元先生史学文集定名为《困学集——王廷元史学论文选》出版，对此，我们后人表示衷心感谢！

先父早年就读于山东大学历史系，深受当时国内史学界“山大历史学八骏”的教育与影响，一生形成为学严谨的作风。宁愿抓住关键问题做深入研究，也决不滥竽充数。这便是《困学集——王廷元史学论文选》要而不繁的原因。

先父当学生时醉心于宋史研究，1958年毕业分配至沈阳师范学院（现沈阳师范大学）政教系任教后，由于沈阳地区明清史史料丰富，他便开始了明清史之明清之际阶段史的研究。1975年先父出版《元末红巾军大起义》（辽宁人民出版社）小册子。1980年参与主编的《清史简编》（辽宁人民出版社）出版，随后又发表了多篇明清史研究论文，初步确立了在明清史研究领域的学术地位。1977年先父调到安徽师范大学历史系后，与张海鹏、唐力行、王世华、周晓光、李琳琦等教授一道共同开拓徽学研究的新领域，形成了当时影响徽学研究走向的学术团体，而先父与张海鹏先生正是安徽师范大学徽商研究团体的领军人物。1985年，《明清徽商资料选编》（张海鹏、王廷元主编）由黄山书社正式出版，这是徽商研究最具代表性和权威性的原始资料汇编。1995年，又与海鹏先生合著了《徽州商帮：翰墨儒商，信义为先》，由香港中华书局出版。同年，作为安徽师范大学的集体攻关项目，《徽商研究》（张海鹏、王廷元主编）由安徽人民出版社出版。2005年，又与王世华合著《徽商》由安徽人民出版社出版。同时还参与撰写《十大商帮》等著作，并先后发表了徽商研究论文多篇，涉及徽商的形成与发展、资本来源、经营行业、经营区域、经营方式、经营理念等方面，主要有《论徽州商帮的形成与发展》《徽州商人的小本起家》《徽州典商述论》《略论徽州商人与吴楚贸易》《徽商从业人员的组合方式》《论徽州商人的义利观》等等。一些学术成果和见解引起研究者的高度重视。虽然如此，先父向来反对人家称他为徽文化学者，认为自己只是徽文化研究领域中关于徽商研究的一名工作者而已。

值此先父文集出版之际，我们向安徽师范大学表示衷心感谢！这不仅仅是为了文集的出版更是为我们家三代人受安徽师范大学恩惠而由衷的情感表露。新中国成立初期，先祖父王光宇受周恩来同志邀请去人民大学接受社会主义改造后分配到安徽师范大学教育系教授苏联巴浦洛心理学，安徽师范大学一直都把他的住房安排在狮子山小别墅中，优待之情可见一斑。先父是先祖父的唯一子女，先祖父晚年时向安徽师范大学提出从辽宁调先父回安徽师范大学教书以便照顾自己晚年生活起居的要求，安徽师范大学很快应允，将先父调入历史系，先母调入附中任教。其间，没有任何人际关系和私情往来，安徽师范大学校风之正可见一斑。先父进入老年后多次住院，安徽师范大学特别是历史系的历任领导极为重视，为他的治疗和陪护提供了非常优越的条件，安徽师范大学的温暖令人动容。舍弟王强现为山东大学威海分校法学院副教授，他在中西哲学史等方面的研究造诣颇深，他毕业于安徽师范大学政教系，受安徽师范大学教育多年，安徽师范大学许多杰出学人对他的影响至深。

先父生前曾对我说："是安徽师范大学使我在徽商研究领域取得了一定成就的。"先父对安徽师范大学和同事们的感激之情溢于言表。

我们衷心祝愿安徽师范大学学术昌盛，人才辈出！

芜湖市党史和地方志办公室调研员　王东

二零一八年十一月二十六日

编后语

王廷元（1934—2011），安徽霍邱人，著名的明清史、徽学研究专家，安徽师范大学历史与社会学院资深教授。

王廷元先生一生学术成果颇丰，在明清史、徽商研究等领域成就显著。本书即王廷元先生一生公开发表的学术论文选编，内容主要分为徽商研究、明清史研究两大部分，按照文章发表先后的顺序排序，共计20余万字。

鉴于本书所收录的文章写作时间跨度数十年，且每篇文章都具有当时的时代特征，为了让读者更好的理解每篇文章，我们将以每篇文章最初发表时的原貌（或报纸杂志未作修改时的初稿）呈现给读者，以防有所漏缺和误解。在编校过程中，我们在尊重原文的基础上，仅对文章中确属错误的文字、标点和一些无歧义的异体字、漏缺引文略作修改补充，并对同一篇文章中的引文、注释格式等做出了适当的修正，使之大致统一，其他则一律依旧。

王廷元先生学术功底深厚、学问博大精深，著述勤勉丰富，但限于我们的学养和编辑经验，书中难免还存在一些不足之处，真诚希望广大读者批评指正。

编　者

2019年5月